U0504616

国家社科基金后期资助项目
出版说明

　　后期资助项目是国家社科基金设立的一类重要项目,旨在鼓励广大社科研究者潜心治学,支持基础研究多出优秀成果。它是经过严格评审,从接近完成的科研成果中遴选立项的。为扩大后期资助项目的影响,更好地推动学术发展,促进成果转化,全国哲学社会科学工作办公室按照"统一设计、统一标识、统一版式、形成系列"的总体要求,组织出版国家社科基金后期资助项目成果。

全国哲学社会科学工作办公室

国家社科基金
GUOJIA SHEKE JIJIN HOUQI ZIZHU XIANGMU
后期资助项目

供给侧结构性改革问题研究

Research on Supply-side Structural Reform

周密 著

上海三联书店

序　言

供给侧结构性改革是我们党对经济工作主线的新定位、新要求,体现了以习近平同志为核心的党中央以新发展理念为指导、推进供给侧结构性改革的坚定决心和历史担当。党的二十大报告提出,"要坚持以推动高质量发展为主题,把实施扩大内需战略同深化供给侧结构性改革有机结合起来"。如何更深刻地领会其精神实质,准确把握新的历史条件下深化供给侧结构性改革的重要意义、基本方向和重点要求,切实增强推进供给侧结构性改革的自觉性和使命感成为理论研究和实践发展的重要命题。

供给侧结构性改革是根据实践总结出来的经济方略,具有问题倒逼式的特点。本书围绕供给侧结构性改革"是什么、为什么、改什么、特殊在哪里和怎么办"五大核心问题进行系统论证。在论证思路上,本书按照"收入结构和需求结构变化是起因,部门结构调整是切入点,劳动结构调整是关键"的思路,形成供给侧多部门的政策改革研究。在前提条件上,本书将需求结构内生、二元市场分割、住房部门优先、劳动异质性、认知约束等新假设条件逐步纳入理论模型,还原供给侧结构性改革的整体图景。在论证内容上,本书尝试以中国式产能过剩的困境为研究起点,指出近年来的过剩问题不是简单的供过于求,所以不能简单限制产能或增加需求,其根本原因是随着收入结构的提升,住房市场的消费属性结构变化和普通商品市场的需求结构变化,这两重变化交叠在一起,使中国供给侧结构性改革需要高度重视多部门结构的逐步推进。这需要优先解决住房等市场的消费属性与投机属性等属性结构性问题,在能有效调控部门结构"脱实向虚"的基础上,再解决普通商品市场的供需错配问题。而在解决方案上,住房市场的双重属性结构下需要从盯住价格的短效调控机制转向盯住属性的长效调控机制。普通商品市场的需求结构变化下,需要重点释放"能够准确认知市场需求"的企业家群体活力,而这一群体中劳动属性的核心是认知性劳动。只有通过企业家的认知性劳动,准确认知需求方向,解决供给什么的问题,才能进一步明确科学家等科研性劳动的技术方向和工匠等生产性劳动的执行方向,解决怎么供给的问题。在论证方法上,本书融合劳动价值论、新熊彼特理论和供需均衡模型三大理论方法,尝试形成有中国特色的理论研究。

本书的主要观点是:(1)是什么?供给侧结构性改革是需求结构性变革条件下,为保证低通胀率和低失业率的双低要求,从供给侧促进潜在经济增长率提升的改革方式,具有危机引致型和增长驱动型的双重特征。当经济处于需求规模变化或需求质量提升阶段,通过总需求管理政策扩大供给总量就可以稳定经济,此时凯恩斯政策有效;然而如果经济处于需求结构变化的阶段,则需要通过供给侧结构性改革加快供需适配,才能提高潜在经济增长率。(2)为什么?供给侧结构性改革提出的原因不是周期性或制度性困境,而是后工业时代随着收入的提升,使得需求结构从超额需求转为饱和需求的结构性变化所引发的阶段性或结构性转向。(3)改什么?现阶段中国供给侧结构性改革的切入点是商品部门的结构性矛盾:随着收入结构和需求结构的提升,普通商品市场与住房特殊商品市场二元市场"劣驱良"所引发的"脱实向虚"。这既体现在住房领域,也体现在金融与贸易等投机领域,因此,在初期阶段,供给侧结构性改革的重点是通过政府之手将虚拟经济的投机属性关进笼子,进而通过市场之手将普通商品市场等实体经济的活力激活。(4)特殊性?与西方结构性改革相比,中国供给侧结构性改革不是体制或制度等特殊,而是供给侧结构性改革的内在机理特殊,即"脱实向虚"背后是创新部门的企业家认知性劳动向交易性劳动的转型,可能引发普通商品市场质量和效率升级道路发生偏离,因此中国供给侧结构性改革必须紧抓实体部门经济不放。(5)怎么改?供给侧结构性改革的方案应该有步骤地渐进推进。第一阶段,以部门间结构为重点,科学调控住房等可能引发投机的部门,优化虚实部门结构。其中住房市场应将目前以盯住价格为主的短效机制转向以盯住属性为主的长效机制转型。第二阶段,以商品部门为范围,以劳动结构为核心,做强实体经济,其中普通商品市场释放活力的根本不单单是产权等制度性因素,而是应聚焦企业家、科学家、工匠等异质性劳动的多层次结构和活力。与现阶段的特征相适应,应优先释放企业家的认知性劳动活力,加快对需求的精准认知,进而指导和协调科研性劳动和生产性劳动。在借鉴国外经验的基础上,将顺中国供给侧结构性改革的政策脉络与调控路径,从收入结构均衡化、部门结构协同化、供需结构适配化、劳动结构层次化、治理结构现代化的"五化"角度提炼新时期中国供给侧结构性改革调控体系重构的政策建议。

本书作者长期从事供给侧结构性改革方向的研究,在供给侧结构性改革方面具有一定的学术积累,这为本书写作奠定了基础。作为国家社科基金后期资助项目研究成果,本书在写作中听取了多位专家学者的意见,经过反复思考,作者对书稿内容进行多轮修改完善,以期实现对供给侧结构性改革问题的系统论述和阐释。在此对给予本书宝贵意见的各位专家表示感谢。同时,也要感谢郭佳宏、张伟静、王雷、朱俊丰、盛玉雪、于越等硕博士同学在资料整理和书稿校对等方面提供的帮助,感谢编辑老师的认真修订。正是大家的共同努力和辛勤付出,才使得本书能够顺利完成并呈现。

若书中存在不足之处,欢迎读者批评指正,感谢各位读者的支持。

目　录

第一章　引　言

供给侧结构性改革是习近平新时代中国特色社会主义思想的重要内容。2014 年以来,随着国内外环境的剧烈变化,党中央陆续提出"三期叠加""经济新常态""供给侧结构性改革"等新判断①,重点解决了新的历史条件下对经济形势"怎么看和怎么办"的问题。供给侧结构性改革是党中央从实践层面总结的战略方案,宏观方向清晰和任务明确,需要进一步从经济学原理上对供给侧结构性改革进行系统论证和科学诠释,只有清晰阐释经济学机理才能从根本上推进供给侧结构性改革的有效落实,因此如何从经济学原理上对供给侧结构性改革理论进行系统研究,既是时代提出的迫切需求,也是密切联系中国实践、形成中国特色社会主义理论的必然选择,同时这对激活本土学术自觉提出了巨大挑战。

第一节　供给侧结构性改革的基本内涵与战略意义

供给侧结构性改革是我们党对经济发展和经济工作主线的新定位、新要求,体现了以习近平同志为核心的党中央以新发展理念为指导、推进供给侧结构性改革的坚定决心和历史担当②。如何深刻地领会其精神实质,准确把握新的历史条件下深化供给侧结构性改革的重要意义、基本方向和重点要求,切实增强推进供给侧结构性改革的自觉性和使命感就成为理论研究和实践推进的重要命题。

---

① 在 2015 年 11 月 10 日举行的中央财经工作领导小组会议上,习近平总书记指出:"在适度扩大总需求的同时,着力加强供给侧结构性改革,着力提高供给体系质量和效率。"2015 年 11 月 18日,习近平总书记在亚太经合组织(APEC)工商领导人峰会演讲上提出:"要解决世界经济深层次问题,单纯靠货币刺激政策是不够的,必须下决心在推进经济结构性改革方面做更大努力,使供给体系更适应需求结构的变化。"自此,供给侧结构性改革开始成为政府和学者关注的热点问题。
② 陈和.【学习贯彻党的十九大精神】深化供给侧结构性改革[N/OL].经济日报,2017-11-14.http://www.ce.cn/xwzx/gnsz/gdxw/201711/14/t20171114_26848973.shtml.

一、供给侧结构性改革的基本内涵

1. 供给侧结构性改革是根据需求侧的市场条件变化而进行的适应性改革

结构性改革(structural reform)最初源于国际货币基金组织和世界银行20世纪70年代开始提供的扶贫贷款和救助性项目中所附加的结构性调整项目,旨在推动发展中国家走向华盛顿共识,主要措施包括构建自由市场制度、解除政府规制、推动私有化、实施财政紧缩以平衡预算、减少贸易壁垒等(蔡昉,2016)。随着全球各国经济增长出现了不同程度的下滑或放缓,在应对特定危机的短期政策基础上,很多国家意识到危机过后需要通过深层次的结构性改革才能实现经济增长的长期提振(Gersbach,2004),因此,最近的20—30年来,国际货币基金组织、欧盟、世界银行等重要国际组织都将结构性改革作为西方国家政策调整的重要方式(Bouis and Duval,2011;Lusinyanand Muir,2013),并将"结构性改革、财政政策、货币政策"并称为促进全球经济增长的"三驾马车"(杨盼盼,2016)。2010年我国经济增速开始放缓,2015年产能开始严重过剩,面对经济发展难题,政府宏观调控逐渐从传统的需求调控政策转向供给侧结构性改革。随着二十国集团(G20)杭州峰会的进一步推广,结构性改革正逐渐成为一种全球趋势。

随着中国民众收入水平的持续提高,并伴随着移动互联网等新兴领域的发展,需求侧的消费结构开始快速升级。由于投资和消费的不完全替代性以及当期需求和下期供给的双重性,供给侧的投资具有明显的响应滞后特征,因此,制约供给侧的关键难题不是数量过多,而是方向不准。供给侧结构性改革强调根据需求侧的市场条件变化,引导供给侧形成适应性和匹配性的供给动力、供给方式、供给质量和供给体系,正是对市场条件变化的动态适应。

2. 供给侧结构性改革是融合微观资源配置结构、中观空间与产业结构以及宏观部门结构的系统性改革

供给侧结构性改革不仅需要进行全面改革,更需要根据关键性结构矛盾逐步推进、有序实施,形成系统性改革。在西方发达国家,关键结构性矛盾主要是金融市场需求过度膨胀后引发的金融与贸易部门之间的结构性矛盾。拉美国家则是过早放松资本管制带来的资本市场和产品市场之间的结构性矛盾。当前我国的供给侧结构性改革是由供需对接矛盾引发的消费与投资、要素与产品、实体部门与投机部门、国内市场与国际市场等多种结构失衡。只有优先解决引发供需对接偏差的实体部门与投机部门之间的结构性矛盾,

才能使实体经济继续沿着劳动、资本、技术的正常轨迹升级,因此,中国供给侧结构性改革中的结构具有双重性,即宏观上以多市场或多部门为基础,强调产品市场、住房市场、金融市场等部门的结构调整和风险控制;微观上强调投资、就业、生产率及产出等资源配置结构的优化。

3. 供给侧结构性改革是在双低要求下促进潜在经济增长率提升的增长导向型改革

2016 年 G20 的《深化结构性改革议程》开篇提到:结构性改革是二十国集团的一项重点议题,也是 G20 实现强劲、可持续、平衡增长目标的关键之一①。经济合作与发展组织(OECD)将结构性改革称为迈向增长(going for growth)或增长推动型(growth-enhancing)结构性改革,认为全球经济复苏亟须依赖结构性改革的实施,以实现全面且长期的收入提高和福利促进②。

当经济困境源于需求总量时,可以通过需求侧的刺激政策,改变需求总量从而引导供给侧扩大供给规模,经济进入增长通道。然而如果经济困境源于需求结构时,这时只改变需求的总量,刺激总需求所带来的货币增值会进入到非生产领域,引发高通货膨胀率和高失业率。此时,需要从供给侧深层次调整经济结构,才能保障在低通胀率和低失业率的"双低条件"下,提高潜在经济增长率,因此供给侧结构性改革不是需求侧调控政策失效才转向供给侧的权宜性改革,而是这一阶段促进经济增长的必然选择。

二、供给侧结构性改革的战略意义

1. 供给侧结构性改革为真正转变发展方式、优化经济结构、转换增长动力提供了新思路

过去 40 年中国经济实现了快速增长,经济总量显著提高,经济实力大大增强,然而投资驱动为主导的粗放型发展方式面临生产效率低下、经济质量落后、资源消耗巨大、环境污染严重等问题,亟须加快转向效率驱动和创新驱动为主的发展方式。供给侧结构性改革立足于从原来供给得"多不多"转向供给得"好不好",使供给侧通过经济结构的优化,提高全要素生产率,推动经济发展质量变革、效率变革、动力变革,为不断增强我国经济的创新能力和竞争能力提供了明确思路。

---

① 中国作为二十国集团(G20)2016 年的主席国,也将结构性改革作为 2016 年增长框架下最为核心的议题。资料来源:http://www.china.org.cn/chinese/2016-09/07/content_39253569.htm。

② 资料来源:Going for Growth 2018: an opportunity that governments should not miss, 2018, March, 19. http://www.oecd.org/economy/going-for-growth.htm, OECD。

2. 供给侧结构性改革为认识新的发展阶段和构筑新阶段的现代化经济体系注入了新智慧

供给侧结构性改革是当前时代特征和发展阶段的必然选择。我国已经解决了十几亿人口的温饱问题,总体上实现小康,中等收入群体正在不断扩大。2020 年中国人均 GDP 为 10 430 美元,已达到人均 GDP 8 000～16 000 美元的中等收入阶段。随着人均收入的不断增加,消费结构、投资结构、生产结构、劳动结构等一系列经济关键变量出现了新变化;另一方面,经济增速开始放缓,以往在数量扩张下掩盖的许多经济问题和社会矛盾开始显现,新变化与旧矛盾相互交织,使这一阶段的问题异常复杂。面对这一复杂局面,中央对形势的判断分别从三期叠加到新常态再到供给侧结构性改革,最终立足于构建现代化经济体系。这是对新阶段所面临新变化的有效预判,是对新阶段所面临新条件的精准识别,更是对新阶段所面临新问题的系统应对。

3. 供给侧结构性改革为完善宏观调控体系,优化政府治理水平提供了新方法

供给侧结构性改革是中国特色社会主义阶段的经济政策和本土工具,应从发展阶段转变背景下政府宏观治理与调控方式的转向和重构上理解供给侧结构性改革的意义。面对现阶段的新形势与新情况,继续采用传统需求侧的财政政策和货币政策进行总需求调控,不仅无法保障经济的增长,还留下了许多更为棘手的问题,如随着投资回报率的持续下降,投资需求开始转向高回报的投机领域,带来经济虚拟化和空转现象。只有从供给侧将投资合理引向实体经济,将供给体系质量作为主攻方向才能切实解决这一阶段的深层次结构矛盾。供给侧结构性改革开始成为继财政政策和货币政策之后的有效调控手段。

第二节　供给侧结构性改革中的"五问"

在"两个一百年"历史交汇期,党的十九届六中全会强调,"坚持以高质量发展为主题、以供给侧结构性改革为主线,建设现代化经济体系"。党的二十大报告提出要坚持以推动高质量发展为主体,把实施扩大内需战略同深化供给侧结构性改革有机结合起来。供给侧结构性改革为中国经济改革提供了新视野、新角度和新方法,科学阐释供给侧结构性改革到底"是什么、为什么、改什么、特殊在哪里和怎么改"等重大理论问题,将更好地推动供给侧结构性

改革的实施和推进。

一、供给侧结构性改革到底是什么?

在供给侧结构性改革的概念提出之后,本着真理越辩越明的思路,理论研究对这一概念和基本构成进行了不同的争论,主流的观点有两类:(1)基于供需之间对应关系的解释框架。在这一框架下,又有两种不同的解释角度:第一,强调供给侧结构性改革与中国传统的需求刺激政策的差异。供给侧强调从供给端实现微观资源的有效配置、可持续的生产率提高和技术进步;而以往的需求侧,强调宏观的财政政策和货币政策,刺激消费、投资和出口三驾马车,更多的是平衡经济(黄益平,2016)。第二,强调政策改革期限的长短。主流观点认为需求侧的管理主要是短期政策,而供给侧是长期政策(胡鞍钢,2016)。(2)基于解构主义的解释框架,侧重对"结构"的理解,从供给侧入手,针对结构性问题而推进的改革,几乎包括所有重要的改革。从"需求侧"转向"供给侧"相当于从"政府调控侧"转向"全面改革侧"(李佐军,2016a)。在供给侧结构性改革这一战略方向提出之后,很多学者开始从里根和撒切尔时代的改革实践以及西方供给学派的理论开始溯源。那么中国供给侧结构性改革的科学内涵到底是什么? 与西方结构性改革到底有哪些区别?

二、为什么在这一阶段提出供给侧结构性改革?

2015 年 12 月,中央经济工作会议对供给侧结构性改革作了重点部署,习近平总书记从形势的判断、问题的诊断、工作的思路,到重点任务、改革举措、重大原则,提出了逻辑严谨、系统完整、方向明确、操作性强的一揽子方案(杨伟民,2016)。此后,党的十九大报告进一步强调,以供给侧结构性改革为主线,推动经济发展质量变革、效率变革、动力变革,提高全要素生产率。

供给侧结构性改革处于这一阶段经济发展主线的地位,为什么恰恰在这个阶段提出这一新概念呢? 部分学者认为我国在"九五"计划时期就对供给侧作了规定,强调是从粗放增长到集约增长,从计划经济到市场经济,然而过了 20 年之后又重新提这个问题,是因为过去方法上可能不当,力度上可能不够(吴敬琏,2016)。另一方面,自 2012 年以来 GDP 的增速从10%左右下降为 7.9%,此后一路下滑,2013 年为 7.8%,2014 年为 7.3%,与此同时,经济发展中"四降一升"的经济矛盾凸显,即经济增速下降、工业品价格下降、实体企业盈利下降、财政收入增幅下降、经济风险发生概率上升(人民日报独家专访,2016)。在这种背景下,按照经验,中央继续采用以往一直沿用的凯恩斯经济政策,通过货币政策和财政政策的放松,向经济中注入一定的货币量,经济不升反降,没有展现出以往凯恩斯调控政策所应有的政策效果和力度,为何实施了 20 年之久的较为有效的经济应对方法在这一阶段突然失灵了呢?

三、供给侧结构性改革到底改什么?

对西方历史和经济学研究的追溯可以发现,结构性改革最初旨在推动发展中国家走向华盛顿共识,主要措施包括构建自由市场制度、解除政府规制、推动私有化、减少贸易壁垒等(蔡昉,2016)。此后随着全球各国经济增长出现了不同程度的下滑或放缓,在应对特定危机的短期政策基础上,很多国家意识到危机过后需要通过深层次的结构性改革才能实现经济增长的长期提振(Gersbach, 2004),因此,西方的结构性改革是指当投资、就业、生产率及产出等微观配置结构出现负面情况时,以提升潜在经济增长为目标所采用的系列应对政策组合(Bhattacharya, 1997)。正是在这个意义上,部分学者认为供给侧结构性改革是国外供给学派的延续或者认为中国的供给侧结构性改革也是以自由化为基本内涵,那么这种对供给侧结构性改革的认识科学吗? 如何在积极吸收国外经验基础上形成对供给侧结构性改革基本构成的科学认识呢? 从经济学原理来看,供给侧结构性改革到底改什么呢?

四、供给侧结构性改革与西方结构性改革到底哪里不一样?

我国的供给侧结构性改革是出现中国式产能过剩后的政策转向,具有一定的问题导向特征,然而其阶段背景、政策内涵与调控手段等与西方存在较大差异。(1)从背景差异来看,20 世纪 70 年代,美国遭遇高失业和高膨胀率并存的滞胀问题,强调供给侧的相对价格、经济主体行为和总供给的影响,主张提高总供给,重要的手段是减税(方晋,2016)。而我国供给侧结构性改革的一个重要背景则是主要产品部门的产能过剩。(2)从内容差异来看,西方结构性改革中的结构性具有双重含义:从理论上看,是以新古典经济学为基础,强调投资、就业、生产率及产出等微观资源配置结构;从实践操作上看,是以多市场平衡为基础,强调金融、外贸、劳动力、产品等多个市场间以及市场内的结构。国际货币基金组织将结构性分为金融、劳动力、资本账户、产品、贸易、制度等多个市场层面(Spilimbergo and Che, 2012)。欧盟将结构性分为财政、劳动力、社会、环境、金融等不同政策领域(Claeys et al., 2013)。结构性改革的内在机理、实施顺序和实施重点依据不同国家关键结构性问题的差异与传导机理而有所不同。中国体制特殊,供给侧结构性改革绝不限于减税、放松管制、反过度福利等,内容体系要丰富得多(李佐军,2016b)。(3)从效果差异来看,里根时期通货膨胀问题的解决,主要得益于货币紧缩政策,很多学者批评里根任期内并没有发生什么供给革命(徐朝阳,2016)。而中国供给侧结构性改革中的经济增长推动型特征更为明显,以实现全面且长期的收入提高和福利促进[1]。那么,到底我们应该学习西方供给侧结构性改革的哪些精华?西方供给学派中的减税等措施为什么不是中国供给侧的内涵?体制特殊能科学全面地解释中国供给侧结构性改革的特色吗?

五、供给侧结构性改革到底怎么改?

从当前国内研究来看,对于供给侧结构性改革到底怎么改的问题,目前有四种不同的观点:(1)生产效率论。以新古典模型为基础,从劳动力、资本和全要素生产率出发,主张供给侧结构性改革应提高全要素生产率或从生产要素的流动重组和优化配置来解决(吴敬琏,2016;刘世锦,2016)。(2)基础设施论。以凯恩斯总需求管理为框架,建议实施更加积极的财政政策和货币政策,主张进一步提高投资,特别是增加基础设施等方面的投资(林毅夫,2016)[2]。(3)多元结构论。立足于结构,强调对人口结构、产业结构、消费结构、区域结构、要素投入结构、增长动力结构、收入分配结构等多元结构的调整(贾康和苏京春,2015)或对投资和出口等的结构性调整(卫兴华,2016)。(4)市场化改革论。随着讨论的深入,对这一问题的研究趋向于细致化,主流的观点越来越开始指向以降低制度性交易成本(李锦,2016)、解放生产力(贾康,2016)、改善政府和市场关系(李扬,2016)为主的市场化改革方向上来,形成了以体制、机制改革等为中心的全局层面(李佐军,2016b)和分重点领域各个突破的局部层面(蔡昉,2016;厉以宁,2016;贾康,2016)。那么,供给侧结构性改革需要泛化吗?到底该怎样进行供给侧结构性改革呢?是提高劳动生产率吗?如果能通过市场化解决结构性问题,那么到底市场化的哪个环节、哪种机制、哪种体制才是牛鼻子呢?

上述五问是困扰供给侧结构性改革的难题,如何对这五问进行回答也是

---

[1] Going for growth 2018: an opportunity that governments should not miss, 2018, March, 19. 资料来源:http://www.oecd.org/economy/going-for-growth.htm, OECD。

[2] 观察者网于2016年6月8日就供给侧结构性改革专题采访了一批知名学者,包括张军、余永定、朱天、林毅夫、姚洋等九位学者,采访录音整理达八万余字,在这次采访中林毅夫提出了关于供给侧结构性改革中进一步推进基础设施建设的观点。

本书的初衷。正是为了破解上述难题,本书进行系统的篇章结构布局和内容构思,尝试形成前后衔接、内在逻辑一致的理论框架和内容结构。

第三节　研究结构、研究方法与主要创新

供给侧结构性改革到底"是什么、为什么、改什么、特殊在哪里和怎么改"等重大理论问题在文献上仍是一大谜团。解开这些谜团不能仅限于对经济现象或技术细节作"就事论事"的讨论,而应该从更广范围的社会背景、转型条件、时代规律等出发,还原经济增长的历史环境和发展过程,形成一个前后接续、逻辑一致的理论框架,对供给侧结构性改革及其后续变化进行合理解释,并在学理意义上进行讨论。以上述谜团的破解为目标指引,本节明确了本书各章节的主要内容与主要创新之处。

一、研究结构

1. 引言

引言部分在勾画供给侧结构性改革基本内涵和战略意义基础上,重点提出当前供给侧结构性改革理论推进中的"五问",即供给侧结构性改革到底"是什么、为什么、改什么、特殊在哪里和怎么改"等重大理论和现实问题。从理论上系统解释这五大问题,是全书的写作重点;"五问"解释得是否合理透彻也是衡量本书质量好坏的主要标尺和基准。在此基础上,本节总结提炼全文的研究结构、研究方法和创新之处。

2. 从中西方文献的比较,归纳提炼供给侧结构性改革的科学内涵

供给侧结构性改革到底是什么?在中央提出供给侧结构性改革之后,很多文献从复制西学的惯性出发,将供给侧结构性改革等同于西方经济学中的供给学派或其延伸。本节构建危机引致型框架,梳理和归纳中国供给侧结构性改革的特征事实和西方结构性改革的研究成果。主要有:(1)从西方结构性改革的政策意涵、响应特征、指数测算与拓展、影响因素、调控方式等方面与中国当前的供给侧结构性改革进行对比;(2)对中国供给侧结构性改革推进多年来的主要文献和文件进行梳理;(3)述评西方理论对中国的启示和借鉴,指出将供给侧结构性改革等同于西方经济学中供给学派或其延伸是一种误读。

3. 从需求结构演变探索供给侧结构性改革提出的时代背景和内在动因

供给侧结构性改革为什么在当前这一时期提出?这是周期性问题、制度性问题还是阶段性转向?本部分尝试以需求结构内生为核心假设,论证供给

侧结构性改革是需求结构从超额需求转变为饱和需求后,所形成的适应性选择。将经济史分析、劳动价值论与古典-马克思增长分配曲线的主体框架相融合,并结合中国的最新实践对马克思经济理论进行有效拓展,试图从原理上回答上述问题。重点揭示:古典-马克思工业时代、新古典工业时代与后工业时代三大不同发展阶段中,需求结构从"超额需求—有限饱和需求—饱和需求"的演变过程,指出当前中国正进入饱和需求阶段;需求的结构性变化所引发的产业升级变局、阶段跃升变局、互联网革命、经济安全变局四重变局叠加,决定了我国当前的阶段特征与发展条件,也是供给侧结构性改革的主要时代背景。

4. 从部门间结构均衡探索供给侧结构性改革的理论基础与解释框架

改革开放 40 多年后,原有的调控政策为什么失灵了? 供给侧结构性改革为什么是目前的唯一出路? 供给侧结构性改革到底改什么? 本部分在需求结构内生的基础上,将二元商品市场新假设纳入理论模型,提出普通商品市场的消费需求结构和住房特殊商品的属性需求结构的双重变化,是供给侧结构性改革提出的主要着力点。本章试图跳出市场和政府之争,在传统供需平衡模型中引入退出价格和饱和需求等新假设,通过消费结构和住房属性的异质性处理、二元商品市场的均衡分析,为供给侧结构性改革提供中国特色社会主义理论解释。

5. 从部门结构调整探索供给侧结构性改革的作用机理

如果按照西方发展演进的经验复制,中国供给侧结构性改革应以产品市场的质量提升和效率升级为主线,但这一阶段普通商品市场和住房特殊商品市场存在结构性矛盾(具体分析详见本书第四章),使得中国在普通商品市场的结构性调整之前必须优先解决住房特殊商品市场所引发的"脱实向虚"问题。因此,本章在前文需求结构内生和二元商品市场的假设基础上,进一步纳入住房部门优先的假设,形成多部门熊彼特增长模型,从理论角度论证当前供给侧结构性改革的特殊性不是背景、体制或政策特殊,而是结构性问题的作用机理特殊。本部分尝试阐释的基本观点是:随着需求结构升级,阻碍实体经济发展的"脱实向虚"将引发创新部门企业家劳动结构的异质化,最终阻碍经济增长。现阶段只有优先解决这一结构性困境,才能保障供给侧的健康增长。正是从这个意义上看,准确落实中国供给侧结构性改革战略,必须把发展经济的着力点放在实体经济上。

6. 从住房部门长效机制构建角度探索中国供给侧结构性改革的特殊性与解决方案

如果需要优先解决住房市场与普通商品市场结构性变化所引发的"脱实向虚"等结构性问题,那么就需要对住房供给侧结构性改革进行优先突破,形

9

成住房供给侧结构性改革的长效机制。住房供给侧结构性改革应该怎么改？本部分通过住房市场的均衡分析指出，在现有住房绑架国民经济的逻辑下，所形成的以盯住价格为主的政府双侧应急式调控、从供给侧放松土地供应和从需求侧尽快推出房产税三种方案将会分别引致住房市场"量减价滞、量价齐增、量价齐跌"的局面，只有从盯住价格的住房绑架国民经济的思路转为盯住属性的住房迷惑国民经济的思路才能从根本上破解困境，并提出了优化政府和市场边界，从盯住价格的住房调控短效机制向盯住属性的住房调控长效机制转型的系统制度设计方案。

7. 从劳动部门结构角度探索供给侧结构性改革的根本动力

在住房特殊商品市场的困难突破之后，普通商品市场供给侧结构性改革到底应该怎么办呢？如果需要按照市场化方式推进，该从哪些环节着手呢？是效率、产权、法制抑或其他方面呢？（1）本章在前文需求结构内生、二元商品市场、住房部门优先等基础上，进一步拓展异质性劳动等新假设，提出未来普通商品市场的供给侧结构性改革重点在于用市场之手释放企业家等认知性劳动的活力，并通过认知性劳动引领研发性劳动和生产性劳动。（2）从中国经济增长 40 年的经验归纳和模型分析，提出在过去 40 年，中国从易到难打造了现代化经济体系所需要的三大完整核心要素——生产能力、科研能力和认知能力，逐步解决了供给侧吸收新要素的规模、效率与方向的系统能力生成问题，形成了一条以异质性劳动主动创造为核心的中国特色平行增长道路。而现阶段供给侧结构性改革的关键在于解决以认知能力为核心的方向问题。（3）本章基于"劳动异质性"等中国假设，构建新熊彼特六部门增长模型，并采用 1978—2016 年中国经济增长数据对上述理论进行实证，形成一种历史和国情特定的对供给侧结构性改革根本动力的理论解释。

8. 从异质性劳动部门结构调整角度认识供给侧结构性改革的方向

如果将普通商品市场的供给侧结构性改革重点聚焦在了异质性劳动上，那么哪一种劳动才是这一阶段的"牛鼻子"呢？又如何具体实施呢？本章以劳动价值论和熊彼特范式为基础，在劳动异质基础上提出认知约束等新假设，拓展新熊彼特多部门模型，从理论与实证上阐释：后工业时代普通商品市场中供给侧的资源配置面临"以有限认知应对无限信息"的认知约束。在这种条件下，亟须对创新部门异质性劳动资源进行优化配置，而配置的关键在于创新部门的认知性劳动和研发性劳动，加速供给侧对需求侧信息的认知选择与认知实现，推动创新生成，最终促进供给侧的经济增长。当前普通商品市场领域中互联网对传统业态的颠覆式冲击，已经彰显出认知性劳动的资源配置优势，具有时代的先进性和前瞻性。未来供给侧结构性改革的方向需要改变新古典范式下的单一生产质量偏向型道路传统,充分重视熊彼特范式下认知性劳动引导的创新生成模式,形成以"认知质量为引领,研发质量为支撑"的复合式发展路径。

9. 从五化角度构建供给侧结构性改革的调控方式与配套体系

在超额需求背景下,传统财政和货币政策的相机决策体系需要向饱和需求下供给侧结构性改革调控体系重构。本部分承接前文系统解释的"五问",凝炼调控体系重构的思路、目标、调控方式和配套体系等内容。重点结合国际和国内政策的对比,二元市场构架下普通商品市场调控等要求,从二元市场拓展为多元部门联动,集商品部门、金融部门、贸易部门、劳动力部门、创新部门、信息部门、政府部门等多部门所融合的现代化经济体系要求,以及涉及劳动力、创新体系、信息配套、要素市场等方面的配套体系。重点从"收入结构均衡化、部门结构协同化、供需结构适配化、劳动结构层次化、治理结构现代化"形成基于"五化"的调控方案。

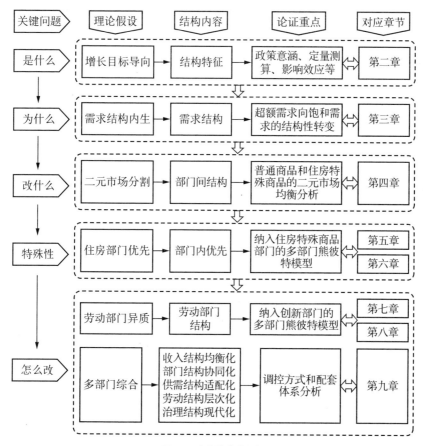

图1.1 本书的基本结构

11

二、研究方法和手段

1. 劳动价值论与古典-马克思增长分配曲线方法

本书尝试结合中国实践形成适用于中国国情的中国特色社会主义理论。马克思增长框架延续了马克思的分配主义传统,采用增长—分配曲线图(growth-distribution schedule)进行表达,该曲线蕴含了凯恩斯国民收入和斯拉法工资—利润曲线思想(李海明,2014),但是却丢弃了劳动价值论及其价值分析传统。本书试图将价值、使用价值、交换价值三个变量融入古典-马克思增长—分配框架,形成需求演进阶段的分析,对古典-马克思工业时代、新古典工业时代和后工业时代三段不同的历史进行国际比较,为供给侧结构性改革的时代背景提供理论分析。

2. 新熊彼特的经济增长模型

西方新熊彼特模型中包含单部门模型和多部门模型,其中在多部门模型中由于没有考虑需求侧的变化,因而传统的多部门模型是一个典型的单一供给侧的模型,以最终产品部门、中间产品部门和 R&D 部门为主。本书根据理论分析的新假设,对传统熊彼特模型进行拓展,逐渐增加了家庭部门且将需求结构纳入家庭部门,同时增加了体现异质性劳动的创新部门以及政府部门等,从而从理论上阐释供需对接的模型。这是对中国进入中等收入阶段后,需求地位不断提升的一种理论应对,也在分析新时代供给侧结构性改革问题的理论化方面有一定的创新。

3. 纳入退出价格和饱和需求的供需平衡模型

本书在普通需求函数中纳入退出价格和饱和需求。假定消费者的效用满足三个基本假定:效用非负且有限、需求非负且有限、边际效用递减。利用亨德森等(Henderson et al.,1988)提出的库恩-塔克条件(Kuhn-Tucker condition),求解 n 种商品的微观需求函数,然后与供给函数进行匹配获得拓展的供需平衡模型。

4. 计量经济系列模型

本书采用了回归模型、基本门槛回归、阶层线性模型等方法对相关理论推导进行实证检验。比如在对供给侧结构性改革主导动力的异质性劳动进行实证时,在三种劳动进行总体回归的基础上,本书更重要的是关注三种劳动的演变与阶段转换关系,进一步借鉴汉森(Hansen,1999)面板门槛模型的基本思路,设定双重门槛面板回归模型。在分析企业家认知性劳动为核心的认知选择机制和以科学家研发性劳动为核心的认知实现机制是如何影响供给侧经济增长时,也运用门槛模型进行检验。在考察住房特殊商品市场时,采用阶层线性模型进行分层次的实证检验。

三、创新之处

1. 研究框架的创新

本书将传统西方经济学的普通商品市场拓展为符合中国当前阶段的普通商品和住房特殊商品的二元市场,在传统西方经济学的供需平衡模型中引入符合当前中国需求结构升级要求的退出价格和饱和需求等新假设,并采用包含凯恩斯国民收入和斯拉法工资—利润思想的曲线表达,对中国式产能过剩的表现、成因与本质进行分析,为供给侧结构性改革提供中国特色社会主义的理论解释。本书认为中国式产能过剩既不是以往的周期性过剩,也不能简单归结为制度性过剩,而是由于需求的结构性变化而引致的结构性过剩,供给侧结构性改革正是对这种变化的应对。

2. 研究假设的创新

本书尝试构建一个较为系统的理论框架,而框架得以阐释清楚的关键是准确把握每一阶段的假设前提。因此,根据中国供给侧结构性改革的实践,本书提炼"需求结构内生、二元市场分割、住房部门优先、劳动异质性、认知约束"五大基本假设,并且逐一进行阐释性推进,从而还原供给侧结构性改革的整体图景。在前提条件上,逐步纳入上述五大新假设条件,在理论模型中逐步论证,从而体现"需求结构变化是起因,二元部门间结构平衡是重点,劳动结构调整是根本"的总体理论逻辑。

3. 研究内容的创新

本书在研究内容上尝试形成一系列的研究内容创新。比如,在思考供给侧结构性改革的特殊性时,强调在解决普通商品市场问题之前必须优先解决住房特殊商品市场。随着需求结构升级,阻碍实体经济发展的"脱实向虚"将引发创新部门企业家劳动结构的异质化,最终阻碍经济增长。现阶段只有优先解决这一结构性困境,才能保障供给侧的健康增长。用政府之手控制住房的双重属性,准确落实中国供给侧结构性改革战略,必须把发展经济的着力点放在实体经济上。在思考普通商品市场的供给侧结构性改革时,本书提出解决的关键不是产权等常规制度性问题,而是根据现阶段的结构性变化特征,将异质性劳动中的认知性劳动作为重点,用市场之手释放企业家等认知性劳动的活力,重点从"收入结构均衡化、部门结构协同化、供需结构适配化、劳动结构层次化、治理结构现代化"角度提出调控方案。

4. 研究方法的创新

本书采用了多种研究方法,其中新熊彼特模型是主体的研究方法,与传统的熊彼特模型相比,本书凝炼了诸多新的假设,将假设条件逐步从需求结构内生,拓展为二元商品市场、住房部门优先、异质性劳动、认知性劳动约束等,从而论证在不同假设拓展下,供给侧结构性改革的内在逻辑和系统解决方案。

表 1.1　熊彼特模型设计与本书模型设计思路的比较

模型比较	熊彼特模型	本书模型
多部门设计思路	单一供给侧导向	供需对接导向
假设的拓展	产品部门优先	需求结构内生、二元商品市场、住房部门优先、异质性劳动等新假设的拓展
创新来源的设计思路	在知识存量面临边际生产率递减的趋势下,依靠 R&D 部门内生的研发投入改变这一趋势	在知识存量面临边际生产率递减的趋势下,依靠创新部门内生的认知性劳动改变这一趋势
创新主体的设计思路	基于大公司等组织的创造性毁灭过程	基于个人的创造性毁灭过程
创新部门的设计思想	创新的科学认知这一下行路线:原理总结—技术研发—产品创新	创新的经验认知这一上行路线:产品认知—技术研发—原理总结
供给侧主导性微观机制的设计思路	西方机制内涵:研发投入(技术价值论)或资本等要素投入(资本价值论)	中国机制内涵:异质性劳动(劳动价值论)

第二章　中西方结构性改革的文献综述①

习近平总书记明确指出:"我国供给侧结构性改革同西方经济学的供给学派不是一回事,不能把供给侧结构性改革看成是西方供给学派的翻版。"通过对西方结构性改革的系统梳理,对比中国的供给侧结构性改革可以帮助我们更好地剖析供给侧结构性改革的内容与特色,进而回答引言部分提出的中国供给侧结构性改革的五大问题。本章对国外结构性改革是什么、为什么、改什么和怎么办等方面的文献进行整理,并从目标设定、本土特色、内在机理和方法突破等方面述评西方结构性改革对中国供给侧结构性改革的启示,形成对"中国供给侧结构性改革是什么"的基本识别和判断。

本章的主要观点是:中国供给侧结构性改革具有问题驱动和增长驱动的双重特征,与应对需求规模变化的总需求政策不同,供给侧结构性改革是应对需求结构性变化,以提高潜在经济增长率为目标的政策方案。

第一节　西方结构性改革的文献综述

一、西方供给侧结构性改革是什么

1. 西方结构性改革的理论内涵

结构性改革最初源于国际货币基金组织和世界银行从 20 世纪 70 年代开始提供的扶贫贷款和救助性项目中所附加的结构性调整项目,旨在推动发展中国家走向华盛顿共识,主要措施包括构建自由市场制度、解除政府规制、推动私有化、减少贸易壁垒等(蔡昉,2016)。此后随着全球各国经济增长出现了不同程度的下滑或放缓,在应对特定危机的短期政策基础上,很多国家意识到危机过后需要通过深层次的结构性改革才能实现经济增长的长期提

---

① 本章是在"周密,张伟静.国外结构性改革研究新进展及其启示[J].经济学动态,2018(05):129-143"基础上修改完善而成。

振(Gersbach，2004)，因此，西方结构性改革的理论内涵是指当投资、就业、生产率及产出等微观配置结构出现负面情况时，以提升潜在经济增长为目标所采用的系列应对政策组合(Bhattacharya，1997)。结构性改革的基本内涵是：泛指针对经济衰退或外部冲击等危机局面，以提高潜在经济增长为目标，以放松主要领域管制和促进效率提升为方式，旨在消除市场僵化或纠正市场失灵的重大政策调整(Gersbach，2004)。

2. 供给侧与需求侧政策的区别与联系

(1) 强调渠道论。以结构性改革的作用机理区分需求侧结构性改革和供给侧的结构性改革(Cacciatore et al.，2012)。需求侧结构性改革是通过影响人的信心以及对未来收入预期的福利效应进而影响需求的改革(Kerdrain et al.，2011)。供给侧结构性改革是通过影响供给侧的劳动力、资本重新配置以及企业层面的企业重建，发挥改革对经济增长的作用(Cacciatore et al.，2012)。

(2) 强调长短期论。货币和财政政策主要用于处理短期经济波动，但是经济问题也可能会恶化。政府的政策和私人的做法，阻碍了商品和服务的公平有效生产，这就是供给侧的问题。解决这些问题需要改变经济结构，即结构性政策。

(3) 强调供需侧政策类型差异。稳定性的政策在短期非常重要，因为在短时间内改变总需求的各个部分比高效配置一个国家的资源要素更容易。稳定性的政策包含税收和支出行为等以及利率变化和货币供给等。当长期的结构性变化要求提高总供给时，政府就必须解决特定的阻碍，这可能涉及经济的核心结构(Falveyand Kim，1992)。

3. 多种定义的比较

结构性改革、结构性转型(structural transition)、结构性转变(structural change)是比较容易混用的概念。这三个概念之间存在一定的联系和明显的差异。

(1) 结构性改革是结构性转型的实质。它包含转型经济体向市场体系结构性转变中所有必要的成功调整。它的基本目标是重新分配特定经济的资源，以便更好地反映市场力量，解决发展中存在的经济效率不高、增长动力不足等问题。这一重新分配，尽管在最初的所有转型期经济中造成了产出下降，但带来了显著的效率收益，这是恢复产出增长的必要先决条件。

(2) 结构性转型是指经济活动的配置从低生产率的活动与部门转到高生产率的活动与部门，结构性转型是经济增长过程中经济活动在部门间(农业、工业、服务业)的重新配置，这是经济发展的核心。根据钱纳里、库兹涅茨和刘易斯等学者的研究,经济结构会从农业转到工业再到服务业,从 1970 年开始依赖制造业的就业量和部门增加值出现了长期的下降。在很多新兴国家和低收入国家,则将加速经济转型与保持追赶高收入国家的政策相结合。结构性转型强调在产出和就业中的部门转换,对农业、工业、服务业的实际增加值进行预测,控制结构性特征,如对人均 GDP、人口统计结构进行 OLS 或分位数回归。指标主要是就业、增加值和最终消费支出,强调经济活动跨部门的重新配置。

(3) 结构性转变是增长和发展的综合。最早的文献可以追溯到恩格尔系数(Houthakker,1957)和有偏的经济增长率(Baumol,1967)以及产出和劳动在农业、工业、服务业等部门趋势的结合,最新的趋势是将标准的增长模型与其他平衡增长之间进行协调,比如在非齐次偏好和有偏的生产率增长基础上的特定模型得出结构性变化与固定产出和消费增长率相一致。

二、西方结构性改革为什么

2017 年习近平总书记在主持中共中央政治局第三十八次集体学习时强调推进供给侧结构性改革是我国经济发展进入新常态的必然选择,是经济发展新常态下我国宏观经济管理必须确立的战略思路。通过对西方进行结构性改革时的背景进行分析,对比出我国经济在进入新常态下的背景上的共性与差异,回答在我国经济进入新常态下供给侧结构性改革为什么势在必行。尽管各国可能从不同的角度出发,但是有一些初步条件对于改革的成功至关重要,这些条件包括:发生经济危机,贸易伙伴国改革的示范作用,国家的开放程度,规模及生产专业化程度,外部法律或战略协议,具有决策权力的政府任期明确,独立和平衡的机构权力,人口因素(年轻人口占比大)等。此外还有些初始条件内生,取决于国家当局采取行动的能力,包括健全的公共财政体系,改革的互补性增强效应、溢出效应和连锁效应。

1. 危机引致

西方结构性改革在供给侧的形成动力主要是危机引致(John,1994)。当出现经济衰退或重大外部冲击等危机局面时,西方政策制定者将考虑采取结构性改革,例如 20 世纪 70 年代的英国危机、20 世纪 80 年代的荷兰和新西兰危机、20 世纪 90 年代的意大利危机以及 2009 年的欧债危机等情况下,各国均实施了结构性改革。杜瓦尔和埃尔梅斯科夫(Duval and Elmeskov, 2005)发现,产出缺口在 4% 以下,产品和劳动力市场上至少有一个重大结构性改革的可能性增加了近 1/3。2007 年开始浮现的金融危机,以其不可阻挡的姿态席卷全球。这场经济危机带来了新的政策挑战,同时也使得实行结构性改革刻不容缓。这场危机和随后的衰退推进了结构性改革的实施。从经济回应实际和金融冲击上,奥斯特雷等(Ostry et al.,2008)看出来自国内金融部门改革的稳定收益。不同的机制,尤其是改善信贷供应,在提高经济冲击抵御能力上发挥着关键作用。哈尔曼(Halmai,2015)认为经济危机具有清洗效应,能够为效率更高的经济释放经济资源。经济的增长可以借助于促进市场作用和加强增长潜力的结构性改革来实现,在于对产品、服务和要素市场进行深远改革,尤其是对劳动力市场和货币市场。总体来看分为如下几类:外债、金融危机等外部冲击是实施金融和银行结构性改革的动力,周期性通胀和银行业危机是实施外部资本账户改革的动力,经济增长或收入下降是贸易和劳动力市场的改革动力(Aghion and Blanchard,1994)。总体而言,以金融危机和失业增加为表现的外部冲击性因素、通胀等周期性因素是西方国家开始实施结构性改革最主要的动力。

2. 财政压力

巩固公共财政的必要性和主权债务激增的压力也促进了改革,明确加速了旨在提高潜在增长率、重获价格竞争力和恢复财政稳定性的政治敏感性改革。改革虽然短期会消耗大量成本,但对长期经济增长有积极影响,目前很多国家的财政困难扩大了结构性改革的呼吁(Babecky and Havranek,2014)。结构性改革和财政政策之间存在着潜在的矛盾和互补性,通过更好的协调和整合,可以避免财政行动和结构性政策相关工作的非一致性设计、协调和实施(Aarle,2013)。结构改革和财政政策相结合不仅可以帮助摆脱债务陷阱还能减少大约三分之一的全球失衡(Padoan et al.,2012;Kerdrain,2011)。此外,结构性改革与货币承诺、外汇制度之间也存在着较为明显的相关关系(Belke and Vogel,2015)。

3. 政治环境

政治环境对结构性改革的意义重大,政治条件将会影响产品和劳动力改革的进程。在 OECD 国家,经济增长、就业和公共财政、社会分配在深度、广度和时间方面都反映了政治约束的强弱,使得结构性改革具有明显的政治经济性(OECD,2007)。把握改革的时机非常重要,因为不恰当的时机可能会使人怀疑改革的可持续性,并阻止私营部门进行预期的调整(Bhattacharya,1997)。班德和维格纳(Bandt and Vigna,2008)分析指出,国家监管差异意味着不能在各地引进相同的结构性改革,改革也不会在所有国家产生同等的影响。为了可以更好地服务于评估支持结构性改革的政治环境,更好地避免国际政策制定者在援助世界范围经济改革过程中持续犯下错误,史隆伯杰(Schlumberger,2008)提出了一种更加广泛和整合的框架,包含了由政治科学和政治经济社会学建立的方法。

4. 技术水平

结构性改革实施需要注意初始条件与推行时机。比如在产品市场中技术发展将会影响政策的可行性和不同国家及部门改革的时机。在探究改革的有效性与技术水平或制度环境的关系时,普拉提(Prati,2013)发现改革和增长正相关关系显示出高度异质性,其会受到国家对行政权力的限制水平以及该国的技术水平与技术前沿的距离的影响,甚至严重的增长低迷危机与连续的改革有关。

三、西方结构性改革改什么

1. 单部门与多部门的结构性改革内容重点

西方结构性改革研究中,结构性内容呈现两条不同的主线:一条是以新古典经济学的单部门模型为基础,强调投资、就业、生产率及产出等微观资源配置结构。例如加尔(Gal,2017)以资本密度、就业率和全要素生产率等微观资源配置结构为核心,描述并探讨了新的结构性改革框架,量化了结构性改革对 OECD 国家的总体宏观影响。另一条是以多市场平衡为基础,强调金融、外贸、劳动力、产品等多个部门(或市场)间结构。如国际货币基金组织将结构性分为:金融、劳动力、资本账户、产品、贸易、制度等多个部门(或市场)层面(Spilimbergo and Che,2012)。欧盟将结构性分为:财政、劳动力、社会、环境、金融等不同政策领域(Claeys et al.,2013)。在现有理论研究中,新古典框架下的微观资源配置结构仍占主导,多部门结构研究逐渐增多,然而对于到底是选择微观资源配置结构还是多部门结构这一问题,并没有系统论述和统一共识。

结构性改革涉及不同领域,不同领域对经济绩效的作用不尽相同,不同国家也确定了不同的改革优先领域。尽管不同学者对不同领域结构性改革的影响看法不一,但一致认为多个领域的联合改革比单个领域改革更有利,这可以降低成本,同时国家间的改革协调可以产生更大更均匀分布的积极效果(Gome et al.,2013;Forni et al.,2010)。戈麦斯等(Gomes et al.,2013)也强调了跨国结构性改革合作的一致性。在强有力的货币金融一体化情况下,成员国长期宏观经济绩效的异质性可能不再持续,因此需要一致的结构性改革。无论是在价格竞争还是在实际活动中跨国合作可以提高不同地区宏观经济绩效的一致性。总之,综合利用多种改革,收益就越明显。不同国家之间基础广泛的利益越多就会出现一些共同的改革优先级,要加强国家间的协调合作。

在多部门(或市场)结构的实践推进中,不同国家通常依据关键结构性问题的不同,采用不同的结构性改革实施重点和实施顺序:(1)发达国家。发达国家的经济结构以金融、贸易等服务业为主,面向全球加快金融、贸易扩张与投资竞争。其结构性问题通常从银行或资本市场等金融部门或外部资本账户的风险引发,并联动扩张至相关贸易部门及对外直接投资领域,因此,发达国家中贸易改革、对外直接投资和金融市场改革优先于产品市场改革,而产品市场改革又优先于劳动力市场改革(Brandt,2005)。同时,由于发达国家的产品市场以服务业为主,因此,一方面,金融或其他服务产品改革推进较快(Gersbach,2004);另一方面,面向国际竞争的服务产品部门或市场改革更早,比如金融、公路货运、航空运输等,而远离国际竞争的能源、邮政服务和铁路等规制仍然在阻碍竞争。(2)拉美国家。拉美国家在20世纪70—80年代面临严重的财政赤字和外债压力,因而部分国家从金融、资本和银行业开始改革。由于资本市场的传导速度快于产品市场和劳动力市场(Greenaway and Morrissey,1993),因此,率先进行资本账户平衡支出自由化的国家均出现了"脱实向虚"的困境,陷入了中等收入陷阱,如阿根廷和巴西。相比之下,智利的结构性改革从控制财政赤字开始,然后引入贸易部门和金融部门自由化,最后再放松资本管制部门,改革相对成功。(3)欠发达国家。欠发达国家在发达国家的分工体系下成长,逐步建立工业体系并开展基础设施建设,以农业和制造业加工为主并实施出口导向型发展战略,因而土耳其(1978—1984)、韩国(1965—1967)、斯里兰卡(1977—1979)等国家在20世纪80年代中期之前,均以贸易部门的结构性改革为主。巴西、印度和南非等国家在2016年的结构性改革议程中优先启动的是贸易开放、基础设施、劳动力市场、财政可持续等方面的改革,而创新、产品市场与竞争、环境保护和包容性方面则较为滞后(IMF,2016)。

多部门涉及的部门结构主要包括:(1)金融和贸易。克里斯蒂安森等(Christiansen et al.,2013)发现在中等收入国家中,金融改革和贸易改革可以促进经济增长;而资本账户的自由化则与经济增长没有正相关关系。同样,阿萨纳等(Assane et al.,2014)指出撒哈拉以南非洲国家的限制性贸易政策和弱制度抑制了西非经济共同体增强双边贸易。奥斯特雷等(Ostry et al.,2008)指出国际货币基金组织成员的所有部门的实业和金融部门的改革提高了每一资本收入增长率,对国内金融部门自由化、贸易自由化和农业部门自由化都产生了很大影响。金融部门的改革通过很多方式提高了增长率,包括减少国内信贷限制和对外直接投资的加速流入。而结构性改革和对外直接投资流入的关系往往是复杂的。一方面,不同改革的影响不同,另一方面,不同改革的互补性对对外直接投资流入的重要影响尚未完全明确,这些都导致了二者关系的复杂性。坎波斯等(Campos et al.,2010)试图摆脱这些影响,重点是关注1989—2004年期间大量拉美和转型经济等发展中国家私有化、贸易和金融自由化的动态进程。他们的主要发现是对外直接投资和结构性改革尤其是金融自由化有着强烈关联性。(2)税收和私有化。在对希腊的研究中,斯泰库拉斯(Staikouras,2004)阐明了私有化、自由化和竞争是最能促进国有企业经营绩效的政策的观点。结构性改革可以提高竞争和外国投资。竞争性的环境可以补充支持私有化。而为了创造竞争性的环境,更广泛的结构性改革是必不可少的,包括管制改革、自由化、反腐反官僚和促进资本市场透明等措施。(3)劳动力和产品市场。在长期,产品和劳动力市场对经济增长、就业和生产率都有积极影响(Bouis and Duval,2011;OECD,2012;Hobza and Mourre,2010)。然而,在短期,由于工作保护和失业福利改革调整成本(Cacciatore et al.,2012),结构性改革的影响很小甚至是负的。意大利采用了广泛的结构性改革,旨在突破产品和劳动力市场的瓶颈。产品市场是放松管制和促进竞争;劳动力市场提高参与度与生产力。同样在欧盟,安德森等(Anderson et al.,2014)研究发现欧盟地区结构性改革可以显著增加实际GDP,虽然充分发挥其潜能需要一段时间。改革也会增强欧盟地区的竞争力。产品市场改革收益最大,劳动力市场对实际GDP也有积极影响但相对比较温和。同时改革产品和劳动力市场会产生额外的GDP回报。

2. 结构性改革的测算与评估

在结构性改革的测算上,存在不同的测评方法和目的。世界银行基于拉美和加勒比地区的实证研究出发,分析了影响经济增长的经济因素并比较了该地区与快速发展的经济体的区别,提出一些建议以期促进经济发展,减少贫困。国际货币基金组织于2009年构建了结构性改革指数作为基本测度方法。这个指数通过金融部门发展、贸易外汇账户自由化、劳动力市场政策等方面评估各国增长绩效。此后,进一步提高了包括法律和秩序,腐败和官僚制度等软性制度的质量(Antonio et al.,2012)。而G20国家则侧重通过评估结构性政策缺口来确定改革优先级,通过一些领域的优先改革可以最大程度地刺激经济增长。在确定改革优先级时,关键是要考虑诸如国民收入水平、处于经济周期的何种位置以及金融改革的资源空间等宏观经济条件。

在测量结构性政策时,西方学者逐渐开始通过构建综合多领域的指数来分析。比如,针对拉丁美洲地区,劳拉(Lora,1997)构建了一种介于0到1之间的结构性政策指数,综合了贸易、税收、金融、私有化和工资等领域政策实施情况(指数为五个领域指数的简单平均),该指数可以客观分析结构性政策对拉美地区增长、稳定性和平等的影响。同样,莫利等(Morley et al.,1999)在劳拉的基础上扩展了结构性改革测量方法,增加了对国外资本交易并且修正了劳拉指数。为了衡量不同改革方案的影响,格里尼奇等(Greenidge et al.,2016)也采用了一套改革指数来衡量结构性改革对经济增长的短中期影响,用面板最小二乘法来估计其他可能的增长决定因素。结果表明,贸易自由化、金融自由化、税收政策和制度等结构性改革促进了经济增长。

21 世纪,全球经济逐渐自由化,进一步凸显了结构性政策评估的重要性,结构性改革的测量方法也越来越多。学者们针对不同国家和地区进行了一系列研究。针对中等收入国家,克里斯蒂安森等(Christiansen et al.,2013)通过标准增长回归模型,并进一步考虑改革动态影响评估了国内金融改革、贸易改革、资本账户改革与经济绩效之间的关系,这种方法可以更好地比较不同的改革。他们发现在中等收入国家中,金融改革和贸易改革可以促进经济增长;而资本账户的自由化则与经济增长没有正相关关系。在跨国评估结构性和生产率时,达布拉-诺里斯等(Dabla-Norris et al.,2016)根据各国到全球技术前沿的距离将各国分类,实证评估了结构和制度改革在促进国家发展不同阶段生产率增长上发挥的作用,测量了一些特殊政策和改革是否在总的和部门水平上相对其他国家能更多促进一些新兴市场和发展中国家的生产率增长。

针对欧盟国家,安德森等(Anderson et al.,2014)采用 IMF 全球综合货币和财政模型(GIMF)量化结构性改革影响,评估欧盟地区就业和增长在结构性改革中获得的收益,并且揭示了结构性改革可以显著增加实际 GDP。研究发现,结构性改革对于通过提高资源利用率和提高生产率来提高长期经济增长能力至关重要。近年来,克拉埃斯(Claeys,2015)认为可以使用欧盟的新方法推荐欧盟成员国在国家改革方案中执行改革和年度后续行动,以期制定一些指标,说明改革计划实际执行情况。这些指标不仅有助于检测政策进程,而且也有助于实证考察不同政策领域驱动或者抑制改革的因素。面对零利率困境,杰拉里(Gerali,2015)利用动态一般均衡模型评估了货币联盟中友好竞争改革对货币政策利率零下限的影响。希尔歇尔(Hielscher,2016)使用商业周期模型间接评估了结构性改革对经济增长的短期影响。博尔顿等(Bordon et al.,2018)在控制改革内生性和其他偏差的基础上,利用局部投影技术对劳动力和产品市场改革的影响作出了有力估计。

在量化结构性改革的进度和影响时会遇到一些问题。其中最大的困难是由于可得的经济统计数据测量的都是诸如增长、通货膨胀或者对外贸易等经济结果,而不完全是结构性政策对这些经济变量的影响。事实上,诸如财政赤字的金融深度等常作为政策指标的经济变量不但受到结构性政策的影响，而且受到一系列其他国内外因素的影响，比如经济周期、贸易条件和国外利率。此外，当一国同时实行结构性改革和宏观经济改革时，很难单独测量结构性改革的影响。比如，究竟是由于梅内姆政府的结构性改革还是宏观经济改革抑制了 20 世纪 90 年代阿根廷的恶性通货膨胀，原因尚未得知。尽管存在这些问题，但结构性改革测算和评估的方法在不断改进，这些指标有助于评估结构性改革的影响和确定结构性改革领域的优先级。结构性改革文献应该聚焦于建立可以量化解释结构性转型性质和评估不同经济机制重要性的模型，积极探索不同模型对结构性转型和总收入的意义。

表 2.1　各大组织机构结构性改革的测算指标体系

组织机构	改革领域	一级指标	二级指标
经济与合作发展组织（OECD）	私有化和重组	私有化和企业重组	私有部门比例（占 GDP 比重），小规模私有化，大规模私有化，企业重组（后三个指标介于 1～4.3）
	市场自由化和竞争	价格自由化	价格自由化指数（介于 1～4.3）
		贸易和外汇自由化	贸易外汇自由化指数（介于 1～4.3）
		竞争政策	竞争政策指数（介于 1～4.3）
	金融市场改革	证券市场和非银行金融机构	非银行金融机构改革指数（介于 1～4.3）
		银行改革和利率自由化	外资银行数量，国有银行资产（占 GDP 比重），呆账比例，银行部门改革指数（介于 1～4.3）
国际货币与基金组织（IMF）	金融部门改革	银行系统改革	利率控制、信贷控制、竞争限制、国有所有权程度、银行监控程度（五个指标的平均值即是银行部门改革指数）
		资本账户发展	拍卖政府证券，建立债券股票市场，鼓励发展债券和股票市场的政策，国内股票市场对外资开放的政策
	贸易改革	贸易自由化	平均关税（介于 0～1，1 表示无关税）
	制度改革	法律系统和财产权	法律系统和财产权指数
	市场管制与功能	农业	农产品干预程度（分为最大程度、高、适度和不干预）
		商业管制	促进竞争（分为非常差、差、公平、好和非常好五个等级），外资的政策环境（介于 1～10）
		劳动力市场改革	雇佣解雇管制，集体谈判（都介于 1～7）
		能源、运输和通讯管制	市场进入，公有制，纵向一体化，市场结构
	基础设施	基础设施	公共资本（按购买力平价调整）
	创新	R&D 支出	R&D 支出（公共和私人，占 GDP 的比重）

续表

组织机构	改革领域	一级指标	二级指标
世界银行（World Bank）①	贸易开放	贸易开放程度	贸易开放指数
	营商环境	创业	创业所需程序数,成本(按人均收入计算),最低资本(按人均收入计算),完成程序所需时间
		雇佣和解雇②	雇佣难度,解雇难度
		信贷可获得性	提供给私人部门的信贷(占GDP的比重)
		执行合同	执行合同平均程序数,执行合同时间,执行合同成本(按人均收入计算)
		企业破产	企业关闭的平均时间,关闭成本(占遗产的比重)
	治理和公共部门	公共责任指数③	"自由之家"(Freedom House)发布的政治权利自由,公民自由指数等
		公共行政质量指数	政府风险服务集团(PRS)发布的腐败评价指数,国家政策和制度评估(CPIA)关于产权和基于规则基础的治理评级指标等

四、西方结构性改革怎么办

1. 结构性改革的政策措施

西方结构性改革政策具有市场友好型特征,体现在两方面:一方面加强以自由化为主的竞争促进政策,包括企业的进入和退出、企业和大学的合作、提供给企业更好的接触风险资本的渠道、促进劳动力流动、劳动者技能和工作任务之间更好的匹配等(Saia et al.,2015);另一方面以放松主要领域监管为主,涉及公共财政运作、国有企业治理、金融部门监管、劳动力市场规则和法规、社会安全网和机构等。IMF根据各国结构性改革的情况,将结构性改革视为一系列具体市场的改革包(reform package),具体政策内容如表2.2所示。

---

① 世界银行的三个改革领域都可以用一个介于0～100之间的加权指数来衡量。

② 二级指标雇佣难度包含三个方面:定期合同是否只能用于临时任务、定期合同的最长期限、法定最低工资与每个工作人口平均增值的比率。二级指标解雇难度包含八个方面:裁员是否雇佣的理由、解雇冗余员工时用人单位是否需要通知工会或者劳动部、集体解雇时用人单位是否需要通知工会或者劳动部、解雇冗余员工时用人单位是否需要征得工会或者劳动部同意、集体解雇时用人单位是否需要征得工会或者劳动部同意、法律是否规定解雇前必须进行培训或安置、优先权规则是否适用于解雇、优先规则是否适用于再就业。

③ 一级指标公共责任指数包含十二个方面,除表2.1列举的内容外,还包括自由之家发布的新闻自由排名,国际发展和冲突管理中心(CIDCM)发布的政体评分、行政人员招聘规则评分、行政人员招聘竞争力、行政人员招聘竞争力开放性、参与规则、参与竞争力、执行限制,政治风险服务集团发布的民主责任评价指数,世界银行国家政策和制度评估关于公共部门的透明度和责任指标。

表 2.2 西方结构性改革的政策内容

类型	内 容	指 标	基 本 结 论
金融市场改革	银行系统建设、利率控制、信用管理、私有化、监管完善、资本市场发展	利率控制的移除、信用控制,竞争限制的减弱,市场存款利率和市场贷款利率,银行存款的实际准备金率,银行和融资监管的质量	金融市场改革对资源配置效率的提升有较大的促进作用(Levine,2005;Rajan and Zingales,2001a)。微观数据表明削弱金融约束可优化资源在企业间的有效配置,提升制造业的生产率(Larrain and Stumpner,2013)
贸易与 FDI 自由化改革	贸易自由化(解除关税和当前账户限制)、FDI自由化	关税率和以关税为基础的制度,控制居民和非居民之间的外部借款,对FDI的审批要求	大多数研究认为贸易改革具有正效应(Estevadeordal and Taylor,2013)。微观数据表明削弱服务业的进入障碍,能够有效提升下游制造业的生产率(Fernandes and Paunov,2012)
产品市场改革	农产品与电信产品的竞争、商业监管	电信通讯的自由化程度、电子市场与农产品等重要产品的竞争、制度的独立性、市场垄断的干预程度、受管理的价格等	产品市场改革立足于削弱企业进入该市场的限制。实证研究表明管制更少的经济体具有更高的生产率增长率(Aghion et al.,2009)。制造业与农业的微观研究也支持了上述结论(Adamopoulos and Restuccia,2011)
劳动力市场改革	劳动力雇佣、集体谈判	雇佣与解雇的规章制度,雇佣率与工作一年之后解雇的成本,工作十年后解雇的成本,额外的加班费,社会保障费	劳动力市场政策产生非正式制度约束,形成了劳动力向高效率部门转移的成本。国家层面研究发现,劳动力市场的结构性改革对劳动力市场产出产生正效应(Hollweg et al.,2014)。微观层面研究表明,严格实行劳动保护的工业部门,劳动生产率和TFP都较低,宽松的劳动力市场环境有利于促进劳动力流入生产率更高的企业,培育企业的进入退出机制(Bassanini and Duval,2009;Henrekson and Johansson,2010)
制度改革	法律系统、产权改革	个体产权的法律保护指数,腐败与官僚制度	高质量的法律体系、产权保护机制能够促进私人投资,提升企业家精神,有助于培育金融部门发展,提升资源配置效率,进而推动生产率增长(Acemoglu and Johnson,2005)

资料来源:作者整理。

2. 结构性改革对其他变量的影响

2016 年习近平总书记在中央财经领导小组会议、中央经济工作会议上强调,要"加强供给侧结构性改革,着力提高供给体系质量和效率,增强经济持续增长动力,推动我国社会生产力水平实现整体跃升"。虽然我国供给侧结构性改革的出发点和方式方法等与西方结构性改革不同,但两者的最终目的都是为了实现经济的长期增长和繁荣。因此,西方结构性改革对生产率、经济增长率等指标的影响,对我国供给侧结构性改革具有一定借鉴意义。结构性改革对一个国家的经济发展有着重大影响,不仅影响生产率、增长等宏观经济,也对收入差距等社会问题产生了影响。学者们通过对不同国家和地区的实证研究,得出结构性改革对以下几个方面的影响。

(1) 生产率

为了研究结构性改革对生产率增长的影响,特别是研究结构性政策变化的动态影响,萨尔加多(Salgado,2002)通过对 20 个经合组织国家 1965—1998 年的数据分析,得出结构性改革对生产力增长短期内有很弱或负面影响,但从长期看结构性改革对生产率的增长有明显的积极影响。阿诺德等(Arnold et al.,2011)审视了欧洲内部市场一体化和减少竞争障碍的作用,认为针对服务部门的监管政策能够促进竞争并提高市场效率,欧盟服务市场的一体化可以使劳动生产率在十年内平均增长 10%。

在针对发展中国家的研究中,达布拉-诺里斯等(Dabla-Norris et al.,2016)的分析表明去除产品和要素流动限制、改善经济制度、减少无效管理和补贴使农业自主、资源再分配和增强制造部门生产率等措施都可以使低收入国家获利,但随着经济和金融结构的发展,改革的回报和优先级也会发生转移。

(2) 经济增长

索尔韦斯(Solbes,2004)的观点是欧盟成员国的扩张就中期和长期而言有利于潜在增长率的提高。不仅新成员国的平均增长率较欧盟 15 国会提高,而且单一市场也会扩张,市场更具活力、经济活动增多、竞争力更强。而在对世袭资本主义的研究中,史隆伯杰(Schlumberger,2008)声称非经合组织国家的结构性改革会导致资本化和非市场经济,这种非市场经济在性质上不同于以自由为基础的市场经济体制。世袭资本主义是一种由政治秩序和权力关系塑造的经济秩序,它具有结构性更高的交易成本的明显特点,以管理交易程序的正式制度和外部规则的明显关系为特征。世袭资本主义只有在非民主政治环境特定种类下才能发展良好。同时,他提出了一种更加广泛和整合的框架,包含了由政治科学和政治经济社会学建立的方法,可以更好地服务于评估支持结构性改革的政治经济环境,更好地避免国际政策制定者在援助世界范围经济改革过程中持续犯下错误。在研究中美洲时,斯威斯顿和巴罗特(Swiston and Barrot,2011)发现在解释增长绩效上结构性效率是个关键因素。结构效率提高一个标准差可以获得 0.5% 的经济增长。中美洲国家可以通过增加市场灵活性和改进规则制度的质量来提高长期增长率。

尽管很多学者都支持结构性改革对经济的促进作用,但仍然有一些争议。巴贝基等(Babecký et al.，2011)指出,结构性改革对经济增长的实证支持仍存在激烈争议。根据一般到具体方法,改革对增长的长期估计效应通常是分配的。在减少或增加报告改革对增长的重大积极影响的概率上,制度和诸如贸易自由化初始条件的会计核算是主要因素。格罗斯(Gros,2016)、希尔歇尔(Hielscher,2016)也都强调结构性改革对经济增长的影响还需要时间来验证。不过虽然结构性改革可以有力促进欧盟经济增长的口号没有得到现实证明,但仍有必要讨论结构性改革。

（3）就业与社会公平

班德等(Bandt et al.，2008)认为改革的长期利益是明确的,提高了潜在产出,减少了失业,使经济对宏观经济冲击更有弹性。博尔顿等(Bordon et al.，2018)也谈论了劳动力和市场改革对创造就业滞后的积极影响,说明了支持性宏观经济政策可以增加劳动力和产品市场改革的影响力,同时一些结构性政策最好结合财政政策和货币政策。具体而言,增加就业、增加教育和培训的规模和质量、消除妇女参与劳动的障碍、减少创业壁垒、就业保护立法、税收转移改革等都有助于社会公平。

在结构性改革对收入分配的研究上,贝尔曼等(Behrman et al.，1995)总结了结构改革在形成相对收入分配中的作用,并确定了三个主导渠道:(1)租金转移渠道,结构性改革旨在降低产品和要素市场的细分程度,从而影响正式工作人员的租金;(2)部门组成渠道,结构性改革有可能导致部分行业的扩张和其他行业的收缩,从而改变劳动力需求的技能构成;(3)因素替代渠道,结构性改革可能会影响非投资者的投入,如资本、中间投入和技术。分配效应取决于代表性公司的生产功能,特别是技术和非熟练工人在多大程度上代替非互补投入的补充。

（4）区域平衡发展

区域平衡问题始终是学者们研究的重点,斯皮林贝戈等(Spilimbergo et al.，2012)通过对结构性改革和区域协同的研究,认为国内金融发展、贸易/经常账户开放、更好的机构基础设施和选定的劳动力市场改革有助于区域趋同。然而,这些改革对邻近国家发展前沿地区的增长具有混合效应。区域收入差距和平均收入成反比,所以加速区域趋同有助于提高国民收入。

（5）进出口

以拉美 1990—2005 年期间的大公司为样本,奎尔-卡苏拉等(Cuervo-Cazurra et al.，2009)的结论表明结构性改革产生新的机会,减少了交易成本,诱导公司按照国际水平提高效率和竞争力,从而也促进了公司出口。

但是,由于不同公司在结构性改革中受到的竞争力影响不同,因此不是所有的公司受益均等。外国公司的子公司是结构性改革的主要受惠者,其次国内私有企业受益一般,最后国内国有公司的出口受到不利影响。与之相反,西莫利等(Cimoli et al.,2003)则认为专业化生产强烈偏向支持以低国内知识生成和增值内容为特点的产业,拉美研发和工程活动的抑制是由于国际整合生产系统的快速扩张造成的。他们通过探索在目前更加开放和自由的拉丁美洲宏观经济中最近的结构性改革对微观和宏观之间的联系、生产专业化、调整阶段公司进出口和技术进步来源的影响,发现 21 世纪初拉美的专业化生产模式和当地研发和工程活动的抑制正在把拉美的经济推向"低发展陷阱"的困境,而完全依照自由市场原则很难摆脱这种困境。

(6)股市

1997 年亚洲金融危机后,结构性改革计划对股市效率产生了影响。宫越等(Miyakoshi et al.,2012)对八个亚洲股市研究,发现货币基金组织结构性改革在 1997 年亚洲金融危机期间取得成功,结构性改革促进了股市效率的提高。对我国股市的研究中,康佩洛等(Campello et al.,2014)分析了 2005年中国股权分置改革对企业绩效和融资行为的影响,研究发现股权分置改革不仅提高了企业的销售额和盈利水平,还丰富了企业股权融资渠道,促使企业降低杠杆率,参与更多的企业收购。

(7)通货紧缩

埃格特森等(Eggertsson et al.,2014)调查显示,名义利率下降危机中,结构性改革在短期内并不促进经济增长,反而可能是紧缩的。如果没有适当的货币刺激政策,那么改革会增加长期通货紧缩的预期,提高实际利率,抑制总体需求。戴维斯等(Davis et al.,2011)也表示以结构性改革为导向的供给政策会加剧通货紧缩的负面影响,促使就业和产出进一步减少,通货紧缩也可能使债务国的贸易条件恶化,进一步减少其福利。

(8)其他

结构性改革不仅影响到经济增长,还影响了其他政策目标。劳动力市场和收入支持政策、人力资本、产品市场法规、税收、补贴五个方面政策对收入差距产生了影响,改革税制、改善基础设施配置和管理、减少贸易壁垒和加强网络部门竞争、减少农业支持、减少能源补贴、改革房地产市场等方面政策对环境产生了影响,政府预算余额和经常账户也受到了相关结构性政策的影响。

3. 结构性改革的长短期作用

结构性改革成果的实现需要时间。从短期来看,伴随宏观宽松政策的改革往往带来一些收益,然而,有些像失业救济制度和就业保障的劳动力市场改革在有利时期比在不利时期得到回报的速度更快,甚至在严重萧条的经济体中会造成短期的损失。埃格特森等(Eggertsson et al.,2014)的调查显示,名义利率下降危机中,结构性改革在短期内并不促进经济增长,反而可能是紧缩的。如果没有适当的货币刺激政策,那么改革会增加长期通货紧缩的预期,提高实际利率,抑制总体需求。

瓦尔加等(Varga et al.,2014)分析了南欧国家结构性改革的跨期影响,主要观点是结构性改革在中长期中显著地促进经济增长。产品市场改革、劳动力市场相关教育和税收改革是结构性政策干预最重要的方面,应更重视对提升劳动力关键性的教育政策,特别是在低技能劳动力占比最高的欧元区国家。再结合德国的几项结构性改革政策可以发现,改革在短期内造成了一个国家财政赤字,但长期来看会产生巨额的财政盈余。而且,产品和劳动力市场改革在中期内提高了产出和就业。

五、西方结构性改革研究中的主要研究方法

西方结构性改革相关文献中涉及的研究方法与模型较为多元,目前研究主要集中在结构性改革的评估、结构性改革的动力以及结构性改革的影响几个方面,以定量研究和实证分析为主。梳理结构性改革的主要模型和方法,很大程度上可以了解现有研究的进展及其合理性。根据内容需要采用适用的模型与方法,主要分为如下几种。

1. 构建结构性改革评估的指标体系

指标体系方法是根据结构性改革的特性以及各个领域相互关系的多个指标,构建的具有内在结构的有机整体。由于结构性改革是一种政策工具,因此建立指标体系的目的是评估目标国家或地区在结构性改革领域的进展以及监测其是否可以应对结构性挑战。世界银行(World Bank,2005)、二十国集团(G20,2016)从资源配置的市场化构建指标体系,国际货币基金组织(IMF,2015)从金融、贸易、劳动等部门进行评估和监测,西方学者(Lora,1997;Morley et al.,1999;Claeys et al.,2013;Greenidge et al.,2016)也构建了类似的结构性改革的指标体系。指标体系最大的优点就是能够科学系统地评估结构性改革的进展和影响。然而,由于结构性改革包含了难以量化的经济条件和政策,因此结构性本身的量化也存在很多问题,从而不得不正视结构性改革的数据限制问题。无论如何,构建的指标体系不仅要满足科学性、系统性、相关性、可达性,还要反映国情,并根据实际不断调整优化,从而强化结构性改革政策挑战的分析和改革进程的监测。

2. 利用数理方法进行结构性改革的理论分析

数理方法不关注研究变量的度量误差等统计问题,集中利用数学知识对结构性改革问题演绎推理而非归纳研究。现有结构性改革相关文献中利用了数理经济学的基本方法进行了结构性改革的均衡分析、比较静态分析、动态分析。比如,坎波伊和内格雷特(Campoy and Negrete,2009)利用博弈论探讨欧元区国家预算赤字与结构改革之间的相互关系;阿吉翁等(Aghion et al.,2005)运用熊彼特增长模型分析结构性改革与区域收敛;阿萨纳(Assane,2014)根据扩展的贸易引力模型研究撒哈拉以南非洲的贸易、结构性改革和制度;博尔顿等(Bordon et al.,2018)利用局部投影技术探讨商业周期和宏观政策的作用;还有的学者通过商业周期模型(Hielscher,2016)、半内生增长模型(Varga et al.,2014)、IMF 全球综合货币和财政模型(Anderson et al.,2014;Lusiny and Muir,2013)、动态一般均衡模型(Gomes et al.,2013)对结构性改革的影响进行推理。数理方法所运用的语言更为简练严谨,利用大量数学工具处理结构性改革问题,可以改进现有的经济理论。

3. 根据统计和计量方法进行结构性改革的实证研究

统计方法是指通过收集整理结构性改革相关数据,并对其反映的问题作出分析和解释。计量方法是指根据一定的经济理论和统计资料为基础,以建立经济计量模型为主要手段,定量分析研究结构性改革相关经济变量之间的关系。在研究结构性改革和相关经济变量之间的关系时,西方学者多根据统计计量方法,运用统计学方法对数据进行分析解释,或者建立计量模型进行估计和假设检验的经验观测研究。从研究的内容上看,主要分为以下几个方面。

(1)考察相关变量与结构性改革的关系。如罗曼(Romain,2008)采用多变量概率和线性计量经济学分析宏观经济政策对结构性改革的作用,阿涅洛等(Agnello et al.,2015)运用 logistic 回归调查结构性改革的驱动因素,贝尔克和沃格尔(Belke and Vogel,2015)根据动态面板方法分析汇率制度和结构性改革之间的同时期关系。

(2)结构性改革的进程与作用。如奎尔-卡苏拉等(Cuervo-Cazurra et al.,2009)构建 Probit 和 Tobit 模型分析了结构性改革对企业出口的影响;坎波斯和木下(Campos and Kinoshita,2010)利用固定效应、广义矩方法和双重差分法,研究发展中国家的结构性改革动态进程;康佩洛等(Campello et al.,2014)使用广义倾向得分匹配法的统计方法,考察股权分置改革对企业经营绩效和股权融资行为的影响。

(3)结构性改革与增长的关系。如普拉提等(Prati et al.,2013)利用OLS回归和固定效应探究改革同增长的关系;OECD(2016)根据OLS回归、断点回归、DID回归分析结构性改革的短期效应。在研究结构性改革上,统计计量经济方法具有十分重要的价值和实际意义。理论和经济数据相结合,可以深入剖析结构性改革的影响和驱动因素,诠释结构性改革的过程,研究结构性改革与经济增长的关系。但是计量经济模型的一般假设有时不切实际,模型和变量的选择也会出现诸多问题。总之,要结合样本特征、数据可得性和历史背景等诸多因素选择合理的模型和方法。

4. 结构性改革的其他研究方法

计量经济研究方法在结构性改革的实证研究中占据很大比例,但有时计量方法并不能完整详细地揭示结构性改革的一些方面,部分学者也运用了其他研究方法。比如,研究股市改革时采用前瞻、无差异和事件研究方法(Miyakoshi et al.,2012;Prati et al.,2013),探讨结构性改革的程序化事实时利用荟萃方法(Babecky and Havranek,2014),分析结构性改革条件时采用文献分析方法(Bandt et al.,2008)等。

实际上,在研究结构性改革时,这些研究方法相辅相成、相互促进。首先,指标体系的建立是进行评价研究或者回顾预测的基础和前提;其次,经验研究之前,必须要有理论作为指南,进行有价值的经济计量研究的基础是有一个好的理论框架;最后,理论的应用必须运用经验数据对其有效性进行检验。

第二节　中国供给侧结构性改革的文献综述

以上内容从"是什么、为什么、怎么办"等方面对西方结构性改革进行了系统论述。正如习近平总书记所指出的:"我国供给侧结构性改革同西方经济学的供给学派不是一回事。"中国的供给侧结构性改革无论是从改革目标、理论基础还是政策方法都与西方的结构性改革存在根本不同。本节对近年来中国供给侧结构性改革的有关研究进行了系统梳理,进一步分析了中国供给侧结构性改革与西方结构性改革的区别,希望通过对两者之间的对比为中国供给侧结构性改革提供更多有益启示。

一、中国供给侧结构性改革政策的推进阶段和研究热点

本节搜集整理了 2015—2021 年 2 887 篇中文核心期刊和 CSSCI 期刊，通过关键词时区知识图谱分析发现，近年来供给侧结构性改革不断适应新形势进行灵活动态、持续深入、全面实施的改革调整。文献研究脉络与改革实践相吻合，呈现三个逐步深入的推进阶段(图 2.1)。

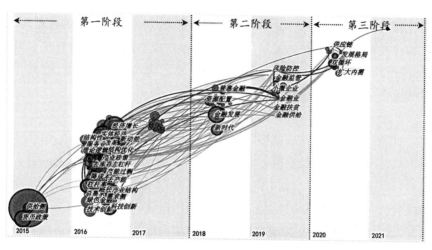

图 2.1 关键词时区知识图谱分析

资料来源：中国知网，作者绘制。

第一阶段为开局实施阶段(2015—2017 年)，这一阶段以调整产业结构中过剩产能为主，政策实施的核心思想是"三去一降一补"。2015 年，中央财经领导小组第十一次会议首次将供给侧结构性改革引入工作报告，并对如何推进经济结构性改革给出了总体思路。随后在当年的中央经济工作会议上正式提出了供给侧结构性改革的调控关键点，即："着力加强结构性改革，在适度扩大总需求的同时，去产能、去库存、去杠杆、降成本、补短板，提高供给体系质量和效率。"这"三去一降一补"五大任务是后续一系列政策的主要调控目标。2016 年中国供给侧结构性改革全面铺开，从部门来看，国家发改委、商务部、国家粮食局、交通运输部等多个部门相继出台了关于推进供给侧结构性改革的指导意见。从中央到地方的经济政策文件均体现出供给侧结构性改革特色，落实"三去一降一补"主要以产品部门调控为主。但在具体的政策条目中，包含着与金融部门、劳动力部门、贸易部门的协调与配合。2017 年，供给侧结构性改革政策措施更趋细化。强调推进去产能，要抓住处置"僵尸企业"这个"牛鼻子"；防控金融风险，要加快建立监管协调机制，建立促进

房地产市场平稳健康发展长效机制。党的十九大报告明确指出:"必须坚持质量第一、效益优先,以供给侧结构性改革为主线,推动经济发展质量变革、效率变革、动力变革,提高全要素生产率。"同年中央在肯定实体经济重要地位的同时,也开始强调对金融部门的改革,并将防范化解重大风险作为三大攻坚战之首。表明供给侧结构性改革不仅仅是产品部门的改革,金融部门、外汇部门同样会对改革效果产生巨大影响,这一判断为之后供给侧结构性改革的施政策略提供了基本方向。在本阶段中文献主要是对产能过剩,"三去一降一补"等结构性矛盾进行研究(鞠蕾等,2016;胡鞍钢等,2016;周密和刘秉镰,2017;韩保江和韩心灵,2017;席鹏辉等,2017)。

第二阶段为深入推进阶段(2018—2019 年),这一阶段以稳风险的金融部门与实体部门间结构调整为主,政策实施以"巩固、增强、提升、畅通"方针为指导。2018 年产品部门改革继续深化,改革措施主要体现在"破""立""降"。同年 7 月的中共中央政治局会议指出要将补短板作为深化供给侧结构性改革的重点任务,将防范化解金融风险和服务实体经济更好地结合起来。同年在中央经济工作会议上提出当前和今后一个时期的深化供给侧结构性改革、推动经济高质量发展的总要求:"更多采取改革的办法,更多运用市场化、法治化手段,在'巩固、增强、提升、畅通'八个字上下功夫。"这为政策实施提供了方向指引。2019 年中央正式提出了要在金融领域开展供给侧结构性改革,有关政策的实施主要围绕强化金融部门对产品部门的服务职能,加强对资本市场监管,完善基础性制度,防范化解重大风险等任务展开。该阶段中脱实向虚、金融发展与风险防控、金融杠杆等金融部门与实体部门间的结构平衡问题受到学者的广泛关注(彭俞超等,2018;张志元等,2018;彭镇华和习明明,2018;张勋等,2019;陆岷峰和徐博欢,2019)。

第三阶段为全面深化阶段(2020 年至今),这一阶段以供需适配的关系调整为主,政策实施以需求侧管理与供给侧结构性改革相结合为导向。早在供给侧结构性改革伊始,中央就关注到了供需适配问题。在 2016 年中央财经领导小组第十二次、十三次会议上的讲话中均强调要增强供给结构对需求变化的适应性。2017 年习近平在十八届中央政治局第三十八次集体学习时对供给和需求之间的关系进行了系统阐述:"供给和需求是市场经济内在关系的两个基本方面,供给侧和需求侧是管理和调控宏观经济的两个基本手段。经济政策是以供给侧为重点还是以需求侧为重点,要依据宏观经济形势作出抉择,二者不是非此即彼、一去一存的替代关系,而是要相互配合、协调推进。推进供给侧结构性改革,要用好需求侧管理这个重要工具,使供给侧改革和需求侧管理相辅相成、相得益彰,为供给侧结构性改革提供良好环境和条件。"

　　新冠疫情暴发后,中央对供给侧结构性改革和需求侧管理作出了新形势下的调整。2020年中央财经委员会第七次会议提出要把握扩大内需这一战略基点,使生产、分配、流通、消费各环节更多依托国内市场实现良性循环,要明确供给侧结构性改革的战略方向,促进总供给和总需求在更高水平上实现动态平衡。十九届五中全会公报的发布,标志着扩大内需战略与供给侧结构性改革的结合。在同年年底的中央经济工作会议上强调加快构建新发展格局,要紧紧抓住供给侧结构性改革这条主线,注重需求侧管理,打通堵点,补齐短板,贯通生产、分配、流通、消费各环节,形成需求牵引供给、供给创造需求的更高水平动态平衡,提升国民经济体系整体效能。在这期间,畅通循环、促进消费、拓展投资等政策主要围绕服务构建新发展格局展开。2021年习近平在庆祝中国共产党成立100周年大会上的重要讲话中强调:"构建新发展格局的关键在于经济循环的畅通无阻,这就要求我们必须坚持深化供给侧结构性改革这条主线,继续完成'三去一降一补'的重要任务,全面优化升级产业结构,提升创新能力、竞争力和综合实力。"总体来说,新发展格局中,国内大循环主要是在产品部门内部、产品与金融部门进行调控;国际循环主要是在贸易部门内部、贸易与产品、贸易与金融部门进行调控,同时两个循环都涉及体制机制、政策服务等配套体系的改革。

　　2021年年末中央经济工作会议提出:"我国经济发展面临需求收缩、供给冲击、预期转弱三重压力。"缓解"三重压力"亟须从供需两端出发,实现供需在更高水平上的良性互动和有机结合。2022年,党的二十大报告明确提出"要坚持把实施扩大内需战略同深化供给侧结构性改革有机结合起来"。这是新阶段加快构建新发展格局、不断推动经济高质量发展的重大战略部署,也是中国式现代化的现实要求。2022年中央经济工作会议同样指出要统筹好供给侧结构性改革和扩大内需的关系,以高质量供给创造有效需求,以多种方式和渠道扩大内需。

　　这一阶段的文献研究重点讨论了扩大内需同供给侧结构性改革有机结合(蒋永穆和祝林林,2021;周密等,2021;刘鹤,2022)、供给侧结构性改革与新发展格局构建(杨伟民,2021;荣晨,2022)、供给侧结构性改革效果评价(任保平和苗新宇,2022;丁志国等,2022)、供给侧结构性改革与高质量发展(刘鹤,2021)等问题。

　　一是对"为什么要实施扩大内需战略同深化供给侧结构性改革有机结合""如何实现有机结合"等基本问题的研究讨论(刘鹤,2022;王廷惠,2022;陈晓晖和姚舜禹,2022;赵昌文,2023;张亚光和毕悦,2023)。其中,刘鹤

(2022)系统论述了实施扩大内需战略同深化供给侧结构性改革有机结合的历史逻辑、时代背景、原则要求和主要任务。陈晓晖和姚舜禹(2022)认为供给侧结构性、要素性、体制性问题叠加是制约供给和需求有效对接的主要因素。王廷惠(2022)、张亚光和毕悦(2023)则从提高供给侧质量、安全和效率，发挥需求侧潜力和驱动力两个方面提出了具体的实践举措。

二是探讨供给侧结构性改革对双循环发展格局构建的重要意义。杨伟民(2021)、蒋博和李明(2022)、冯明(2022)等认为供给侧结构性改革是构建"双循环"新发展格局的重要举措，畅通国内大循环应提高现有供给的质量水平，构建起与需求变动和消费升级相适应的生产格局，实现供需间的有效适配和衔接。荣晨(2022)认为供给侧的有效贯通既可以打通经济循环的梗阻，又能消除发展瓶颈的制约，持续推进供给侧结构性改革是畅通经济循环的重中之重。

三是对供给侧结构性改革效果的评价，可以概括为以下三个维度：(1)国家宏观层面。任保平和苗新宇(2022)通过构建指标体系对我国2016—2019年的供给侧结构性改革进行了综合绩效评价，研究认为我国供给侧整体状况得到明显好转。魏玮和张兵(2022)研究了供给侧结构性改革对我国潜在经济增长率的影响。唐聪聪(2022)则重点讨论了其对居民就业水平的作用效果。(2)行业中观层面。主要包括对房地产行业"去库存"(丁志国等，2022；仲怀公等，2022)、产业结构优化(丁志国等，2022)、供给质量提升(朱方明和蔡彭真，2022)等方面的研究。(3)微观企业层面。高照军和张宏如(2022)、花俊国等(2022)分析了供给侧结构性改革对企业全要素生产率的作用。还有学者讨论了供给侧结构性改革对企业创新水平、企业杠杆率等方面的影响(马永强，2022；范亚莉等，2022；杨贺等，2022)。

除此以外，部分学者还关注到某些新生因素对供给侧结构性改革的影响。如数字化赋能对金融供给侧结构性改革(陈长，2022)、对推动产业结构升级(何琨玟和赵景峰，2022)等方面的作用；创新模式选择(自主创新还是模仿创新)对供给侧结构性改革的驱动效用分析(王长明和赵景峰，2022)；"双碳"目标对供给侧结构性改革的影响等(袁怀宇和李风琦，2022)。

国内早期文献将供给侧结构性改革与西方供给学派混淆，引起了诸多误解。此后学者主要从理论基础、现实背景、政策方法和改革目标四个方面澄清(洪银兴，2016；逢锦聚，2016；贾康和苏京春，2016；钟裕民，2017；鲁品越，2020；冯娟，2021)。近20年来西方结构性改革出现了一些新的变化与趋势。国际货币基金组织、世界银行等国际组织不仅在对发展中国家扶贫贷款和救助项目中附加结构性调整项目，而且将"结构性改革、财政政策、货币政策"并称为促进全球经济增长的"三驾马车"(Lusinyan and Muir，2013；杨盼盼，2016)。为了对比中西方研究热点在主题、内容、政策等方面的差异性，本节进一步以 Web of Science 数据库为平台进行检索，得到 2003—2021 年 3 017 篇以"structural reform"为关键词的英文文献。如表 2.3 所示，通过对比研究发现，中文研究侧重实施路径与调控政策等政府引导型改革；西方研究侧重微—宏观的市场友好型改革。因为，西方的研究时间和实践历史更长，文献更丰富，可以有针对性地借鉴。但对于西方结构性改革的政策措施决不能照搬照抄，不能直接将其作为我国制定政策的依据，需要从自身实践和国情出发进行符合本土特色的研判与分析。

表 2.3　供给侧结构性改革政策研究热点的比较

文献区分	研究主题	内容聚类	涉及关键词
国内文献 (2 887 篇)	内涵要义	供给侧	供给侧、改革、结构性、路径、结构性改革
		供给学派	供给学派、产能过剩、新常态、经济增长
	实施路径	创新驱动	创新驱动、转型升级、产业结构、新时代
		去杠杆	去杠杆、杠杆率、债转股、稳中有进
		同比增长	同比增长、去产能、深入推进、新动能
	宏观政策	政　策	财政政策、货币政策、对策、价格政策
	农村农业	乡村振兴	乡村振兴、农村金融、城乡融合、金融服务
		粮食安全	粮食安全、去库存、粮食产业、现代农业
	新发展格局	双循环	双循环、扩大内需、高质量发展、发展格局
国外文献 (3 017 篇)	改革与转型	改　革	改革、影响、不平等、收敛、全要素生产率
		转　型	转型、市场、民主化、生产率收敛
	宏观研究	经合组织	经合组织、失业、能源消费、财政政策、协整
		民　主	民主、状态、政治、国际货币基金组织、条件
	微观研究	新公共管理	新公共管理、领导力、专业发展、课程改革
		劳动力供给	劳动力供给、收入、税制改革、结构模型

二、中国供给侧结构性改革研究的基本特征

在党中央提出供给侧结构性改革之后，我国学者关注最多的是美国总统里根采用供给学派的结构性改革方案。发达国家经济增长的减速普遍发生在 20 世纪 70 年代初期以后(袁富华，2012)，在出现滞胀之后，里根采用了供给学派的政策主张进行结构性调整，内容主要是大幅度减税计划，结束对部分行业的竞争管制和削减社会福利(徐朝阳，2016)。在这之后形成了美国历史上持续时间最长的、没有经济衰退和经济萧条的和平时期。因此，很多学

者从字面角度进行解读和联系,将供给侧结构性改革等同于西方经济学中供给学派或其延伸,引起了诸多误读。

我国的供给侧结构性改革在具体背景、理论内涵与调控手段等与西方存在较大差异。2015 年 12 月,中央经济工作会议对供给侧结构性改革作了重点部署,习近平总书记从形势的判断、问题的诊断、工作的思路,到重点任务、改革举措、重大原则,提出了逻辑严谨、系统完整、方向明确、操作性强的一揽子方案(杨伟民,2016)。此后,本着"真理越辩越明"的原则,中国本土经济学家对供给侧结构性改革进行了有意义的探索和热烈的讨论,集中于三大问题。

一是,供给侧结构性改革为什么? 供给侧结构性改革的全面实施具有明显的问题驱动特征。直接动因是经济增速下滑,同时传统需求刺激政策的调节思路失效(刘伟和蔡志洲,2016)。针对中国经济增速下降问题,以习近平同志为核心的党中央在综合分析世界经济长周期和我国经济发展新形势的基础上,首次提出供给侧结构性改革,之后习近平总书记又在多种场合强调供给侧结构性改革的主线作用(习近平,2017),体现了中央的主动作为。

针对中国经济增速放缓,学者也从多方面进行深入探讨。一方面,部分学者认为主要是周期性放缓(刘伟和陈彦斌,2020;郭豫媚和陈彦斌,2015;林毅夫,2016)。部分学者认为由"结构性"减速引起(袁富华,2012;张平,2012;陆明涛等,2016)。也有学者认为经济减速具有双重性质,政策选项应是"周期应对与促进转型并重"(岳立和杨帆,2016;王一鸣,2017)。另一方面,传统总需求管理政策无法根治产能过剩以及供给结构与需求结构之间不匹配等深层次问题,供给侧产出以及相关的制度供给才是至关重要的动力(贾康和苏京春,2015;刘英基,2019;陈小亮和陈彦斌,2016)。

供给侧结构性改革的根本原因是供给结构与需求脱节造成的供求失衡(胡鞍钢等,2016;王洪涛和陆铭,2020;余斌和吴振宇,2017)。失衡在数量维度上体现为:(1)有供给无需求;(2)低效率供应抑制有效需求;(3)有需求无供给(陈斌开等,2014;林卫斌和苏剑 2016;张蓓,2016;杨飞虎等,2021)。失衡在结构维度上体现为:(1)实体经济结构性供需失衡(袁晓玲等,2019;王一鸣,2017);(2)虚体与实体经济失衡(刘伟,2018)。

二是,供给侧结构性改革到底是什么? 对这一概念的理解,主流的观点有两种。第一种是基于供需之间对应关系的解释框架。在这一框架下,又有两种不同的解释角度:(1)强调供给侧结构性改革与中国传统的需求刺激政策相比较,指出供给侧强调从供给端实现微观资源的有效配置、可持续的生产率提高和技术进步;而以往的需求侧政策,主要是宏观的财政政策和货币政策,刺激消费、投资和出口三驾马车,更多的是平衡经济(卫兴华,2016;徐朝阳等,2020)。也有部分文献认为供给侧结构性改革是实行需求紧缩,或搞新的"计划经济"。《人民日报》独家专访特别提出要消除这种认识,指出供给侧并不是不要需求侧,而是在适度扩大总需求的同时,着力加强供给侧结构性改革,着力提高供给体系的质量和效率,增强经济持续增长动力。(2)强调政策改革期限的长短。主要观点认为需求侧的管理主要是短期政策,而供给侧是长期政策(胡鞍钢,2016;卫兴华,2016)。第二种则是基于解构主义的解释框架,侧重对"结构"的理解,认为供给侧结构性改革是指从供给侧入手,针对结构性问题而推进的改革,几乎包括所有重要的改革。从"需求侧"转向"供给侧"相当于从"政府调控侧"转向"全面改革侧"(李佐军,2016)。

三是,供给侧结构性改革到底改什么? 一类以新古典模型为基础,从劳动力、资本和全要素生产率出发,主张供给侧结构性改革应提高全要素生产率或者是从生产要素的流动重组和优化配置来解决(吴敬琏,2016;刘世锦,2016;赵幼力,2016)。第二类以凯恩斯总需求管理为框架,建议采取更加积极的财政政策和货币政策,主张进一步提高投资,特别是增加基础设施等方面的投资(林毅夫,2016)。第三类是从结构的角度出发,指出包括人口结构、产业结构、消费结构、区域结构、要素投入结构、增长动力结构、收入分配结构等多元结构的调整(贾康和苏京春,2015)或投资结构性改革和出口结构性改革等结构调整(卫兴华,2016)。同时一个重要的趋势是更加重视供需适配的结构。当前中国经济面临着供给侧和需求侧两方面的问题,矛盾的主要方面在供给侧,根本上要靠供给侧推动,着力扩大国内需求,实现供给与需求在更高水平下的动态平衡(柳思维,2021)。提升供给体系的创新力和关联性,注重需求侧管理,抓住主要矛盾,着力打通堵点,贯通生产、分配、流通、消费各环节,实现供求动态均衡。

随着讨论的深入,关于供给侧结构性改革的研究趋向于多元化和细致化,主流的观点越来越开始指向以降低制度性交易成本(李锦,2016)、解放生产力(贾康,2016)、提高供给质量、改善政府和市场关系(李扬,2016)的市场化改革方向上来,形成了以体制、政策改革等为中心的全局层面和分重点领域各个突破的局部层面。

在全局层面上,大多数学者的研究认为,应从体制、机制和重点领域三个方面进行改革。在体制上,推进科教人才管理体制、金融体制和信息化推进机制等(李佐军,2016),深化财税制度改革、企业制度改革和价格体制改革(刘霞辉,2013;迟福林,2016)。在机制上,侧重:通过反垄断法律的修订完善和执法体系的加强来优化竞争机制(吴敬琏,2016);通过简政放权、放管结合、优化服务的行政管理改革,完善政府的监管和服务机制(迟福林,2016)。重点领域主要集中在:提高劳动者在生产率部门的参与率、保持人力资本积累速度等人口改革领域(蔡昉,2016;厉以宁,2016)。推动企业创新和转型(李兰,2016);围绕产业链部署创新链条,全力打造创新创业的生态环境,建设支持创新创业的投融资体系,加快融入全球创新网络的创新领域(张茉楠,2016);推动企业转型,提升企业核心竞争力的企业改革领域(李兰,2016);健全要素市场化配置,加快要素价格市场化改革的要素改革领域等。

供给侧结构性改革从实践层面为中国经济改革与发展提供了新视野、新角度和新方法,但对供给侧结构性改革的经济学研究以问题—政策为主的软科学范式和笼统的政策解读为主,存在着明显的将供给侧结构性改革引向一切领域的结构泛化特征。由于没有从理论上解释为什么供给侧结构性改革是当前的唯一出路,就使得目前在供给侧结构性改革是什么和怎么做的问题上缺乏明晰的主线和明确的抓手。总体思路仍然局限在如何提高供给效率的层面。

三、中国供给侧结构性改革与西方学派的主要区别

对比中国供给侧结构性改革和西方学派,两者间的区别主要表现在以下方面。

一是理论基础不同。中国供给侧结构性改革的理论基础是马克思主义政治经济学。而西方供给学派理论基础是以奉行"萨伊定律"和"市场崇拜"为特征的新自由主义,相信供给自动创造需求,主张市场自动调节,反对政府干预。因此,与西方加强以自由化为主的竞争促进政策不同,中国供给侧结构性改革既强调供给又关注需求,既突出发展生产力又注重完善生产关系,既注重发挥市场在资源配置中的决定性作用又着力更好地发挥政府作用,既着眼当前又立足长远[1]。按照"市场和政府相结合"思想实施经济政策,强调供给与需求的辩证统一[2]。

二是产生背景不同。首先,西方供给学派产生于发达国家的经济发达阶段,而中国的结构性改革产生于发展中国家的转型发展阶段,中国的城镇化率、基础设施完善程度等方面均与西方国家存在较大差别。其次,以美国为例,美国进行结构性改革的具体背景是 20 世纪 70 年代初期以后所面临的

---

① 黄守宏.坚持以深化供给侧结构性改革为主线(深入学习贯彻党的十九届五中全会精神)[N].人民日报,2020-12-11(7).

② 中共中央党校(国家行政学院).习近平新时代中国特色社会主义思想基本问题[M].北京:人民出版社、中共中央党校出版社,2020.

"滞胀"问题,而中国所面临的是经济发展阶段转换过程中的中长期增长和结构调整遇到的瓶颈制约。

三是政策方法不同。供给学派将减税作为政府的主要手段,主张通过减税政策刺激供给,认为减税可以促进就业、降低通货膨胀实现经济增长。而供给侧结构性改革是用改革的办法推进结构调整,在适度扩大总需求的同时,推进"三去一降一补"任务,减少无效和低端供给,扩大有效和中高端供给。减税只是供给侧结构性改革的一项内容,除了减税以外,同时进行税收、金融、企业制度、教育科技等多方面的改革,进而实现供给结构调整,提高供给体系质量。

四是改革目标不同。西方供给学派的改革目标首要目的是走出当时的"滞胀"困境,回到西方古典经济学主张的自由放任的市场经济,减少政府对经济的干预,以实现经济长期增长和繁荣。供给侧结构性改革的目标则是在适度扩大总需求的同时,提高供给体系的质量和效率,增强经济持续增长动力,推动我国社会生产力水平实现整体跃升。从马克思主义政治经济学的角度看,供给侧结构性改革的根本,是使我国供给能力更好地满足广大人民日益增长、不断升级和个性化的物质文化和生态环境需要,从而实现社会主义生产目的。

虽然西方结构性改革和中国供给侧结构性改革在理论基础、政策手段、改革目标等方面均存在明显差异。但这并不妨碍我们用改造过的西方经济学原理分析中国供给侧结构性改革。因此,对包括供给学派、新熊彼特经济增长模型在内的西方经济学理论,我们既要注意加强研究和学习,借鉴其有益成分,又要注意不能不加鉴别地照搬照抄、食洋不化。

第三节 西方结构性改革研究
对中国供给侧结构性改革的启示

2015年11月10日,在中央财经领导小组会议上,习近平总书记首创性地提出供给侧结构性改革,并于2016年1月26日提出"三去一降一补"的供给侧结构性改革方案。经过2016年改革措施的落地与实施,2017年成为供给侧结构性改革的深化之年。习近平总书记不仅在2017年两会期间多次强调深化供给侧结构性改革,而且在党的十九大报告中指出,"建设现代化经济体系,必须坚持质量第一,效益优先,以供给侧结构性改革为主线"(习近平,2017)。"十四五"以来,党中央更加重视供需两侧的双向管理,统筹谋划扩大内需和供给优化。在党的十九届五中全会上,不仅继续坚持以供给侧结构性改革为主线,同时强调实现供需之间的良性互动。党的二十大报告明确提出,"要坚持以推动高质量发展为主题,把实施扩大内需战略同深化供给侧结构性改革有机结合起来"(习近平,2022)。

一、供给侧结构性改革的最终目标是实现"双低"约束下潜在经济增长率的提高

2013 年、2014 年和 2015 年中央对经济形势的判断分别从三期叠加、经济新常态到供给侧结构性改革转变。经济增速下降是众多矛盾、隐患和挑战的导火索。以往许多经济问题和社会矛盾都靠数量扩张解决,一旦经济增速下降,则众多矛盾和问题就显露出来(吴敬琏,2016),比如众多僵尸型企业[①]。在这种情况下,继续采用与 2008 年 4 万亿和 2009 年 10 万亿同样的刺激力度,经济增速回升很少且持续时间很短,甚至最近这一年投资后 GDP 增速没有升反而降(吴敬琏,2016),且近年来供给侧的投资向需求侧的消费转化不畅,带来回报率持续下降(白重恩和张琼,2014),企业投资中约 1/4 的资金没有直接进入后续生产领域,而是参与了财富再分配(陈勇,2012),并限制创新的资金支持(王文春和荣昭,2014),更引发了明显的产能过剩。地方政府囿于消化产能过剩这一短期目标所形成的供给侧解决思路,客观上又催生了 2016 年住房价格的疯涨(水木然和廖永胜,2017),并引致不断加重的"脱实向虚"趋势(欧阳洁和王观,2017)。种种事例显示,投资导向思路下资本报酬递减的报复正在出现(蔡昉,2013)。这说明如果继续采用需求侧政策,无法保障经济低通胀率和低失业率的双低条件下的经济增长,必须从深层次的经济结构进行调整,才能提高潜在经济增长率。

二、供给侧结构性改革需要适应中国经济发展阶段特点与本土特点

实行结构性改革时,应注意考虑改革互补性、改革速度等问题,合适的改革政策需要适应经济发展的不同阶段,同时也需要适应不同国家的不同特点(Dabla-Norris et al.,2014)。中国进行符合自身国情和长期增长目标的思考,激活本土化的学术自觉十分必要且迫切。西方发达市场经济国家也需要结构性改革,不能简单地用市场和政府来区分结构性改革的方向,而应该强调特定危机下,针对问题导向形成具体的解决方案。

[①] 据新华社北京 2016 年 2 月 25 日电(记者赵晓辉、许晟)对时任工信部副部长冯飞采访时的定义。

在西方的结构性改革中,针对各国所面临的危机不同,关键的结构性问题并不一样,当周期性通胀时,银行等改革是重点,而经济衰退时,劳动力等改革是重点。中国经济矛盾表现为"四降一升",即经济增速下降、工业品价格下降、实体企业盈利下降、财政收入增幅下降、经济风险发生概率上升(《人民日报》独家专访,2016)。而最为迫切的是工业品价格下降引发的"中国式产能过剩",集中表现为工业品行业的产品严重积压与过剩,这与西方国家的滞胀等表现并不一样。当前,一方面,各国结构性改革的优先领域与实施重点存在差异,结构改革的范围和速度也存在差异。比如,低收入国家可以减少贸易壁垒、改革农业和银行部门、提高教育覆盖率以及投资基础设施等,而发展中国家需要将制度和市场升级的第二代改革提上日程(Dabla-Norris et al.,2014)。另一方面,由于影响经济增长的关键因素存在差异,因此进行调控的具体结构存在差异,比如欧洲国家中过度的产品和劳动力市场法规仍然是增长和就业的障碍(Blanchard and Giavazzi,2003),而中国应根据产能过剩问题的内在原因,以产品市场为核心进行针对性调控。

三、厘清供给侧结构性改革与经济增长的内在逻辑和理论机理

供给侧结构性改革不是全面性改革,而是关键性改革,是牵一发而动全身的重大改革,如果不对那些重要部分或领域进行改革,那么经济发展和社会进步将会遭遇重大挫折甚至失败(王小广,2016)。围绕产能过剩所出现的产品市场与住房市场的结构性问题是关键困境。围绕关键与重点领域强调多部门的协调与配合,产品市场是核心,劳动、金融、外贸等多领域协调配合。

在针对发展中国家的研究中,达布拉-诺里斯等(Dabla-Norris et al.,2016)的分析表明去除产品和要素流动限制、改善经济制度、减少无效管理和补贴使农业自主、资源再分配和增强制造部门生产率等措施都可以使低收入国家获利。但随着经济和金融结构的发展,改革的回报和优先级也会发生转移。因此,要动态考察结构性改革的优先级与实施顺序。一是,化解产能过剩是供给侧结构性改革的现实要求(赵幼力,2016)。与西方结构性改革的金融危机引致特征不同,我国提出供给侧结构性改革的实践背景和直接动因是中国式产能过剩(周密和刘秉镰,2017)。然而地方政府采用的以被动消化[①]

[①] 这一轮中国式产能过剩不是简单的周期性过剩或制度性过剩,而是结构性过剩,深层原因是需求结构的转型。与1998年相比,一个显著的差别在于:人均GDP提升后,需求结构升级带来的产能过剩品类的变化——从1998年以纺织业等基本生活消费品过剩为主,转变为当前与房地产业等大宗耐用消费品相关的上下游产品过剩为主,其中粗钢、水泥、平板玻璃等过剩最为严重。由此,针对过剩这一现象进行短期产能消化就必然催生房价继续上涨,加剧经济困境。必须从需求结构转型等深层原因入手,深刻认识需求特征,使供给侧的结构更好地切合需求。

为主的供给侧解决思路,客观上催生了 2016 年住房价格的疯涨(水木然和廖永胜,2017),并引致不断加重的"脱实向虚"趋势(欧阳洁和王观,2017),亟须摆脱以土地与住房作为消化手段的旧传统,寻找主动化解产能过剩的新思路。二是,产品市场(product market)是推动供给侧结构性改革的核心,只有优先解决产品市场的困境,其他市场的问题才能迎刃而解。"脱实向虚"现象背后的深层原因是,产品市场价值创造环节中,供给侧的投资向需求侧的消费转化不畅带来的回报率持续下降(白重恩和张琼,2014)。因此,与西方结构性改革优先进行金融、外汇、贸易、劳动力等要素市场和衍生市场管制放松不同(Agnello et al.,2015),要准确落实中国供给侧结构性改革战略,必须把发展经济的着力点放在实体经济上,优先促使产品市场恢复到价值创造的健康轨道上来,形成切合国情的顶层设计(廖清成和冯志峰,2016)。

四、加快供给侧结构性改革的理论与定量研究

在量化结构性改革的进度和影响时,会遇到一些问题。其中最大的困难是由于可得的经济统计数据测量的都是诸如增长、通货膨胀或者对外贸易等经济结果,而不完全是结构性改革政策对这些经济变量的影响。事实上,财政赤字、金融深度等常作为政策指标的经济变量,不但受到结构性政策的影响,而且受到一系列其他国内外因素的影响,比如经济周期、贸易条件和国外利率。此外,当一国同时实行结构性改革和宏观经济改革时,很难单独测量结构性改革的影响。比如,究竟是由于梅内姆政府的结构性改革还是宏观经济改革抑制了 20 世纪 90 年代阿根廷的恶性通货膨胀,原因尚未得知。尽管存在这些问题,但结构性改革对经济增长影响的评估方法仍在不断改进,这些指标有助于评估结构性改革的影响和确定结构性改革领域的优先级。未来,关于结构性和增长的文献应该聚焦于建立可以量化解释结构性转型性质和评估不同经济机制重要性的模型,积极探索不同模型对于结构性转型和总收入的意义(Herrendorf,2014)。

第三章 供给侧结构性改革提出的背景：
需求结构演变①

2017 年习近平在十八届中央政治局第三十八次集体学习时指出:"供给和需求是市场经济内在关系的两个基本方面,供给侧和需求侧是管理和调控宏观经济的两个基本手段。推进供给侧结构性改革,要用好需求侧管理这个重要工具,使供给侧改革和需求侧管理相辅相成、相得益彰,为供给侧结构性改革提供良好环境和条件。"可见需求侧结构的变化必然伴随着供给侧资源配置方式的改变。供给侧结构性改革的提出具有问题倒逼式的特点。然而如果没有系统的理论认识则很容易陷入"头痛医头"的短视局面。

本章从经济史的角度将过去发展阶段分为古典-马克思时代、新古典时代、后工业时代三个阶段,以前文提出的价值和使用价值为划分依据,纳入需求结构内生的假设条件,对不同阶段需求结构变化与供给侧结构适应作了演进分析,从而回答为什么我国在这一阶段提出供给侧结构性改革? 是制度性转向还是周期性应对? 针对这两个问题,本章尝试提出的观点是:供给侧结构性改革是后工业时代需求转向饱和之后的供给侧适应性应对,是一种阶段性转向,需求的结构性跃升是供给侧结构性改革提出的关键时代背景和核心阶段性特征。

第一节 古典-马克思时代的需求侧结构特征和
供给侧配置资源方式

一、古典-马克思工业时代需求侧的结构特征:超额需求

宏观层面的超额需求是这一阶段的时代特征。马克思模型的最初阶段,

---

① 本章是在"周密,刘霞辉.不同市场条件下资源配置方式的演进研究——兼论供给侧结构性改革中供给侧应该如何变[J].政治经济学评论,2018(05), 20 - 50"基础上修改完善而成。

假定生产出来的所有商品能被需求和购买①。这一假定,对 18—19 世纪的工业社会是有效的,且具有较强的预见性。这一假设的合理性在于:古典-马克思工业时代,存在超额需求。超额需求是需求超过供给所形成的净需求。在微观经济学中,这个概念用于描述消费者消费的数量与其初期拥有数量的差额。微观层面的超额需求通常会随着供求关系的变化而变化,而本章所指的强超额需求是指在一个宏观经济水平上,供给的产量会由足够的需求自动地相适应。在这个阶段,整个社会生产力低下,物质不丰富。市场上的总产品无法满足所有的需求,只能满足有限种类的基本需要。卖方市场特征在大量产品市场中普遍存在。这种市场基本面的超额需求不是靠供求关系能够调整的,而是特定时期的宏观经济总体概括。在西方,这个阶段大约从 18 世纪末到 19 世纪中后期,经历了 70~100 年左右,其特征表现为自由竞争和工业生产力的迅速发展(Mandel,1978)。这个阶段的市场存在两个明显的特点。

一是,生产具有主导性。在马尔萨斯阶段,产品到商品的转化过程,人作为商品生产者,处于附属地位。当社会走向古典-马克思工业时代,人的生产者地位才渐渐重要起来(马克思和恩格斯,2011)。生产者之所以开始重要,是因为在这个阶段,消费者的基本需求还远远没有满足,差异化的需求即使存在也没有成为市场普遍趋势。一个人在一生中可能都没有新的消费对象产生。这一阶段,隐含的前提是基于个人偏好的消费选择并不重要,生产可以决定消费,决定消费的对象和消费的方式(宋涛,2013)。由消费选择所引致的最大化满足问题虽然暗含地存在,但是并不构成经济增长需要思考的主要问题。

二是,收入是制约消费的关键因素。虽然相比马尔萨斯阶段,人民的消费水平有了很大的提高,但总体消费水平仍然处于较低的阶段。消费者只有"买得起"和"买不起"的区分。在这一阶段,很多人即使花费掉每月所有的收入也难以果腹,约束消费者选择的最大因素不是来自消费者偏好的变化,而是来自收入制约的"能不能买"。收入所带来的消费不足问题成为产品市场出清的主要障碍。1774 年至 1860 年间不断增长的工资差异所带来的收入和财富不平等成为德国、美国等社会的主要矛盾(Williamson and Lindert,1980)。

---

① 马克思理论的前期分析中,剩余价值理论以价值、使用价值等概念切入,由于重点考虑抽象后的价值形态转变,因此主要在一个供需平衡框架进行考虑。当价值无法完全转化时,如牛奶过剩时,只需要减少产量,将牛奶倒入大海中即可,而不是需要改变生产的产品品类。这说明供需只需要在量上平衡即可。

二、古典-马克思工业时代供给侧的资源配置方式

当生产出来的产品为社会所需要,消费者愿意购买,只是受收入的限制面临"能不能买"的约束时,整个市场中的偏好既定且可控,整个社会的交换价值与价值内在一致。此时使用价值成为价值的调配器,交换价值只是使用价值的附属品。

1. 单一商品和单一企业的供给侧资源配置框架

马克思模型的第一阶段研究的是单一商品和行业中单一企业的竞争规律。这个基本规律包含两个基本思想:一是,单一商品中包含的价值由社会必要劳动决定;二是,只有商品中投入的私人劳动等于社会必要劳动时,这个商品才能被市场出清,这个企业才能在行业中生存。认同这个产品的价值为1元,但是在一个由"买得起"和"买不起"来区分消费者的时代,由于预算约束,消费者只有0.5元进行购买,否则消费者无法购买。此时,真实需要与供给是相一致的,因此,单一企业不需要去认知生产什么,正如在马克思的模型中,已经将资本家选择好的事业(无论是纺织业,是皮鞋制造业,抑或是别的什么生产事业)作为既定的前提。单一企业最重要的工作是确定生产多少。此时,交换价值与价值具有内在的一致性。企业要解决的是用与整个行业相适应的社会必要劳动时间生产即可。如果根据交换价值的事后验证,市场出现了过剩,那么生产者将在不改变价格(交换价值的外在表现形式)的情况下,通过缩减或销毁使用价值的量来压缩产能或者提高技术水平,降低成本,提高使用价值的技术含量,这样直到市场可以按照0.5元价格提供产品或者消费者的消费水平普遍达到1元的支付能力,待市场购买能力恢复至市场价格水平后,再进一步扩大生产。这就是为何在马克思的年代,生产商要"将牛奶倒入大海中"的原因。很多文献认为这是生产商通过保持价格来维持垄断优势,然而生产商在这一阶段可以维持垄断优势的原因在于这个企业所在的行业是为社会所需要的,只是行业中不符合社会必要劳动时间的企业生产的产品被证明是过剩的,需要靠使用价值进行出清和调配。在我国改革开放初期,出现这种过剩时,也主要是压缩产能,待消费能力提升后,继续生产。使用价值是如何配置价值的呢?当交换价值与价值相一致时,使用价值配置价值的最重要的方式是——通过利用社会需要的大小来选择可接受的并且属于正常生产条件的技术类型(沙洛姆·格罗,2011)。正是"使用价值"最终决定了何种生产率水平实际上确定社会必要劳动时间。虽然使用价值不决定价值,但是"使用价值"作为价值分配的调节器来选择生产率的相应水平并且间接地影响价值结果。在这个过程中,使用价值通过选择技术的区间与范围间接调节价值大小的诸因素,因此,使用价值作为一个界限或强制性的约束

来发挥作用。以当时的纺织业为例,英国人不断增加劳动力密集度并降低其原材料投入质量。美国人则通过升级机器以及采用更高级的原棉或原毛料来节省劳动力①。最终在 1851 年伦敦万国工业博览会上,美国产品获得了主要关注。虽然设计简单,既不精美也不持久耐用,但是它们实用性强,便宜而且功能强大(乔纳森・休斯,路易斯・P.凯恩,2011)。同是纺织产品,生产什么已经是既定的了,但是怎么生产以及由此产生的生产多少就成为生产的最重要因素,而使用价值作为一个外在的、非技术的因素,决定了哪种技术—生产类型是必要的、能最大程度满足社会需要或社会的"使用价值"的一个给定水平,决定了用于满足给定社会需要的具体的技术—生产线段(沙洛姆・格罗,2011)。

2. 多个商品和多个行业的供给侧资源配置框架

随着马克思模型的发展,偏向"使用价值"的资源配置方式无法保证给定产量的有效需求。当马克思的研究从单一代表性商品转换为国民经济(许多商品和许多部门)的时候,需求或者说偏好就变成了一个关键性问题。马克思注意到了这种变化,在 19 世纪中期以后,很多原有行业在衰落,这种行业性过剩与原来单一企业的过剩有着根本的不同,并开始在《资本论》第 3 卷中完善前面的研究。

在马克思模型的第一阶段,对于单一商品的一个单位,"社会必要劳动时间"是指在社会正常的生产条件下,在社会平均的劳动熟练程度和劳动强度下制造某种使用价值所需要的劳动时间。假定前提是,社会上生产的产品都是需要的,因此,企业不需要认知"生产什么"的问题,只需要考虑用最适合的社会必要劳动时间进行生产,生产多少才是最关键的命题,检验企业竞争能力的关键就是社会必要劳动时间。符合社会必要劳动时间的企业将淘汰不符合社会必要劳动时间的企业。社会必要劳动时间标准是马克思模型第一阶段的重要贡献。

到马克思模型的第二阶段,经济条件开始发生变化。对于一个部门(或整个经济)的产品,"社会必要劳动时间"是指在正常的生产条件下用于生产该部门(或经济)产品的社会需要的部分的劳动时间②。如果使用了过多的

① 美国工人不像英国工人那样成立工会,且具有更高的灵活机动性,所以美国经营者更容易用新的机器替代来减少对劳动力的依赖和劳动成本(《美国经济史》,第 249 页)。

② 追溯到 1864—1865 年,社会必要劳动时间的这种新的含义并非仅仅出现在《资本论》第 3 卷的手稿中。在 1862—1863 年,它已经包含在《剩余价值理论》的手稿中了。"虽然产品每一部分包含的只是生产这一部分所必要的劳动时间,或者说,虽然它花费的劳动时间的每一部分都是创造总产品的相应部分所必要的,但是,一定生产部门所花费的劳动时间总量对社会所拥有的全部劳动时间的百分比,仍然可能低于或高于应有的比例。"从这个观点来看,必要劳动时间就有了另外的意义。

这种劳动时间,以及生产了相对于"使用价值"所要求的过多的商品,这时,不管耗费的劳动时间的数量,这个总的生产数量代表较少的价值(沙洛姆·格罗,2011)。如果这个行业所代表的价值很少,那么即使这个行业中企业符合第一个社会必要劳动标准,最后按照第二个社会必要劳动时间标准,这个领域总产品的价格比它的价值降低多少,总产品的每一部分的价格也降低多少(马克思,1968)。于是在马克思模型的第二阶段,表达了三个重要的思想:第一,社会必要劳动时间决定价值;第二,第一个社会必要劳动时间针对行业中的企业,第二个社会必要劳动时间针对行业;第三,在企业竞争中,第二个社会必要劳动时间的决定先于第一个社会必要劳动时间。这是为什么呢? 如果行业性过剩,则意味着这一类产品不能满足消费者需求,消费者需要新的产品品类,这个问题就不是生产多少的问题,而是生产什么的问题!

第二节　新古典工业时代的需求侧结构特征和供给侧配置资源方式

通过两种社会必要劳动时间的提出,马克思从哲学上完成了资源配置从使用价值向交换价值的转向。而新古典则是通过价格这一核心指标将交换价值这一抽象概念实体化,并把交换价值的理解长久地固化在事后交换价值的层面,事实上缩小了交换价值的理论范畴。

一、新古典工业时代需求侧的结构特征:从超额需求转向饱和需求

马克思模型的第二阶段已经提出,使用价值无法足以保证给定产量的有效需求(沙洛姆·格罗,2011),多少劳动才是社会必要的,就取决于两个方面:一是,依赖于经济的正常生产条件——普遍采用的技术,确认有效的生产过程,即如何生产;二是,依赖于到底生产什么,而这与当时的时代特征相关。

从19世纪中后期开始,随着社会生产率的不断提高(Sokoloff,1986),农业人口正在逐步减少,制造业工人数量呈现高达数十倍的增长(Lebergott,1964)。这个阶段人们的收入开始提升,需求开始从基本需求转向更高层次的需求,时代条件开始发生转换。市场经济发展到工业化中期以后,生产力大大发展起来,一般人的消费已超出了基本生存的需要,新的消费对象以很快的速度不断出现,消费函数在古典-马克思工业社会条件下主要取决于收入,而在这一阶段则不仅取决于收入,而且取决于消费者的偏好。物质丰富达到一定程度的时候,选择的问题,对各种使用价值进行统一度量、比较的问

题才真正提到人们面前,因为此时宏观经济层面已经开始从超额需求转向饱和需求。饱和需求是指当对此物品的占有量超过界限规定限度时,消费者便不再增加对该物品的消费需求,这个需求界限就是消费者对该物品的饱和需求量(祁晓冬,1996)。当消费者占有商品的数量超过饱和需求量后,其边际效用递减直至为零。当在一个宏观经济水平上,市场需求从"买得起和买不起"的单一状况,变成了"买得起和买不起"与"可买和可不买"的双元状况时,就面临着将一种原有使用价值和新出现的使用价值进行比较、选择的问题。只有在这时,抽象使用价值的概念才可能产生(樊纲,2015)。也是在这时,由于使用价值内在的有效性或效用所决定的交换价值才成为重要的方面。正是在这一意义上,价值调配器的功能,时而表现在使用价值的规定上,时而表现在交换价值的规定上,不过处在不同的阶段有着不同的意义(马克思,1973)。

二、新古典工业时代供给侧的资源配置方式:相对价格

从单一的价值形态推移至第二种一般价值形态,再到第三种货币形态,经过上述一系列的变化,交换价值才成熟为价格形态(马克思,1972)[①]。交换价值反映了两种商品交换的比例关系,这一量的属性被新古典理论推至巅峰,并促使在认识上将价格取代交换价值(樊纲,2015)。

1. 使用价值从属于交换价值(O'Cornnor,1998)

新古典理论以相对价格为核心,创造出以边际生产力分析为主的要素价格均衡方式。价格配置资源的基本逻辑是:资源的最优配置必须按照要素稀缺性的相对价格进行。相对价格表示要素的稀缺性和人们的消费偏好之间的关系,相对于给定的偏好来讲,哪一种要素越稀缺,它的价格就越高,从而根据要素可以替代的假设就可以按照相对价格配置资源了(柳欣,2006)[②]。在上述基本逻辑下,偏向交换价值的资源配置呈现如下两大特点。

价格作用越来越重要,以至于生产不仅服务于需求,更重要的是服务于交换价值,为了满足更高利润。第一,以更小的成本和更大的规模进行生产。在以牺牲产品工艺为代价换取更高产量的极大压力下,小型手工作坊也日渐

---

① 价格只有在竞争性的市场上形成,才能形成准确反映市场供求的价格体系,才能反映价值规律的要求。市场上"不承认任何别的权威,只承认竞争的权威"。(马克思.资本论:第1卷[M].北京:人民出版社,1972:394.)

② 供求关系的变化短期内可以通过价格调整进行恢复。然而需求结构的变化,需求的满足从短缺状态变为饱和状态,引发了需求从单一化向多元化的变化,并不是生产出来的商品都能够通过市场出清,此时,市场短期内不能自动恢复,私人劳动对社会必要劳动的认知就变得非常重要。

让位于大工厂(沃尔顿和罗考夫,2013)。科技和管理同时快速发展,使得无论是以在职学徒为主的英国世界工场,还是以职业经理人为主的美国管理革命都紧紧围绕着利润开展工作。第二,从历史来看,在自然经济时代,产品的使用价值是生产的唯一目标;在古典-马克思工业阶段,商品的使用价值显然有更重要的地位;在新古典工业阶段,交换价值开始成为资源配置的主要方式,为交换和获取最大利润也即赢得交换价值成了企业根本的目标。交换价值已经远远置于使用价值之上,甚至一些不法企业和商贩已经把使用价值弃之不顾。

2. 偏向事后的交换价值对生产的制约

由于价格是在价值实现环节的检验手段,因此,价格主要通过信息传递、有效选择和定向激励等功能进行资源配置。在这一阶段,价格资源配置虽然被新古典固化,然而价格失灵的情况时有发生。如果偏好既定,那么价格能够反映使用价值量的大小是否符合市场需求;如果偏好变化,比如消费者收入足够购买1元的产品,但是消费者的偏好改变了,原有的使用价值即使缩减或者提升技术含量,都无法满足消费者的偏好。此时,价格的事后验证向生产者传达的多与少的信息并不包含未来市场的需求方向信息,因此,价格只能发挥选择功能,而无法进行有效的信息传递和定向激励。价格事后检验所带来的滞后性和风险性越来越高,特别是对于以生产为主的制造业大国。也是在这个意义上,马克思认识到资本主义的个人生产与社会化大生产是资本主义的根本缺陷。这个缺陷是由于生产与消费相分离,使得生产后的价格无法解决生产前就需要解决生产什么这个核心难题,而对生产什么这一交换价值核心进行认知正是经济的内在需求。

第三节　后工业时代的需求侧结构特征和供给侧配置资源方式

一、互联网时代需求侧的结构特征

1. 社会需求从普遍处于马斯洛需求层次①的中低端向中高端转变

当收入增长时,社会对标准化制造产品的消费短缺向对标准化制造产品

---

　　① 马斯洛需求层次理论是行为科学的理论之一,由美国心理学家亚伯拉罕·马斯洛于1943年在《人类激励理论》论文中提出。书中将人类需求像阶梯一样从低到高按层次分为五种,分别是:生理需求、安全需求、社交需求、尊重需求和自我实现需求。

的相对饱和①转变。需求开始从马斯洛需求层次的中低端向中高端转变,社交需求的应用成为开启需求层次转变的重要转折点。在第一次和第二次工业革命下,工业化发展是社会发展的主轴。与此对应,需求以生理需求为主,包括食物、水、空气、性欲、健康。马克思指出:"劳动力的所有者今日工作了,他必须在明日,以同一的能力条件健康条件,复演同一的过程,所以他的生活资料量,应能在正常过的生活状态下,把他当作劳动的个人,予以充分的维持,自然的欲望,如营养,如衣服,如染料,如住宅,随一国的气候和别的自然状况而异。"在工业化时代,需求的逻辑在于"活着为了生产—劳动者生产获得可变资本—可变资本决定购买产品的数量多少—满足身体机能需求"。而第三次工业革命标志着工业时代进入到最后一个阶段,以合作行为为特征(杰里米·里夫金,2012)。需求从一般的生理需求转变为社交、尊重与自我实现等中高端需求,参与到更大的网络和交流成为社会普遍的需求。需求的逻辑是:"活着为了游乐—游乐提升自我体验感觉—形成主动参与到更大网络的愿望—满足社会心理需求。"这种变化使得消费者不仅通过网络搜索主动获取信息,而且愿意通过网络主动发布信息,与更多的消费者分享消费体验,需求开始从功能式和品牌式转入到体验式和参与式。

2. 供需信息的传导开始变得无限畅通,信息不对称程度大大降低

社会群体开始愿意表达信息,因此供给和需求信息都可能被获得;同时互联网的无限连通性降低了需求认知的成本,使得信息的获得具有了技术上的可行性。近年来互联网经济开始引起关注,政府也将"互联网十"作为促进经济发展的重要经济政策。更多的学者将之视为生产力水平的提升、工具的变化或营销方式的变革。互联网从技术开始,通过改变人们的生活方式,为需求认知降低成本,提高需求认知率,进而成为资源配置的重要机制。互联网通过信息高度对称,极大地降低了需求发现的成本。表现在:一是,降低了交易成本,使得不同主体在交易时所涉及的谈判、流通、交易等各类信息更加透明和丰富,直接交易逐步取代间接交易,传播结构的去中心化和去中介化日益明显。二是,降低了生产成本。传统上主要从售后和采购等部门的反馈、供应商的信息、市场调研数据、同业者行为、竞争者关系等方面进行搜集,由于存在样本有限、信息不完全、市场分割等多种因素,提前捕捉市场需求存在技术上的困难。互联网的连通性极大地改善了这一状况,使得生产中需要

---

① 截至2014年,除了汽车的需求收入弹性还大于1,其他产品都在0.2~0.5之间,即便是汽车的需求收入弹性也在下降趋势通道当中。(吴敬琏,等.供给侧改革——经济转型重塑中国布局[M].北京:中国文史出版社,2016:44-45.)

信息的难度大大降低。卢卡斯曾提出关注总体理论—微观经济学基础的原因所在,是要"以支付较小成本便可获得的个体行为数据,便可以知道总体参数意味着什么"。这种理想假设正在通过互联网转变为现实。

二、互联网时代供给侧的资源配置方式

已有研究已经证明"80 年代以后诞生的新工作对抽象能力的要求越来越高,而且这种抽象能力与计算机应用呈现显著的正相关关系"(Berger and Frey,2016)。互联网机制正是通过需求认知这种抽象能力,提高需求认知率,从而实现供给侧结构性改革。机制如何实现从供给端将认知性劳动内生化? 互联网提前内生化认知性劳动的机制主要分为三个方面。

1. 供给对象的提前认知

提前解决需求认知中"为谁生产"的问题,即需求的群体是哪部分。由于互联网时代两个基本前提的变化,互联网机制通过对忠实级、铁杆级、信仰级消费群体的培育提前解决了认知需求中"为谁生产"的问题。传统的供需过程中,生产者在生产后通过电视、报纸、杂志、户外、互联网等媒体广告的方式加大产品信息的宣传;在理解商品、比较探讨和决定购买的阶段,消费者通常需要亲临商店。而在互联网经济中,一方面将互联网网络评价及人际的口碑相传作为提高需求黏性的重要渠道。以淘宝和大众点评等互联网企业的运营模式为例,消费者愿意选择这类销售商的一个重要原因是可以看到各种评价、口碑、商户运营年限、级别等级等,通过评价对比,可以选择到最佳商品。而且通过选择后的评价又为其他消费者提供了消费路径,增强了消费者对特定产品的锁定和培育。另一方面,互联网社群和社区等提前培育大量忠诚级以上的购买者,将需求对象提前锁定。以苹果为例,苹果通过发布会、企业家魅力、展示店、论坛等多种方式聚集了大批粉丝,在发布会之前直接向已有粉丝发送邀请函即可,从而形成较为固定的需求群体。而如果苹果手机停产了,那么依靠这样一批已经存在的粉丝可以再生产其他的产品。对相对固定消费群体的培育以及对这部分群体需求的认知成为了比生产更重要的问题,"为谁生产"成了"比生产什么"和"生产多少"更先决的认知因素。

2. 供给内容的提前认知

提前解决需求认知中"生产什么"和"如何生产"的问题。以往工业化生产是以投入—产出为主导,生产者和消费者分离。马克思从两大部类的关系出发提出生产行为本身就它的一切要素来说也是消费行为。而互联网机制不仅对此作了诠释,而且体现出生产行为本身不仅就它的一切要素,而且就它的过程而言也是消费行为。互联网机制的一个重要作用是通过迭代式过

程发现和形成对需求的认知。在互联网机制下,研发、生产和销售等环节都强调消费者参与产品设计,降低研发成本和生产、销售周期。与之前由专业的研发人员研发产品,专业的销售人员销售产品并不一样,产品的生产不是一步到位完成的过程,而是经过消费者与研发人员共同参与研发之后,将产品先投向市场,然后通过迭代式设计和迭代式研发过程,不断试错、不断调整、纠错和优化,从而将需要通过价格机制后验式试错的过程提前至企业生产内部过程,并通过不断的迭代过程形成对消费者所需产品的认知。

3. 供给产量的提前认知

提前解决需求认知中的"生产多少"的问题。在传统经济学中,应该生产多少是生产后通过价格机制的波动,在市场上不断调整获得的。价格提高就增加产量,价格降低就减少产量。而互联网通过预售制和预定制以量定产提前解决了需求认知中"生产多少"的问题。当需要销售产品时,只需要在互联网平台先预售或预订,当预订结束后知道产量的多少再去生产,互联网带来的信息即时性使得需求多少的信息可以提前被预知,从而解决了生产多少的问题。

供给侧结构性改革的根本,不是通过供给侧的刺激解决生产多少的问题,而是要在生产之时就从供给端解决为谁生产、生产什么、如何生产和生产多少的问题。在传统经济的生产决定消费的模式中无法解决,然而在互联网经济中,通过认知性劳动对消费者需求的精准把握和提前把握,能够使得供给端量化对需求的精准认识,解决使用价值社会属性的认识问题,从而破解这一难题。互联网机制虽然存在诸多不成熟的地方,但是所展现出来的能够同时实现上述条件的特性成为未来落实供给侧结构性改革的可行道路。

当前中国产能过剩以认知缺口性过剩为主,那么如何弥补这一缺口呢?只能通过市场交换这种滞后式和破坏式的检验才能实现吗?在人类发展的不同阶段,私人劳动对社会劳动的认知水平和解决机制存在较大差异。在工业化发展初期,在一个信息不完全、市场割裂、交易成本高的环境下,私人劳动对社会必要劳动的认知只能通过社会调研、售后服务、同行竞争者与供应商信息采集等方式来解决,私人劳动对社会必要劳动的事前需求认知水平低下,因此解决途径主要有两种:第一种,生产后留给价格机制来解决;第二种,生产前交给计划机制来解决。

(1) 生产后留给价格机制来解决

商品交换是解决私人劳动与社会劳动统一的方式。当交换发生在生产之后,使得私人劳动与社会劳动的统一是事后性的。分散的单个商品生产者并不知道他生产的产品是否能够满足社会需要,不知道他的私人劳动是否能成为社会劳动的一部分,这一矛盾只能通过商品的交换来解决。由于存在上述的低效率认知,生产者会认为私人的劳动就是社会需要的劳动,从而一直从事简单再生产,直至市场不能出清,社会必要劳动时间与私人劳动时间出现矛盾冲突。通过价格机制的调整①,而以商品价格变动来引导资源配置时可能会出现盲目性;生产者在接收到价格信号后再开始扩大或缩小生产规模所带来的滞后性;当某种商品价格上涨,大家都转而生产这种商品,谁也不知道究竟短缺多少、转产多少或转产量有多大而造成的浪费性,因此,短期内生产过程出现中断或问题,长期内市场将可以实现均衡②。

(2) 生产前交给计划机制来解决

资本主义的扩大再生产过程中,生产和消费等相互联系和不可分离的因素彼此脱离,因此它们的统一要通过强制的方法实现,它们的相互联系要通过强加在它们的彼此独立性上的暴力来完成(马克思和恩格斯,1973)。在苏联社会主义阶段和我国建国初期都采用过计划经济的资源配置方式,由国家作为统一的指令制定者。在我国编制五年计划时,当苏联领导人看了我国的《第一个五年计划轮廓草案》时,认为"还不能算是五年计划,不仅不是计划,即使作为指令也是不够"。比如,缺少最重要产品的产量和消费的计算和其他各种计算,未指出设计、新建和扩建工业企业所必需的,为冶金、煤炭和化学工业供应矿物的若干矿区的藏量,没有提出关于整个国民经济和各个部门对专家和工人需要数量的方案(张柏春等,2004)。因为是未来五年的计划,从中可以看出计划非常重要的功能是要测算未来产品产量和未来的消费。这个过程是通过计划机制在认知私人劳动和社会劳动之间的差异。虽然市场方式在产品形成过程之前也有对产品的市场调研等认知,但这个过程由于技术条件等方面的阻碍,最终交由生产之后的市场交换过程来解决;而计划方式是试图在生产之前就提前量化与掌握生产信息,然而由于在当时较为落后的技术、信息、知识等各方面的条件下,在不完全信息条件下,政府要制定一个完全且完美的计划十分困难,这种构想在落后生产力下无法实现。

---

① 价格是内生的解决机制之一,但不是唯一,这也与西方经济提出的在供需对接过程中,价格是内生变量相一致。

② 张伯伦(Chamberlin, 1933)的《垄断竞争理论》,最早从微观视角给出了产能过剩的定义,即企业实际生产能力相对于市场需求的过剩,并基于两个维度对产能过剩的必要性作了讨论:一是企业为应对生产经营过程中的各种意外冲击,有必要保持一定程度的过剩产能。二是从竞争和规模经济角度看,如果一个行业的产能过度集中于一家企业,可能不利于竞争;如果过于分散,又不利于实现规模经济。不同行业由于经济技术特点和市场需求特点的差异,需要在竞争和规模经济效应之间进行平衡以确定最佳产能利用率。这是工业化模式下的思维,即产能靠外部平衡来决定。

第四节　结论与讨论

党中央提出推进供给侧结构性改革，是在综合分析世界经济长周期和我国经济发展新常态的基础上，对我国经济发展思路和工作着力点的重大调整，是化解我国经济发展所面临的困难和矛盾的重大举措，也是培育增长新动力、形成先发新优势、实现创新引领发展的必然要求。西方工业化道路长达200多年，拉长的时间轴使得西方经济发展中的很多转型相对平缓许多，配套的制度设计也要完善得多，因而，匀质化的经济实践环境下，西方经济学研究者对阶段性等结构性问题的切身体会要弱化得多。中国从农业社会向工业社会进而向互联网社会的急剧变革和具有使命感的后发赶超过程都浓缩在约半个世纪的时间中，其中的结构变化与阶段变化就极为剧烈。而这也成为直接套用西方结论难以得中国经济之要领的重要原因。对于中国发展阶段演进与转换的模型分析以及实证检验将在本书的第七章第二、三节给出详细的推导和分析。本节仅引用相关结论以回答我国经济在进入新常态、处于工业化向互联网社会转型阶段中，为什么必须进行供给侧结构性改革这一问题。中国经济发展主要有三个重要的阶段转变。

第一阶段以劳动换资本。在人均 GDP 很低的 1978—1993 年前后，面对农业社会向工业社会的转型，在供给规模亟须扩大的供给主导条件下，以生产性劳动叠加贸易部门的资本，提升资本—劳动比，满足需求规模扩大的需要，实现以劳动换资本，生产性劳动与资本的结合过程中，劳动力无限供给特征延缓资本报酬递减现象的发生，从而使资本积累成为经济增长的主要引擎。白重恩等的研究表明，在改革开放的很长时间里，中国资本回报率保持在很高的水平。而在劳动力无限供给特征消失的情况下，资本回报率则迅速下降（白重恩和张琼，2014）。这时随着要素条件中劳动红利减少、资本报酬递减，就需要技术边际报酬的纳入。

第二阶段以资本换技术规模。1994—2008 年前后，处于稳定的工业化时期，面对资本向技术转换中的技术规模难题，以研发性劳动叠加国外技术前沿边界内的知识，提升知识—研发比，实现以资本换技术规模，满足需求质量提升的需要。当一个国家进入到中等收入水平时，可能会出现两种结果：要么实现技术升级，逐渐成为发达国家；要么出现贫富差距悬殊、环境恶化甚至社会动荡等问题，导致经济发展徘徊不前甚至倒退。当知识存量的作用减弱，技术的边际报酬递减，就需要将认知的作用纳入，明确经济体系吸收新技术的方向，使技术能够配置在正确的方向上，最终提升研发质量，形成自主创新。

第三阶段以市场规模换技术质量。2009年前后至今及未来,面对工业社会向互联网社会的转型中需求开始占主导的市场条件,以认知性劳动叠加逐渐形成的庞大市场规模,提升市场—认知比,逐步实现以市场规模换技术质量,满足需求结构变化的需要。

可见,在经济发展不同阶段,经济增长的动力机制是不同的。在低收入阶段能够有效促进经济增长的动力因素在中等收入阶段很可能会失效,在中等收入阶段转换增长动力机制很可能是一个国家避开"中等收入陷阱"的关键(张德荣,2013)。随着人均GDP的提升,我国劳动力红利消失、资本规模报酬递减,继续按照要素禀赋理论的轨迹难以实现有效升级;按照动态能力理论发展何种技术或组织能力以适应当前需求也并不清晰。一方面,要素投入作为增长来源的相对重要性随时间变化,和经济发展阶段以及要素的性质密切相关(林毅夫和任若恩,2007)。收入提高后,低收入阶段的低成本劳动力禀赋,开始转变为庞大的具有购买力的市场规模。另一方面,收入的提高使得需求层次出现结构性提升,以往物质文化需要相对具体,而美好生活的需要则包括人们的主观价值判断和选择,千差万别(陈晋,2018)。只有借助中国已经形成的庞大市场规模,发挥企业家及其团队对市场需求的认知与捕捉功能,才能平行转换供给侧的结构条件,探索出中国特色道路(周密和盛玉雪,2018)。习近平总书记在党的十八届五中全会第二次全体会议上指出:"过去,我国生产能力滞后,因而把工作重点放在扩大投资、提高生产能力上。现在,产能总体过剩,仍一味靠扩大规模投资抬高速度,作用有限且边际效用递减。虽然短期内投资可以成为拉动经济增长的重要动力,但最终消费才是经济增长的持久动力。"在后工业时代,社会需求向中高端转变,消费结构不断升级,未来随着移动互联网时代和智能时代中信息成本的降低,如果能在庞大市场规模基础上,优先通过认知能力认知已经形成的庞大市场规模,明确市场需求是什么,解决生产与消费的对接,进而根据被认知的市场需求定向发展研发能力和生产能力,落实"怎么生产"和"生产多少"的生产环节,就能真正形成经济增长中的供需闭环,切实转换资源配置中供给侧的结构条件。

第四章 供给侧结构性改革的理论基础与解释框架①

通过第二、三章的论述,在厘清供给侧结构性改革是什么以及为什么的基础上,本章进一步引入二元市场分割的假设,通过建立供求模型,试图回答供给侧结构性改革到底改什么。本章以中国式产能过剩问题的破解为切入点,将前一章提炼的饱和需求概念纳入供需平衡模型,提出现阶段供给侧结构性改革关键是部门间的结构性改革,即调整普通商品市场和住房特殊商品市场的结构性矛盾。

第一节 供给侧结构性改革的起点: 中国式产能过剩的解决困境

近年来,中央对中国经济形势判断分别从"三期叠加"到"新常态"再到"供给侧"。其中中国式产能过剩及其引发的"三难"选择困境是供给侧结构性改革提出的实践背景和主要原因。

一、中国式产能过剩的表现

中国经济矛盾表现为"四降一升",即经济增速下降、工业品价格下降、实体企业盈利下降、财政收入增幅下降、经济风险发生概率上升(《人民日报》独家专访,2016)。而最为迫切的是工业品价格下降引发的"中国式产能过剩",集中表现为工业品行业的产品严重积压与过剩。2015年工信部认定的落后及过剩产能的行业包括:炼铁、炼钢、焦炭、铁合金、电石、电解铝、铜冶炼、铅冶炼、水泥、平板玻璃、造纸、制革、印染、铅蓄电池14个行业,以粗钢、水泥、

---

① 本章是在"周密,刘秉镰.供给侧结构性改革为什么是必由之路? ——中国式产能过剩的经济学解释[J].经济研究,2017,52(02):67-81"基础上修改完成。

平板玻璃最为严重。这三大行业的产能利用率分别为 74.9％、75.7％、73.5％(纪志宏,2015),接近或低于 75％的产能严重过剩衡量值①。2015 年前三季度,这三大行业平均出厂价格同比分别下降 24.7％、10％和 7.8％(赵幼力,2016)。

上述工业品行业的过剩产能主要集中在两大领域:一类是煤炭等与普通商品市场密切相关的上游基础原材料产品。以煤炭行业为例,截至 2015 年 12 月初,煤炭的生产价格指数已连续 40 多个月呈负增长状态,亏损面已高达 80％左右②。另一类则是炼钢、炼铁、水泥、电解铝等与房地产发展密切相关的上下游产品。近年来,随着凯恩斯扩张政策的减弱,房地产待售面积和空置面积激增。2015 年 12 月,商品房待售面积 6.6 亿平方米,在建施工面积达到 74 亿平方米③。按照历史最高峰 2013 年的销售面积(13 亿平方米)进行估计,至少需要五年时间才能全部销售出去,去库存压力巨大。与此同时,我国房屋空置高达 10 亿平方米,空置率远超 20％,已高于美国、日本、欧盟等国家和地区④。产能过剩问题进一步制约经济增速回升、加剧经济通缩风险、行业杠杆率持续上升增大债务风险、行业资金链断裂可能引发系统性金融风险等等。

二、中国式产能过剩的解决困境:一个"三难"的选择

在上述状况下,解决中国式产能过剩面临"三难"的选择困境。

第一,如果继续采用凯恩斯主义的总需求刺激政策,则"凯恩斯魔咒"将越来越紧。近年来采用与 2008 年 4 万亿和 2009 年 10 万亿同样的刺激力度,经济增速回升很少且持续时间很短,甚至最近这一年投资后 GDP 增速没有升反而降(吴敬琏,2016)。

第二,如果不采用凯恩斯主义政策,那么经济增速下降问题就无法在短期内解决,而经济增速下降是众多矛盾、隐患和挑战的导火索。以往许多经济问题和社会矛盾都靠数量扩张解决,一旦经济增速下降,则众多矛盾和问题就显露出来(吴敬琏,2016)。特别是,如果不进行总需求刺激,大量已停产、半停产、连年亏损、资不抵债,主要靠政府补贴和银行续贷维持经营的僵

---

① 从美国、欧洲、新兴经济体看,不同国家产能利用率的中值水平有所差异,但大体在 81％～82％区间,高点在 83％～85％左右,低点一般低于 75％,据此认为 81％～82％为产能利用率基本正常,高于 85％为产能严重不足,低于 75％则表示严重过剩。
② 凤凰财经,2015 年 12 月,数据来源:http://finance.ifeng.com/a/20151222/14132341_0.shtml。
③ 国家统计局,2016 年,数据来源:http://data.stats.gov.cn。
④ 第一财经对国际货币基金组织副总裁朱民的采访,2015 年 4 月,数据来源:http://www.yicai.com/video/4608111.html。

尸型企业无法激活,则可能引发一系列风险,出现"经济社会增长魔咒"。

第三,如果采用西方经济学的解决之道,运用凯恩斯之后的新自由主义方案,则又会陷入"斯密魔咒"。凯恩斯之后,为解决凯恩斯主义的内在矛盾,宏观经济学开始以寻找微观基础为己任,并相继出现了理性预期学派、供给学派、新剑桥学派、新货币学派等。这些新自由主义者总体来看都是在"回到斯密去"的旗帜下将宏观经济分析微观化(方兴起,2007)。这就带来一个问题:如果回归斯密主义,就必然无法逃出以私人生产和社会化大生产矛盾为主的"斯密魔咒"。

从实践角度来看,"三难"选择困境已经十分明晰,但是从已有关于供给侧的学术讨论来看,"三难"选择困境的形成机理却尚未达成共识,部分学者受西方经济学思路的圈囿,将问题归咎于凯恩斯主义的短期有效和长期无效,并直指宏观意义上资源配置扭曲导致的体制性、制度性产能过剩。不可否认,这看似有一定道理,但却无法完全解释:为什么1992—2012年的20年间,中国的宏观调控主要以凯恩斯主义经济学为基础(纪念改革开放40周年系列选题研究中心,2016),一直奏效,而现在就失灵了呢?虽然当前以国有企业过剩为主,但为什么私人企业[①]也有过剩呢?如果简单地归咎为制度性过剩,那么第一,究竟应该从何种制度入手解决问题呢?是新自由主义提出的通过专利制度和产权制度提高效率吗?第二,市场和政府的边界该如何区分呢?当前关于市场与政府的一般性争论,正是囿于西方经济学思路所出现的在"凯恩斯主义"和"斯密主义"间摇摆的现象。由于缺乏切合中国实际国情且符合长期增长目标的系统理论分析,中国式产能过剩的破解正在陷入一场似是而非的"市场和政府之争"。

第二节　退出价格与饱和需求的引入:理论基础

已有研究认为,由于投资和消费的不完全替代性(王小鲁,2016)以及当期需求和下期供给的双重性,导致凯恩斯主义只考虑短期经济问题(黄益平,2016),而不是对经济系统中长期运行动态过程的考察,致使凯恩斯主义政策长期应用效果大打折扣。然而1992—2012年的20年间,中国的宏观调控主要以凯恩斯主义经济学为基础(纪念改革开放40周年系列选题研究中心,2016),为什么这么长的时间总体有效,而现在却积累了如此严重的中国式产

---

① 我国大量房地产企业是私营企业,也存在大量待销售房产。

能过剩呢？还原经济增长过程,消费不仅是生产的终点或被看成最后目的的结束行为,而且会反过来作用于经济的起点并重新引起整个过程(马克思和恩格斯,1995)。本节将立足于中国实践,在供需平衡关系中引入退出价格和饱和需求两个新假设。

一、饱和需求和退出价格的引入

在社会再生产中,消费作为终点,是因为产品只有进入消费,生产才完成;消费作为起点,是因为消费提供生产的动机和生产的目的。有消费才有人去生产,只有消费扩大了才能扩大生产,只有消费层次提高了才能提高生产层次(马克思和恩格斯,1995)。在现实生活中,消费需求呈现动态变化,但动态性并不意味着完全个性化或毫无规律可循。本节根据中国的现实情况,考虑消费者对某种商品的消费存在两个上界。

第一,需求数量的上限。当对此物品的占有量超过界限规定程度时,消费者便不再增加对该种物品的需求,这个数量界限就是消费者对该物品的饱和需求量(祁晓冬,1996)。当消费者占有商品的数量超过饱和需求量后,其效用为零。据此,构造一个效用函数的参数:饱和需求量 ψ。用饱和需求量的概念可以勾画需求的结构性特征。达到饱和需求量之前,对消费者而言,是否购买该商品主要受收入、价格等因素影响;达到饱和需求量之后,即使该商品的价格与垃圾品价格[①]相当,消费者也不再购买,如收入普遍提高后对低端伪劣产品的需求量降低。

第二,需求价格的上限。考虑一种价格为退出价格 P_t。退出价格是消费者在特定预算约束下能支付的最高价格。退出价格反映了消费者的现实购买力。当商品的价格超过退出价格时,消费者对该商品的购买量为零。长期以来,西方经济学以工业经济为背景,以生产决定消费为导向,供给按照均衡价格进行出清。从需求的角度来看,需求受到预算线的约束,当超出预算约束之后,需求将退出,因此,传统西方经济学中,高于市场均衡价格的价格即为退出价格。

二、饱和需求和退出价格内生下的需求函数变化

假定消费者的效用满足:(1)效用非负且有限;(2)需求非负有限;(3)边

---

① 此时商品价格趋近于零,然而如果商品价格降为零,则不管是否需求,必将出现哄抢的情况,因此,为了认识消费需求的特性,考虑存在一个当这个商品价格相当于卖废品的价格,如果该商品价格低到卖废品的价格,人们也不消费,则消费者对这类商品的需求已经饱和。

际效用递减三个基本假定。其中消费者所拥有商品 i 的数量为 q_i，令消费者的效用函数为 $u_i=h(q_i)$，当 $0 \leqslant q \leqslant \psi$ 时，有 $h(\psi_i)=0$ 成立。设 Φ 表示商品数量为零时，消费者对单位商品的效用评价，称为零点边际效用（祁晓冬，1996）。根据上述三个假定，有 $h(0)=\Phi$。据此，可以得到上述效用函数满足的三个条件：

(1) $h(0)=\Phi$

(2) $h(\psi_i)=0$

(3) $\dfrac{d(u)}{dq}=h'(q)<0$

假定效用函数基本形式为 $u=\Phi\left[1-\dfrac{q}{\psi}\right]$，则有 $u_i=\displaystyle\int_o^{q_i}\Phi\left[1-\dfrac{q}{\psi_i}\right]dq=\Phi q_i\left(1-\dfrac{q_i}{2\psi_i}\right)$，则对于 n 种商品总的效用函数：$U=\displaystyle\sum_{i=1}^{n}\Phi q_i\left(1-\dfrac{q_i}{2\psi_i}\right)$。

假定设市场出清价格为 p_i，m 为消费者的收入预算，则对总效用函数求极大值为：

$$\max U=\sum_{i=1}^{n}\Phi q_i\left(1-\frac{q_i}{2\psi_i}\right)$$

$$s.t.\sum_{i=1}^{n}q_ip_i\leqslant m;\ 0\leqslant q_i\leqslant\psi_i$$

为更好地展现需求升级后市场的情况，设需求升级后，原有已经无法满足市场需求的商品数量为 γ，其中 $1\leqslant\gamma\leqslant n$。此时这类商品已经退出市场。利用库恩-塔克条件（Kuhn-Tucker condition）（亨德森等，1988），求解 n 种商品的微观需求函数，得到以下三种基本情况。

(1) 第一种情况

在饱和需求量以下和低于退出价格时，消费者的预算内需求为：

$$q_i=\psi_i\left[1-\frac{p_i}{\Phi}\left(\frac{\displaystyle\sum_{k=1}^{n-\gamma}\psi_kp_k-m}{\displaystyle\sum_{k=1}^{n-\gamma}\frac{\psi_k}{\Phi}p_k^2}\right)\right]=\psi_i\left[1-\frac{p_i}{\Phi}(\mathrm{I})\right],$$

$$\sum_{k=1}^{n-\gamma}\psi_kp_k\leqslant m,\ \psi_i>o \tag{4-1}$$

为简化问题，不妨设 $I=\dfrac{\displaystyle\sum_{k=1}^{n-\gamma}\psi_kp_k-m}{\displaystyle\sum_{k=1}^{n-\gamma}\dfrac{\psi_k}{\Phi}p_k^2}$

（2）第二种情况

在饱和需求量以下和市场价格高于退出价格时，针对市场上的$(n-\gamma)$种商品，消费者由于预算约束无法购买。

$$q_i=0,\ p_i\geqslant P_t(i=n-\gamma+1,\ \cdots,\ n) \tag{4-2}$$

对于没有退出市场的商品$(n-\gamma)$，计算的退出价格为：

$$P_t=\Phi\left[\frac{\displaystyle\sum_{k=1}^{n-\gamma}\frac{\psi_k}{\Phi_t}p_k^2-\frac{\psi_i}{\Phi_i}p_i^2}{\displaystyle\sum_{k=1}^{n-\gamma}\psi_kp_k-\psi_ip_i-m}\right],\ i=1,\ 2,\ \cdots\leqslant,\ n-\gamma \tag{4-3}$$

（3）第三种情况

在饱和需求量以上，消费者以饱和需求量为界限购买相应的商品。这意味着虽然消费者手中仍留有预算，但是消费者以饱和需求量为界进行消费。

$$q_i=\psi_i,\ \psi_ip_i<m(i=1,\ 2,\ \cdots\leqslant,\ n-h) \tag{4-4}$$

三、饱和需求和退出价格内生下的需求曲线及其经济学含义

为使问题更清晰，首先考虑一类商品的情况，即当商品$i=1$时，对一类消费商品产量进行计算有：

$$q=\begin{cases}m/p\ ,\ \psi p>m\\\psi\ ,\ \psi p<m\\0,\ p>P_t\end{cases} \tag{4-5}$$

根据上述三种情况，可以画出一类商品时的需求曲线如图4.1所示，其经济学解释是：

（1）当商品饱和需求量和价格的乘积大于预算收入，即没有达到饱和需求时，消费者将把所有的预算收入用于购买特定价格下的该商品。这种情况就是传统西方经济学提出的，消费者按照商品价格消费相应的商品数量。

（2）当饱和需求量和价格的乘积小于预算收入时，消费者只能按照饱和需求量进行消费，超过饱和需求量的部分，消费者即使具有购买的支付能力，但是也选择不购买。在这种情况下，饱和需求量就是一种非常重要的约束条件。

（3）一旦商品的价格高于退出价格，消费者将选择不购买商品。这种情况就反映了在传统西方经济学提出的，预算曲线超出需求曲线的部分，受到预算的硬性约束，消费者想买而无法购买，无法形成真实需求。

上述需求函数与传统西方经济学中的需求函数存在的最大差异在于：传统西方经济学只考虑了预算约束下消费者效用的最大化。而本需求函数将此种情况归纳为没有达到饱和需求时的一类情况；当达到饱和需求时，即使不存在预算约束，消费者也将不进行消费，因此，与传统西方经济学相比，本需求函数揭示了由于存在饱和需求，引致价格失灵。

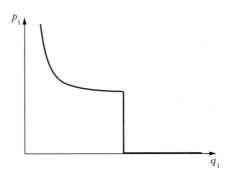

图 4.1　一种商品时的需求曲线

进一步考虑两类商品的情况，根据式(4-1)、(4-2)和(4-4)可以得到第一种商品的需求函数如下(第二种商品的需求函数与下式对称)：

$$q_1=\begin{cases} \psi_1\left[1-\dfrac{p_1}{\Phi_1}\left(\dfrac{\psi_1 p_1+\psi_2 p_2-m}{\dfrac{\psi_1}{\Phi_1}p_1^2+\dfrac{\psi_2}{\Phi_2}p_2^2}\right)\right], & \psi_1 p_1+\psi_2 p_2\geqslant m, p_1\leqslant P_{t_1}, p_2\leqslant P_{t_2} \\ \psi_1, & \psi_1 p_1+\psi_2 p_2\geqslant m, p_1\leqslant P_{t_1}, p_2\leqslant P_{t_2} \\ 0, & p_1>P_{t_1} \\ \dfrac{m}{p_1}, & p_2>P_{t_2} \end{cases}$$

$$(4\text{-}6)$$

为清晰地展现上述两类商品关系，画出关系图 4.2。上述公式的经济学意义是，两类商品中，第一类商品的需求量随着第二类商品价格的变化而变化。

当 p_2 的价格上升时，消费者对 q_1 的需求量首先下降，这是因为随着既定的收入预算约束，消费者的实际支付能力受限，因此，$\partial q_1/\partial q_2<0$ 呈现出收入效应，价格变化的收入效应占主导。

随着 p_2 的价格继续上升时，消费者对 q_1 的需求量将上升，因此，$\partial q_1/\partial q_2>0$，消费者将消费更多的商品 1，从而随着 p_2 价格继续上升，产生替代效应,价格变化的替代效应占主导。

而当 $p_2 = P_t$ 时,即当商品 2 的价格上升到一定程度时,超过退出价格,消费者对商品 1 的消费数量 q_1 将不变化,从而商品 2 价格的变化,不再影响商品 1 的需求量,价格变化呈现退出效应(祁晓冬,1996)。

与传统西方经济学的需求函数相比,本需求函数不仅解释了收入效应和替代效应,而且揭示了由于存在退出价格,引致价格失灵,进而呈现退出效应。

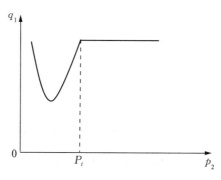

图 4.2　两类商品时的需求曲线

第三节　中国式产能过剩:普通商品市场的均衡分析

中国的供给侧结构性改革之所以不同于,也不能采用西方的供给学派或其他西方的解决方案,根本在于中国式产能过剩与西方的产能过剩存在本质上的差异。下面将饱和需求和退出价格两大新假设纳入传统的供需平衡模型,分别从普通商品市场和特殊商品市场的二元市场均衡分析,论证中国式产能过剩的本质特征。

一、普通商品市场中退出价格式过剩和饱和需求式过剩

将饱和需求和退出价格纳入传统的供需平衡模型。考虑普通商品市场时,供需平衡的情况如图 4.3 所示。

(1)第一种情况:正常市场出清区间

如图 4.3 中所示 S 曲线与 m 曲线相交 F,则对应的市场出清价格为 p_1。从供给侧来看,这一价格为市场成交价格,对应的产量 q_1 为市场出清或成交产量。这种情况下,$0q_1$ 为市场能够出清的数量。消费者根据收入的预算约束,按照价格确定需求量的多寡,市场供需根据价格进行出清。这是微观经济学中主要诠释的情况。

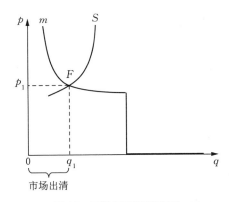

图 4.3 正常市场出清的图示

(2) 第二种情况:退出价格式过剩

理论上存在供需均衡点,然而历史统计来看,供给过剩是常态。如图 4.4 所示,在供给曲线上存在点 E,对应的产量为 q_2,价格为 p_2,此时,q_1q_2 是由于供给价格 p_2 高于需求价格所带来的过剩,由于本节重点考察过剩问题,市场能够出清或过剩的产量才是重点研究的对象,因此,当市场产量为 q_2 时,成交价 p_1 即为退出价格 P_t,p_1p_2 为高于退出价格的区间,q_1q_2 为价格高于退出价格后出现的过剩,即退出价格式过剩。这种过剩是由于供给侧没有考虑需求侧在预算约束下的退出价格,从而导致的过剩。由式(4-3)可知,退出价格主要与预算收入、商品价格相关。由于消费者受预算约束下的购买力限制,因此,q_1q_2 部分由于预算曲线约束无法进行购买。这一阶段,有两种方案提高退出价格的容纳水平,从而减少过剩。一是,通过凯恩斯主义方案,刺激总需求,推动预算曲线外移至 m',从而形成以提高预算收入水平为主的经济方案,市场能够出清的商品数量扩充到 q_2',原有 q_1q_2 的过剩得以消化。

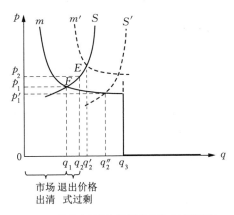

图 4.4 普通商品市场的退出价格式过剩图示

二是,可以通过技术创新,效率提升等降低生产成本等方式适度缓解。如图中供给曲线下移到 S',市场能够消化的商品数量扩充到 q''_2,原有的 q_1q_2 的过剩得以消化。因此,面对退出价格式过剩,采用凯恩斯的刺激政策和技术水平提升都能够减少退出价格对产量出清的约束,从而消化退出价格式过剩。

(3)第三种情况:饱和需求式过剩

如图 4.5 所示,需求侧存在一个消费需求结构的转折点 q_3。在 q_3 后的横轴上,需求对现有市场上已有供给商品的弹性为零,呈现"饱和需求陷阱"。该陷阱是指即使消费者不受预算的约束,但市场上已有的 $(n-\gamma)$ 种商品供给无法满足市场需求,消费者选择不购买,此时,无论供给 S'' 如何降低价格,需求对现有供给的弹性一直为零,供给开始失效。若采取凯恩斯主义方案,刺激总需求,预算曲线从 m 曲线外移到 m' 曲线,新的增量消费仍为零。因此,达到饱和需求之后,无论增加收入还是降低价格,继续增加供给,都会出现 q_3 之后的饱和需求式过剩。市场需要能适应和满足新消费需求的有效供给。

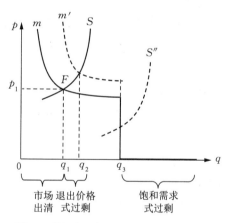

图 4.5　普通商品市场的饱和需求式过剩图示

二、消费结构的异质性与中国式产能过剩的关系

消费结构的异质性首先体现在消费品的分类上。马克思将消费资料划分为必要生活资料和奢侈消费资料,并进而将消费划分为工人阶级的消费和资本家阶级的消费,这是马克思对消费结构的最基本划分(马克思,2004)。虽然这是在阶级分析框架下的理解,然而马克思却明确了消费结构的异质性。列宁也指出:"是什么东西维持了生产的正确或大致正确的比例呢? 是支配供给并先于供给的需求,生产是紧随着消费的。"[1]这就是说,生产要受

---

① 列宁.列宁全集:第二卷[M].北京:人民大学出版社,1984:184.

到消费结构的限制,受到人们对不同质的产品的需求量、消费量的限制。消费结构的异质性除了体现在消费品的分类上,还体现在消费需求层次的提升上。马斯洛的需求层次理论揭示,人类的需求像阶梯一样从低到高按层次分为五种,分别是:生理需求、安全需求、社交需求、尊重需求和自我实现需求。当低层次的需求满足之后,高层次的需求将成为主要诉求。

根据消费品分类和消费层次的异质性,一方面,需求收入弹性大于 1 的商品为高端品,处于 0 和 1 之间的商品为必需商品,小于 0 的商品为劣质品。另一方面,收入处于较低层次时,大量制造产品的需求收入弹性大于 1 (Chenery,1960)。高端品和必需商品的重要区别在于:高端品的需求收入弹性大,而必需商品的弹性较小、刚性较强。当受到预算或其他因素的约束时,消费者将首先保证必需商品消费,而大大降低高端商品消费。而当弹性较小的刚性需求得到满足后,弹性较大的高端消费需求就成为主要诉求。由于高端需求弹性大,因此,一旦市场上的商品无法满足这类需求,根据前文分析,市场将面临饱和需求式过剩。检验市场是否存在饱和需求的重要指标是普通商品的需求收入弹性。本节计算的主要标准化制造品的需求收入弹性在20 世纪末和 21 世纪前 5 年达到高点后持续下降。截至 2014 年,洗衣机、电视、冰箱、布等需求收入弹性都在 0.2~0.5 之间,只有汽车的需求收入弹性还在1 附近,但弹性也在下降趋势通道当中。此外,其他的相关研究也显示,钢、铁、水泥的需求收入弹性在 0.5~0.6 之间,煤和原油消费的弹性在 0.1 附近。

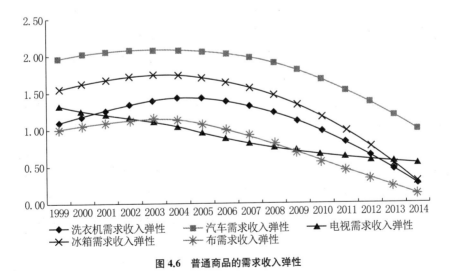

图 4.6　普通商品的需求收入弹性

在中国式产能过剩日益严重的情况下,我国消费却在投资和出口低迷中异军突起。2015 年社会消费品零售总额 300 931 亿元,比上年名义增长

10.7%；全国网上零售额 38 773 亿元①，同比增长 33.3%。特别是中国的海外消费和奢侈品消费等引领全球。2014 年我国消费者的全球奢侈品消费达到 1 060 亿美元，占全球奢侈品销售额近一半（叶双瑜，2015）。这种情况就是商品市场出现饱和需求式过剩的重要体现。由此，可以初步判断，当前我国正处于 q_3 附近。在 q_3 之前，市场以必需商品的需求为主，退出价格式过剩是主要形式，通过凯恩斯主义和技术升级可以缓解退出价格式过剩。而在 q_3 之后，市场以高端商品的需求为主，饱和需求式过剩成为主要形式，单纯的凯恩斯刺激政策或提高市场无效供给都无法缓解饱和需求式过剩。

第四节　不同过剩的进一步认识

一、饱和需求和退出价格下的微观需求

　　长期以来，经济学用无差异曲线等消费者偏好来描述需求，当偏好变化时，需求曲线会平移。然而为什么偏好变化后，需求曲线是平移的？关于这一点微观经济学并没有给出令人信服的答案。在现实生活中，微观需求呈现动态变化，很难想象一个人在市场采购时是先列出了欲购商品的效用函数，然后再通过某种复杂的数学运算最终决定了购买量（祁晓冬，1996）。而微观需求的动态性也并不意味着毫无规律可循，事实上，微观需求却具有结构性特征。承接上文的分析，根据现实情况，考虑消费者对某种商品的消费存在一个上界，当对此物品的占有量超过界限规定限度时，消费者便不再增加对该种物品的需求，那个数量界限就是消费者对该物品的饱和需求量（祁晓冬，1996），当消费者占有商品的数量超过饱和需求量后，其效用为零。据此，构造一个效用函数的参数，饱和需求用 ψ 表示。用饱和需求的概念可以勾画需求的结构性特征。当饱和需求 $\psi>0$ 时，意味着这类商品是必需品，因此具有刚性需求，是否购买主要受收入等因素影响；当饱和需求 $\psi=0$ 时，意味着这类商品是非必需品，具有柔性需求，即使价格降为废品价格，消费者也不购买。这一情况就很好地诠释了马斯洛的需求层次理论。当处于需求层次的较低水平时，饱和需求是不受预算约束的最大需求量；而当需求层次升级后，对原有商品的饱和需求为零。

　　同时考虑一种价格，为退出价格 P_{out}，退出价格是消费者在特定预算约

---

　　①　其中，实物商品网上零售额 32 424 亿元，增长 31.6%，占社会消费品零售总额的比重为 10.8%；非实物商品网上零售额 6 349 亿元，增长 42.4%。

束下能支付的最高价格,当商品的价格超过退出价格时,消费者对该商品的购买量为零。退出价格反映了消费者的现实购买力。

假定消费者的效用满足:(1)效用非负且有限;(2)需求非负有限;(3)边际效用递减三个基本假定。其中消费者所拥有商品 i 的数量为 q_i,令消费者的效用函数为 $u_i = h(q_i)$,当 $0 \leqslant q \leqslant \psi$ 时,有 $h(\psi_i) = 0$ 成立。设 Φ 为商品数量为零时,消费者对单位商品的效用评价,称为零点边际效用(祁晓冬,1996)。根据上述三个假定,有 $h(0) = \Phi$。据此,可以得到上述效用函数满足的三个条件:

(1) $h(0) = \Phi$

(2) $h(\psi_i) = 0$

(3) $\dfrac{d(u)}{dq} = h'(q) < 0$

假定效用函数基本形式为 $u = \Phi\left[1 - \dfrac{q}{\psi}\right]$,则有 $u_i = \displaystyle\int_o^{q_i} \Phi\left[1 - \dfrac{q}{\psi_i}\right]dq = \Phi q_i\left(1 - \dfrac{q_i}{2\psi_i}\right)$,则对于 n 种商品总的效用函数为:$U = \displaystyle\sum_{i=1}^{n} \Phi q_i\left(1 - \dfrac{q_i}{2\psi_i}\right)$。

假定 m 为消费者的收入预算,则对总效用函数求极大值为:

$$\max U = \sum_{i=1}^{n} \Phi q_i\left(1 - \frac{q_i}{2\psi_i}\right)$$

$$s.t. \sum_{i=1}^{n} q_i p_i \leqslant m;\ 0 \leqslant q_i \leqslant \psi_i$$

为更好地展现需求升级后市场的情况,设需求升级后,原有已经无法满足市场需求的商品数量为 γ,其中 $1 \leqslant \gamma \leqslant n$。此时这类商品已经退出市场,设市场出清价格为 p_i。利用库恩-塔克条件(Kuhn-Tucker condition)(亨德森等,1988),求解 n 种商品的微观需求函数,分以下三种基本情况。

第一种情况,在饱和需求量以下和低于退出价格时,在预算收入以内,消费者的需求为:

$$q_i = \psi_i\left[1 - \frac{p_i}{\Phi}\left(\frac{\displaystyle\sum_{k=1}^{n-\gamma} \psi_k p_k - m}{\displaystyle\sum_{k=1}^{n-\gamma} \frac{\psi_k}{\Phi} p_k^2}\right)\right] = \psi_i\left[1 - \frac{p_i}{\Phi}(\mathrm{I})\right],$$

$$\sum_{k=1}^{n-\gamma} \psi_k p_k \leqslant m,\ \psi_i > 0 \tag{4-7}$$

为简化问题,不妨设

$$I = \frac{\sum_{k=1}^{n-\gamma} \psi_k p_k - m}{\sum_{k=1}^{n-\gamma} \frac{\psi_k}{\Phi} p_k^2} \tag{4-8}$$

第二种情况,在饱和需求量以下和市场价格高于退出价格时,对于没有退出市场的商品$(n-\gamma)$,消费者选择不购买。

$$q_i = 0, \ p_i \geqslant P_{out}(i = n - \gamma + 1, \cdots \leqslant, n) \tag{4-9}$$

计算的退出价格为:

$$P_{out} = \Phi \left[\frac{\sum_{k=1}^{n-\gamma} \frac{\psi_k}{\Phi_k} p_k^2 - \frac{\psi_i}{\Phi_i} p_i^2}{\sum_{k=1}^{n-\gamma} \psi_k p_k - \psi_i p_i - m} \right], \ i = 1, 2, \cdots \leqslant, n - \gamma \tag{4-10}$$

第三种情况,饱和需求为零时,需求逐步升级,需求层次向高级变化,于是在n种商品中,存在$(n-\gamma)$种商品无法满足市场需求,此时,即使价格降为零或消费者持有足够多的货币,消费者也不会购买,此时,

$$q_i = 0, \ \psi_i = 0, \ p_i \leqslant P_{out}(i = 1, 2, \cdots \leqslant, n - h) \tag{4-11}$$

二、两种不同的产能过剩

假定微观企业i按照利润最大化原则进行生产,为简化问题,假定企业以w_i的工资雇佣劳动力数量l_i和以m_i的利息借用资本k_i进行生产,于是存在:

$$\Pi_i = p_i q_i - w_i l_i - m_i k_i \tag{4-12}$$

将需求函数带入式(4-5)中,可以获得以下三种不同的供需均衡情况。为使读者能更好地理解供给过剩的情况,本节在画图时,考虑一种以固定产量进行供给的简化情况$S_1 = q^*$。

第一种情况:供需平衡区间。如图 4.7 所示 S_1 曲线与 D 曲线相交在 P_{out} 垂直线之前的阴影情况,这是微观经济学最常见的形式。此时在预算线 m 下,供给按照需求进行生产,从而获得利润 Π_i。

$\Pi_i = p_i \psi_i \left[1 - \frac{p_i}{\Phi}(M) \right] - w_i l_i - m_i k_i$,其中$\frac{\partial \Pi}{\partial p_i} > 0$,$\frac{\partial^2 \Pi}{\partial^2 p_i} < 0$ 即可求得均衡解。市场按照供需对接时的价格进行出清。

第二种情况:生产性过剩区间。如图 4.7 所示垂直线 P_{out} 和垂直线

$P_{upgrade}$ 之间的横轴上。此时 $\Pi_i=0$。从式(4-4)可知,退出价格主要与预算收入相关。由于市场的价格高于退出价格,消费者受购买力的限制,于是消费者无法购买。只有当市场价格低于退出价格或者收入上升后才能购买。此时供给 S_1 出现了过剩。这种过剩是由于供给侧对购买力约束下的退出价格认知不足,从而投入过多的生产性劳动,带来的退出价格认知不足性过剩。这一分析的经济学意义在于,当市场需求处于刚性需求时,供给侧认知退出价格很重要,此时通过技术创新等多种方式降低成本十分关键。我国在 20 世纪 90 年代末到 2008 年金融危机前,多次用到凯恩斯政策均有效,主要原因在于,随着凯恩斯政策的刺激,收入效应和财富效应逐渐显现,在刚性需求基本面下,微观消费主体的收入水平逐步提高,从而使需求能认可的退出价格逐步提高,消费者的购买能力提高,从而宏观政策部分地在微观上实现了对应。

第三种情况:如图 4.7 所示 $P_{upgrade}$ 以后的横轴上,此时 $q_i=\psi_i=0$。在这种情况下,$\Pi_i=0$,即使价格下降到零,消费者也不购买。这说明随着收入的提升,消费者需求的结构发生了变化,原有的 $(n-\gamma)$ 种商品无法满足市场需求。市场需要满足新需求的供给。此时供给 S_1 出现了过剩,这种过剩是对饱和需求的变化认知不足引起的,从而形成了需求认知性不足的过剩。

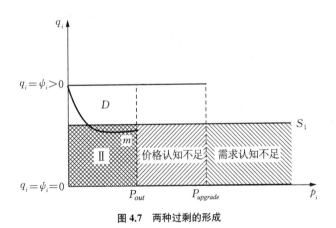

图 4.7 两种过剩的形成

在第二种和第三种情况下,供给侧都无法获得利润,于是微观市场出清的价格 p_i 就无法被准确观察到。那么厂商如何进行下一阶段的生产呢?根据萨金特(Thomas J. Sargent)的理性预期思想,厂商是在"预测以及研究哪些能够预测未来并且对预测作出反应"。厂商根据市场发出的各种信号进行预期。当政府通过总需求刺激政策发出扩大财政政策和货币政策信号时,根据退出价格和饱和需求两个维度,就可以获得凯恩斯财政政策效果的基本判断。需求收入弹性是检验饱和需求的重要指标。截至 2014 年,除了汽车的需求收入弹性还大于1,其他产品都在 0.2～0.5 之间,即便是汽车的需求收入弹性也在下降趋势通道当中。退出价格主要以居民可支配收入的变化来考察,随着长期的凯恩斯政策的使用,近年来我国居民可支配收入也呈现逐年递增的情况,劳动者工资在不断提高。因此,凯恩斯的财政和货币政策在这种情况下两者都失效。

图 4.8　宏观政策的有效性

三、产能过剩的校正

虽然产能过剩的表象都是供给大于需求,然而导致产能过剩的原因却不尽相同。前十年,我国主要是对退出价格认知不足,从而由消费者购买力不足导致的生产性过剩,需要通过提高收入、降低成本等方式来实现。而本次的产能过剩,则是对饱和需求的认知不足导致的。这意味着当需求处于马斯洛需求层次的中低层时,以购买力不足为主要特征的生产性过剩占主导;而当总需求处于马斯洛需求层次的中高层时,对饱和需求的认知亟须提升,此时以消费快速提升和产能大量过剩并存为主要特征的需求认知缺口性过剩将占主导。

当饱和需求为零时,供给者无论怎样也无法避免零利润的情况。而且一旦饱和需求为零,那么市场的价格也无法观测。此时,价格机制失灵,需要考虑企业投入认知性劳动形成对市场需求的认知度 λ。λ 为企业所认知的需求点与真实需求所包含的需求点之比。需求认知后的货币表现为 $f(\lambda_i)$。假定市场中存在 N 家企业,那么市场的利润函数变为:

$$\sum_{i=1}^{N} \Pi_i = \sum_{i=1}^{N} f(\lambda_i)\Psi_i - \sum_{i=1}^{N} w_i l_i - \sum_{i=1}^{N} m_i k_i \qquad (4\text{-}13)$$

(1)市场需求的认知度 λ 首先要求提前认知,即认知是可以预期的。当饱和需求量大于零时,价格是决定产出的重要变量。然而当饱和需求量为零时,价格机制就失灵了。为什么会失灵? 主要是因为价格机制无法提前进行认知。价格作为交换环节的重要机制,是一种后验式和破坏式的验证,无法提前预期结果,从而使认知性大打折扣,生产者会认为私人的劳动就是社会需要的劳动,从而一直从事简单再生产,直至市场不能出清,社会必要劳动时间与私人劳动时间出现矛盾冲突。

(2) 市场需求的认知度 λ 其次要求精准认知。精准预期需要全面的信息和无所不能的能力,从而使需求的认知能够精准。在已有的人类实践中,通过计划机制来实现政府对经济的理性掌控就是一种认知机制。生产和消费等相互联系和不可分离的因素彼此脱离,因此它们的统一要通过强制的方法实现,它们的相互联系要通过强加在它们的彼此独立性上的暴力来完成①。在苏联社会主义阶段和我国建国初期都采用过计划经济的资源配置方式,由国家作为统一的指令制定者。但由于当时技术、信息、知识等各方面条件较为落后,在不完全信息下,政府要制定一个完全且完美的计划十分困难,这种构想在落后生产力下无法实现。

(3) 市场需求的认知度 λ 通过对显示性偏好的反复测试和验证形成。由于 λ 为投入认知性劳动后对市场需求的认知,因此,通常是个反复测试和验证的过程。这一过程正是显示性偏好形成的过程,即通过已经形成的需求信息反推出需求,因此认知性劳动通常是通过对显示性偏好反复测试和验证实现的。

(4) 因为上述特点,$f(\lambda_i)$ 不像价格是个固定的确定值,而是一个动态调整后的结果,因此,获得的利润是根据认知性劳动进行需求认知后的预期利润。

$$\sum_{i=1}^{N} \Pi_i \approx E\left[\sum_{i=1}^{N} f(\lambda_i)\Psi_i\right] - \sum_{i=1}^{N} w_i l_i - \sum_{i=1}^{N} m_i k_i$$

同样,总产出 $\sum_{i=1}^{N} f(\lambda_i)\Psi_i$ 也不是一个确定的值,而是一个动态的值域范围。

在已有人类实践中,认知性劳动的实现主要交由事后的价格机制和事前的计划机制来实现。但是这两种实践都不能同时满足对需求的精准认知和提前认知,因此,都不够完美。于是出现了:当侧重考虑精准认知时,给予市场活力,从而可能陷入"斯密魔咒";当侧重考虑提前认知时,给予政府权力,从而可能陷入"凯恩斯魔咒"。那么是否存在第三种机制,使得供给侧既能精

---

① 马克思,恩格斯.马克思恩格斯全集[M].北京:人民出版社,1973:581.

准认知需求又能提前认知需求,从而内生地解决饱和需求认知不足式过剩呢?中国特色社会主义的实践给予了我们答案。

第五节 中国式产能过剩:住房特殊商品市场的均衡分析

中国式产能过剩中的钢铁、水泥等过剩均与房地产的发展密切相关,因此,解释中国式产能过剩绝不能绕开住房市场①。在中国,房地产经济是与国民经济高度关联的产业,从直接影响来看,占 GDP 的 6.6% 和投资的 1/4,房地产领域税种总计纳税 2.4 万亿元,占到公共财政收入的 18%,近两成的规模②。而与房地产相关联的行业达到 60 个,间接影响十分广泛,住房已经成为影响国民经济最重要的商品。如果厘不清住房市场,就无法厘清中国式产能过剩的困局。在 2016 年"去产能、去库存、去杠杆、降成本、补短板"五大结构调整和改革任务中,房地产去库存化已经处于一揽子解决结构问题的关节点上。而住房作为特殊商品,具有与普通商品完全不同的特性。

一、住房需求的异质性:消费和投资双重属性

在西方城市经济学中,住房与其他商品的差异体现在三方面:一是,住宅具有异质性,不同住宅的面积、房龄、类型、内部特征、公用系统、区位都有显著不同;二是,住宅是耐用品,随着时间的流逝,其价值可以较快或较慢速度递减;三是住宅的搬迁是有成本的,因此当收入或者住宅偏好发生变化时,消费者不能迅速调整住宅消费(奥沙利文,2015)。然而,上述特性主要立足于住房的消费品特性。如果按照上述特性来认识住房,则无法理解中国住房及其形成的房地产市场对国民经济的影响。对于当前的中国③,住房是一种特殊的商品。它既属于消费品又是投资品(杭斌和闫新华,2013),不仅具有耐用消费品和生产要素属性,而且兼具投资工具属性,后者也被称为金融资产属性(周建成,2007)。消费属性是住宅的基础属性,投资属性是派生属性。在经济发展早期,住房的消费属性大于投资属性,而在较高的经济发展水平上,住房的投资属性大于消费属性(周建成,2007)。

当住房作为消费品时,其特性与西方城市经济学的一致。而住房的投资

---

① 由于房地产市场更侧重从产业角度的理解,为保持论述和观点的统一,本节从消费需求角度统一为住房市场。

② 数据来源:《每日经济新闻》,2014 年 1 月 27 日。

③ 西方国家通过房产税等方式进行调节,使房地产的双重属性弱化。

属性主要与以下三大特点相关:第一,可替代性较小。股票、债券等纯投资品,不具有耐久性和不动产特性;黄金、钻石和文物等投资品的内在价值比较稳定,盈利预期无法与住房相比;中国出现的"蒜你狠""豆你玩"等以绿豆、大蒜农产品为主的投资品,无法长期保存和持有,风险性较高,短期特征明显。第二,低风险偏好。从长期来看,虽然住房价格波动幅度大于普通商品价格波动幅度,但远远小于股票等金融资产价格波动幅度。以日本房地产市场为例,1972—2014 年日本城市土地价格平均波动幅度为 4.68%,高于消费者价格指数 1.20% 的波动水平,但远低于日经指数 13.24% 的波动水平[1]。第三,不存在终端价格约束。终端价格约束是一项资产价格不会偏离价值太远的重要条件(布兰查德和费舍尔,1998)。经验证明房地产价格不存在终端价格约束。从长期来看,房地产价格一直呈现稳定上涨的趋势,其价格增长速度要远远高于 GDP 缩减指数。以美国为例,2001 年美国房地产价格是 1945 年的 1 112 倍,而美国 2001 年 GDP 缩减指数仅为 1945 年的 813 倍(郭金兴,2004)。第四,可杠杆化。住房的耐久性和不动产效应使得住房具有良好的杠杆性。住房是使用期限最长的资产。一般机器设备为 5 年,交通工具的使用期限为 10 年,房屋、建筑物为 20 年,而对土地不计提折旧(郭金兴,2004)。

二、住房需求的双重属性与住房市场的均衡分析

在西方经济学中,由于住房建造周期较长,短期内的供给曲线几乎是垂直的,对于土地而言,长期总量也几乎不会发生变化,因此房地产的供给弹性很小。但是中国的现实情况则是住房的平均建设周期通常为 2 年,开工 1 年后住房封顶即可开始预售,因此,中国住房的供给曲线的弹性与西方的垂直曲线存在差异,仍然是一条向右上方倾斜、斜率较大的曲线。

1998 年 6 月,国务院决定,党政机关停止实行 40 多年的实物分配福利房的做法,推行住房分配货币化,从此进入住宅建设市场化和住房消费货币化的新一轮改革。这一时期也开始进入到以凯恩斯主义政策为主调节经济的时期。1992 年初,邓小平在"南方谈话"中,号召加快改革和发展。当时的经济出现了"四热、四高、四紧、一乱"现象[2],但是由于仍以福利分房为主体,以社会集团购买力过快增长为主,当时的房地产热主要集中在沿海局部等

---

[1]　数据来源:日经指数,当年大纳会收盘;第六十五回日本统计年鉴,市区价格指数;日本总务省统计局,消费者物价指数(CPI)。

[2]　"四热",即开发区热、房地产热(主要集中在沿海地区)、股票热、集资热;"四高",即高投资规模、高信贷投放、高货币发行、高物价上涨;"四紧",即交通运输紧张、能源紧张、重要原材料紧张、资金紧张;"一乱",即经济秩序混乱,尤其是金融秩序混乱。

地,以消费需求为主。因此,为更好地考察住房市场的中国式过剩,以凯恩斯主义政策刺激为基础,考虑三个不同的发展阶段。

在 T_1 阶段,没有明显的凯恩斯政策的外部刺激,市场供给曲线 S 与需求曲线 m_1 形成市场出清的价格 p_1 和数量 q_1,市场处于均衡状态,不存在过剩。在 T_2 阶段,考虑存在凯恩斯政策的外部刺激,m_1 曲线外移至 m_2,S 曲线外移至 S'。此时,正常的出清价格为 p_2,出清产量为 q_2。然而由于住房需求的双重属性,随着凯恩斯政策的刺激,房价持续上涨,住房开始由消费品转向投资品,更多的消费者变成了投资者,于是,市场增加了对住房的投资需求,使曲线 m_2 外移到曲线 m_3。住房消费需求转化成住房投资需求所形成的市场增加量 q_2q_3 是住房作为普通商品时,消费需求超出饱和需求量的部分。如果不存在投资需求,则市场正常的出清数量为 $0q_2$;如果存在投资需求,则市场形成 $0q_3$ 的产量。于是 p_3 和 q_3 是实施凯恩斯政策之后,考虑住房投资需求进入的均衡点。p_2 和 q_2 是实施凯恩斯政策之后,不考虑住房投资需求的均衡点。然而由于存在住房的投资需求,因此,价格存在上涨,按照上涨后的价格 p_3,市场实际的住房消费需求是 q_4,于是 p_3 和 q_4 就是实施凯恩斯政策之后,存在住房投资需求的情况下,住房消费需求的均衡点。$0q_4$ 是实际的住房消费需求,q_4q_2 是被住房投资需求挤出的住房消费需求,q_2q_3 是住房投资需求,q_3q_4 是投资需求。

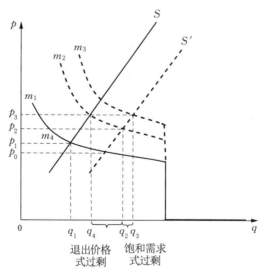

图 4.9　住房市场中的产能过剩

因此,存在住房投资需求的情况下,一方面,q_4q_2 的真实消费需求被虚拟的投资需求挤出,呈现退出价格式过剩。这是由于凯恩斯政策的刺激带来房价上升,使得房价高于市场所能承受的退出价格 p_2,进而形成预算约束。另一方面造成了 q_2q_3 的虚假繁荣,本应受饱和需求限制但却不停增加的投资需求,呈现"投资偏好陷阱",即当住房作为普通商品应受饱和需求限制,然而凯恩斯政策的刺激,使得房价具有上涨的趋势和预期,由于前文指出的住房作为投资品的四种特性,使得住房却不受饱和需求限制,市场不断扩大住房投资需求。以消费为主的最终需求才是经济增长的原动力(洪银兴,2013),而这部分投资需求不是住房消费支撑的需求,而是陷入投资偏好陷阱后呈现的市场虚假繁荣。一旦凯恩斯政策的刺激减弱,那么 q_2q_3 部分本来属于饱和需求,却由于凯恩斯政策刺激不受饱和需求限制的投资需求将随之消失。此时,这部分作为饱和需求的性质开始起作用,带来饱和需求式过剩。由于住房消费属性和投资属性的相互转化,从而凯恩斯政策刺激的时候,呈现投资偏好陷阱,不受饱和需求的约束;而一旦凯恩斯刺激减弱或预期减弱时,饱和需求的约束开始起作用,带来饱和需求式过剩。

在 T_3 阶段,当不进行凯恩斯政策刺激时,市场的预期下降。此时,投资需求消失,m_3 左移到 m_2,m_2 具有向 m_1 曲线移动的趋势,成交量具有萎缩和价格降低的趋势。如果按照斯密的自由主义方式,此时的市场供给 S' 和市场需求曲线 m_1,应该形成价格 p_0,市场按照 p_0 的价格进行出清。然而如果从价格 p_3 降至 p_0,且 $[(p_3-p_0)/p_0] > 30\%$[①],一旦价格下降大于住房贷款的杠杆率,则市场可能发生系统性风险,因此,为了防止系统性风险,中央政府和地方政府试图采用凯恩斯的方式进行刺激,保障住房价格维持在稳定的价格上,从而使住房的价格具有了"政策调整型价格黏性",即中国住房价格不会像美国、日本那样完全依靠市场方式大起大落,而是价格在稳定幅度下波动性上升。

上文分析显示,住房作为特殊商品的复杂性体现在三个方面:第一,住房需求具有消费需求和投资需求双重属性。投资需求将会对消费需求进行挤出,形成退出价格式过剩。第二,凯恩斯政策的刺激会使饱和需求的限制呈现交替变化。随着凯恩斯扩张政策的刺激,带来"投资偏好陷阱",住房开始偏离普通商品特点,对住房的投资不受饱和需求限制;凯恩斯收缩政策的实施,饱和需求的约束开始起作用,带来饱和需求式过剩。随着凯恩斯政策刺激的增强和减弱,需求曲线在式(4-6)中的前两项之间呈现间歇性的交替变化。第三,"政策型价格黏性"加剧住房市场的复杂性。每一次凯恩斯的扩张政策掩盖了退出价格式过剩和饱和需求式过剩;而收缩时期则暴露了这两种

---

① 30%为房地产的首付比例,通常我国的首付比例为 20%～30%,也就是杠杆率。

过剩。退出价格式过剩本来需要通过市场方式,以价格进行调整。为了避免系统性金融风险而进行政策调整时,出现"政策调整型价格黏性",加剧了住房从消费属性向投资属性的转化。于是,出现了住房市场一刺激就供不应求,不刺激就供大于求的乱象。究其根本,主要是由于住房的双重属性,使得住房投资扰乱了住房消费,而政策调整又无法清晰地区分两类需求。德尔伯格对 17 世纪早期至 20 世纪晚期各国发生的金融危机的研究发现,房地产在危机之前的投机热潮中屡屡扮演重要角色,而从 20 世纪 70 年代以来,几乎在每次重要的经济危机或金融危机酝酿和爆发的过程中都伴随着房地产的剧烈波动(金德尔伯格,2000)。

三、住房消费对普通商品消费的挤压

图 4.9 已经论证,凯恩斯政策的刺激将促使房价上涨,从而形成住房投资对住房消费的挤出,产生预算约束效应[1],一旦政策刺激减弱,这部分挤出效应将形成退出价格式过剩。

另一方面,2015 年全国 35 个大中城市房价收入比排名显示,深圳的房价收入比达到 23.2,位列全国第一,厦门为 15.3,北京为 14.5,上海为 14,福州为 11.2。为了将来能够买得起住房,许多家庭现在就不得不节衣缩食。已有研究证明,房价与消费之间存在显著的负相关关系,即房价上涨的财富效应远远小于其对消费的抑制效应(杭斌和闫新华,2013)。如图 4.10 所示,l_1 是普通消费品的需求曲线,l_2 是当住房价格升高时,对普通商品 1 的消费减少,因此,l_1 和 l_2 之间的差异是住房消费对普通商品消费的挤压。

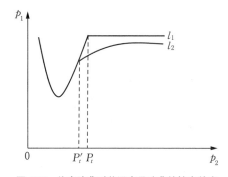

图 4.10 住房消费对普通商品消费的挤出效应

[1] 王鑫和文一(Wang and Wen, 2012)的研究认为如果存在较强的流动性约束,且房价上涨明显快于居民收入增长,同时潜在的购房需求增长迅速,则房价上涨将显著提高总量储蓄率。

与前文结合,住房的挤出效应有两种:一方面,住房作为消费品时,由于预算约束会引发其他普通商品消费的降低,出现住房消费对普通商品消费的挤出,呈现退出价格式过剩;另一方面,住房作为投资品时,饱和需求不存在上限,于是出现了住房的投资需求对住房消费需求的挤出。

第六节　结论与讨论

面对日益严重的中国式产能过剩,大量声音开始诟病凯恩斯主义的失效,并认为由于前期总需求管理的风险,因此现阶段应该转向供给管理,并将我国的供给侧结构性改革与西方凯恩斯主义之后的供给学派等同起来。由于对中国式产能过剩的形成机理和供给侧结构性改革的经济学解释并不清晰,因此,大量的研究结论与中国特色社会主义的实践要求相距较远。本章的研究尝试解决如下几个认识问题。

一、中国供给侧结构性改革与西方供给学派的不同

中国供给侧结构性改革之所以不是西方的供给学派,关键在于中国式产能过剩在表现、成因和本质上都不同于西方的过剩。中国式产能过剩的表现是两类资本品行业的过剩:一类是煤炭等与普通商品相关的产能过剩;一类是钢铁、水泥等与房地产相关的产能过剩。在成因上,供给侧出现了问题,不能简单从供给侧寻找答案,而要从决定供给的需求侧出发。本章引入饱和需求和退出价格两个概念,针对普通商品和住房特殊商品为主的二元商品市场进行分析,试图展示中国式产能过剩中的两条基本逻辑:一是,普通商品市场面临消费结构异质性的影响,在消费结构升级之前,以退出价格式过剩为主;在消费结构升级之后,面临饱和需求陷阱,以饱和需求式过剩为主。二是,住房特殊商品市场面临属性异质性的影响,当住房以消费属性为主时,退出价格式过剩为主;当住房以投资属性为主时,面临投资偏好陷阱,以饱和需求式过剩为主。中国式产能过剩在本质上不同于西方的过剩,西方的产能过剩主要是私人化生产与社会化大生产之间的矛盾。而中国式产能过剩是退出价格式过剩和饱和需求式过剩的复合式过剩,本质上是供给结构没有适应需求结构的变化。因此,根据中国式产能过剩的成因和本质,应该按照需求结构的变化来调整供给侧,使得普通商品市场和住房特殊商品市场的供给能够满足消费需求。

二、凯恩斯主义政策为何原来有效而现在失灵?

面对中国式产能过剩,凯恩斯主义成为众矢之的。大量研究认为凯恩斯只有短期有效,而长期失效。然而这种一般性解释无法获得有价值的本土主张。凯恩斯主义是在美国经济大萧条时的重要经济调节方案,目的是挽救西方经济长期采用斯密主义所出现的边际投资率崩溃的境地,其初衷是为了熨平经济危机。然而凯恩斯主义的实施是有条件的。本章的研究显示:凯恩斯主义在解决退出价格式过剩时能够发挥作用,在解决饱和需求式过剩中无效,而当住房市场存在投资偏好陷阱,具有从消费需求转向投资需求的特点时,凯恩斯主义将起到双重挤出效应和虚假繁荣等负面作用。因此,对于"零点对冲"(Zero Hedge,2015)提到的财政政策能够拯救和阻止中国的经济衰退的言论需要谨慎评价①。如果无法区分政策作用于哪类商品市场,那么一旦继续采用财政政策或货币政策刺激,那么在饱和需求约束下,资金不会转化成真正的国内消费需求而是将有更多的资金向高端需求或住房投资需求转化,从而加剧市场矛盾。

三、供给侧结构性改革到底改什么?

由于凯恩斯主义的运用是有条件的,因此应在精准分类的基础上将调节中间需求的凯恩斯主义政策变为针对最终需求的供给侧结构性改革。改革的内容有二:一是,以市场为主调整普通商品市场。普通商品市场中,针对以退出价格式过剩的产品以再分配的方式促进消费;对于饱和需求式过剩需要引导厂商对产品进行升级换代。二是,以政府为主调控住房商品市场。住房市场的调整应先于商品市场的调整。住房市场对普通商品市场存在挤压,住房投资需求对住房消费需求存在干扰,因此,供给侧结构性改革首先应该调整住房市场,使得住房市场对普通商品市场的挤压和住房投资需求对住房消费需求的挤压得以降低,商品市场才能真正按照市场原则激发活力,才能使普通商品市场得以恢复。

---

① 外媒:现在只有开着直升机撒钱才能拯救世界经济,2015 年 9 月 11 日,凤凰国际 iMarkets。

第五章　中国供给侧结构性改革的特殊性：部门结构调整[①]

在讨论了供给侧结构性改革"为什么、是什么、改什么"三大问题的基础上，本章主要回答供给侧结构性改革"特殊在哪里"这一问题。通过对特殊性的分析，为下文进一步回答"怎么办"提供解题思路。中国现阶段的供给侧结构性改革与西方结构性改革到底哪里不一样？我们应该学习什么而又要坚持什么呢？本章试图讲述的中国故事是，当前供给侧结构性改革的特殊性不是背景、体制或政策特殊，而是结构性问题的作用机理特殊。在前文需求结构内生和商品部门二元化的基础上，本章以住房部门优先突破为引领，构建多部门熊彼特增长模型，从理论角度论证随着需求结构升级，阻碍实体经济发展的"脱实向虚"将引发创新部门企业家劳动结构的异质化，最终阻碍经济增长。现阶段只有优先解决住房市场引发的结构性困境，才能保障供给侧商品市场的持续健康增长。正是从这个意义上看，准确落实中国供给侧结构性改革战略，必须把发展经济的着力点放在实体经济（普通商品经济）上。

第一节　关于供给侧结构性改革特殊性的国内讨论

2017 年是中国供给侧结构性改革的深化之年。中共十九大报告将深化供给侧结构性改革作为"贯彻新发展理念，建设现代化经济体系"的首要任务。报告提出：建设现代化经济体系，必须把经济发展的着力点放在实体经济上，把提高供给体系质量作为主攻方向（习近平，2017）[②]。

当前我国学者围绕供给侧结构性改革进行了热烈而有益的探讨，明确了

---

①　本章是在"周密，郭佳宏，朱俊丰.脱实向虚、企业家劳动异质与供给侧结构性改革[J].改革.2021，(01)：92 - 108"基础上修改完善而成。

②　习近平代表第十八届中央委员会于 2017 年 10 月 18 日在中国共产党第十九次全国代表大会上向大会作的报告《决胜全面建成小康社会　夺取新时代中国特色社会主义伟大胜利》。

中国供给侧结构性改革不是"里根经济学"的"中国版"(胡鞍钢等,2016),并认为与西方结构性改革相比其特殊性集中体现在三方面:(1)经济背景差异。西方结构性改革是20世纪70年代,英美等国遭遇高失业和高膨胀率并存的滞胀问题时采取的政策主张(蔡昉,2016),而我国目前的通货膨胀压力很小,但是结构性产能过剩比较严重,由此造成了资源配置的扭曲(胡鞍钢等,2016)。(2)制度基础差异。以"撒切尔主义"和"里根主义"为代表的供给革命加快了私有化进程,巩固了资本主义制度。我国供给侧结构性改革则是以社会主义公有制为基础,根本目的是优化以公有制为主体的社会主义制度(康达华,2017)。(3)政策内容差异。中国的供给侧结构性改革绝不是实行需求紧缩,或搞新的"计划经济"(《人民日报》独家专访,2016),也不限于西方的减税、放松管制、反对过度福利等,内容体系要丰富得多(李佐军,2016)。这包含:着力化解特定产业的过剩产能,消化库存,促进产业结构升级(金碚,2017);克服收入分配结构性扭曲,使消费需求的增长与国民经济增长切实相适应(刘伟,2016);促进创新驱动效率提升,以科技创新引领供给侧结构性改革(赵志耘,2016);完善与供给侧结构性改革相适应的市场经济体制和宏观调控新体制,如投融资体制、金融体制、财税体制、科技体制等(任保平,2017)。此外还包括目标差异等。

上述研究为深入理解供给侧结构性改革提供了重要的文献资料与理论基础,然而却存在三方面的质疑:一是,中国式产能过剩与西方滞胀等经济危机的背景到底有何本质不同呢?化解结构性产能过剩是供给侧结构性改革的现实要求(赵幼力,2016),然而面对产能过剩的经济背景,地方政府采用的以被动消化为主的供给侧解决思路,客观上催生了2016年住房价格的疯涨,并引致不断加重的"脱实向虚"趋势(欧阳洁和王观,2017),亟须透彻阐明产能过剩背景与西方滞胀等经济危机背景的本质差异。只有明确不同背景下实施供给侧结构性改革的背后动力,才能切实找到主动化解产能过剩的新思路。二是,与西方相比的特殊体制能够有效解释中国当前供给侧结构性改革的科学要义吗?过去20—30年,国际货币基金组织、欧盟、世界银行等重要国际组织都将结构性改革作为西方国家政策调整的重要方式(Bouis and Duval,2011;Lusinyan and Muir,2013),且随着G20杭州峰会的推广,结构性改革正逐渐成为一种全球趋势①。因此,不能简单用资本主义和社会主义制

① 中国作为二十国集团(G20)2016年的主席国,将结构性改革作为2016年增长框架下最为核心的议题。

度或者市场和政府等来区分结构性改革的方向。西方发达市场经济国家也需要结构性改革，必须从内在机理等经济学原理角度阐释供给侧结构性改革的实施顺序与实施重点，才能合理讲述中国故事，明确科学要义。三是，西方供给学派中的减税等措施为什么不是中国供给侧结构性改革的政策内涵？为什么中国供给侧结构性改革不能单纯仿效西方进行管制放松和自由化？当前关于供给侧结构性改革的政策方向正在呈现全面改革的泛化趋势。政策只是应对经济困境的方式与手段，只有紧紧围绕经济增长的目标导向，厘清政府与市场等不同手段在经济增长中的作用，才能形成科学合理的政策措施。

第二节　供给侧结构性改革特殊性的理论模型

西方供给侧结构性改革为中国供给侧结构性改革的实施提供了有益的借鉴。西方结构性改革中供给侧的动力、结构性的重点和改革的政策都内生于西方的历史阶段和现实条件，是多部门间关系运行的结果和内在机理表征的现象，不是本质。只有从中国现阶段的现实国情与关键问题出发，遵循经济运行的基本原理和部门关系，厘清传导过程和内在机理，才能摆脱就现象说现象的局限，获得符合中国本土特点的解决方案。本部分提出在"供给侧""结构性""改革"三个方面，中国均存在特殊性。

一、理论模型的设计思想

1. 从"供给侧"的形成动力引申出"需求结构内生"

当经济困境源于需求规模时，可以通过货币政策和财政政策调整需求规模大小，从而调节经济波动；然而当经济困境源于需求结构时，由于当期投资—下期消费的双重性，需求结构变化后，运用财政与货币政策形成的投资需求无法转为现实消费需求，就将带来高通货膨胀率和高失业率，必须采用结构性政策，改变深层经济结构，重新配置资源(Krugman，2013)[①]。近年来我国继续采用需求侧刺激政策，经济增速回升很少且持续时间很短，甚至最近这一年投资后 GDP 增速没有升反而降就是最好的印证(吴敬琏，2015)[②]。

---

①　https://krugman.blogs.nytimes.com/2013/11/22/structural-problems-with-economese/?mcubz=0.

②　吴敬琏.中国经济面临的挑战和选择[C]//吴敬琏,等.供给侧改革——经济转型重塑中国布局.北京:中国文史出版社,2016:2-19.

正因如此,与西方结构性改革的危机引致型和周期型特征不同,我国更多的是需求结构升级引致型(习近平,2015)①,需要重新审视需求结构对供给侧的作用。因而本章将增加包含需求结构的家庭部门,将传统的三部门熊彼特增长模型拓展为四部门模型,强调需求结构升级是供给侧结构性改革的形成动力。

2. 从"结构性"的实施重点引申出"产品市场优先"

在实践操作中,西方的结构性强调不同市场之间的结构,其侧重点又以制约本国关键结构性问题所对应的市场或部门为主。中国是典型的制造业大国,产能过剩主要发生在产品市场,"脱实向虚风险"主要是普通商品市场和住房特殊商品之间的结构性困境(周密和刘秉镰,2017),因此,与西方发端于金融证券市场的风险不同,当前中国的结构性改革问题主要针对产品市场,亟须明确产品市场的制约条件与传导机理。本模型将重点考察围绕产品市场的增长中,供给侧的最终产品部门、中间产品部门、创新部门以及需求侧的家庭部门等多部门之间的传导关系与内在机理。

3. 从"改革"的政策引申出"经济增长导向"

中国供给侧结构性改革提出的重要背景是经济增长出现了"四降一升"的矛盾,即经济增速下降、工业品价格下降、实体企业盈利下降、财政收入增幅下降、经济风险发生概率上升(《人民日报》独家专访,2016),因此,与西方结构性改革相一致,中国供给侧结构性改革的目标是促进供给侧的潜在经济增长。不同于西方结构性改革中的市场崇拜型政策,在中国的供给侧结构性改革中,市场只是手段。在外部制度约束不完善的情况下,应围绕增长目标,有效利用和充分发挥政府与市场的不同作用,因此本章模型设计将紧紧围绕提升供给侧潜在经济增长的目标来获得政策措施,而不是围绕市场化或自由化等手段来获得政策措施。

二、理论模型的设计与推导

本部分纳入需求结构内生、产品部门优先、经济增长导向三大假设,构建四部门熊彼特增长模型,从理论上论证现阶段供给侧结构性改革特殊性形成的内在机理。

(一)基本模型

1. 最终产品生产部门

根据罗默(Romer, 1990)、豪伊特和迈尔-福克斯(Howitt and Mayer-

---

① 2015年12月,中央经济工作会议对供给侧结构性改革作了重点部署,习近平总书记从形势的判断、问题的诊断、工作的思路、重大原则等,提出了指导性意见。

Foulkes,2005)等研究者的思想,假定:经济个体只消费一种产品即最终产品,最终产品由完全竞争性的企业使用生产性劳动和中间产品两种投入生产出来,中间产品的种类是在[0,1]区间内的集合。那么最终产品生产函数为:

$$Y_t = L_y^{1-\alpha} \int_0^1 A_{it}^{1-\alpha} x_{it}^\alpha di \tag{5-1}$$

其中,时间 $t=1, 2, 3, \cdots, 0<\alpha<1$, L_y 是生产性劳动投入,A_{it} 为反映中间产品质量的生产率参数,在任一时点生产率参数依据中间产品的不同而不同,x_{it} 为中间产品 i 在 t 时刻的流量。式(5-1)的经济学含义为最终产品是在一定质量的中间产品基础上,由生产性劳动生产出来。由中间产品生产的最终产品的产出决定方程为:

$$Y_{it} = (A_{it}L_y)^{1-\alpha} x_{it}^\alpha \tag{5-2}$$

2. 中间产品生产部门

假定各中间产品均有其垄断者,那么中间产品价格等于其在最终产品生产部门的边际产量:

$$p_{it} = \frac{\partial Y_{it}}{\partial x_{it}} = \alpha (A_{it}L_y)^{1-\alpha} x_{it}^{\alpha-1} \tag{5-3}$$

最终产品市场完全竞争,中间产品平均成本为 1,那么中间产品生产部门的利润最大化问题为:

$$\max\{\Pi_{it} = p_{it}x_{it} - x_{it}\} \tag{5-4}$$

此时 $\partial\Pi_{it}/\partial x_{it}=0$,得到 $\alpha^2(A_tL_y)^{1-\alpha}x_{it}^{\alpha-1}=1$,进而得到均衡量:

$$x_{it}^* = \alpha^{\frac{2}{1-\alpha}}(A_{it}L_y) \tag{5-5}$$

并进一步得到均衡利润:

$$\pi_{it}^* = (1-\alpha)\alpha^{\frac{1+\alpha}{1-\alpha}}(A_{it}L_y) \tag{5-6}$$

t 期的生产率参数由知识存量 A_t 反映,表现为:

$$A_t = \int_0^1 A_{it} di \tag{5-7}$$

那么中间产品部门的总利润为:

$$\pi_t^* = \int_0^1 \pi_{it}^* di = \int_0^1 (1-\alpha)\alpha^{\frac{1+\alpha}{1-\alpha}}(A_{it}L_y)di = (1-\alpha)\alpha^{\frac{1+\alpha}{1-\alpha}}(A_tL_y) \tag{5-8}$$

3. 创新部门

根据庄子银(2005),假设 r 是 t 和 s 之间的平均利率,则创新部门在时

间 t 获得的净现值 V_t 为：

$$V_t = \pi_t^* \int_t^\infty e^{-r(s-t)} ds = (1-\alpha)\alpha^{\frac{1+\alpha}{1-\alpha}}(A_t L_y)\int_t^\infty e^{-r(s-t)} ds \qquad (5\text{-}9)$$

本节根据中国实践,对创新部门的主要变量进行三方面设定。首先,企业家的劳动是创新的基础,然而企业家的劳动并不必然产生创新。当企业家进行研发等创新型活动时,才能形成创新性劳动 L_r；当企业家进行套利型活动时,将形成交易性劳动[①] L_u,因此,可能形成创新型企业家和套利型企业家(威廉·鲍莫尔,2010)。根据上述国情,假定企业家在创新中投入了劳动且这种劳动存在异质性。不妨设总人口为 L,那么 L 由生产性劳动 L_y、创新性劳动 L_r 和交易性劳动 L_u 三部分构成：

$$L = L_y + L_r + L_u \qquad (5\text{-}10)$$

其次,在企业家的异质性劳动中,创新性劳动与交易性劳动之间存在转换。近年来从房地产、金融等非生产领域的套利交易活动中的获利不断增多。如金融机构约 45% 的新增贷款进入个人住房按揭贷款,更多资金拐个弯流入房地产项目(欧阳洁和王观,2017)。企业投资中约 1/4 的资金没有直接进入后续生产领域,而是参与了财富再分配(陈勇,2012),引发了明显的产能过剩。根据上述特征事实,在总量 $(L-L_y)$ 一定的条件下考虑企业家的 L_r 与 L_u 存在转换关系,但是 L_y 与 L_r 之间相互独立,L_y 与 L_u 之间也相互独立。这一假定的合理性在于:生产性劳动 L_y 是较低知识禀赋的群体,企业家是具有高度知识禀赋的群体,因此 L_y 短期内难以向创新性劳动 L_r 或者交易性劳动 L_u 转化。而由于高知识禀赋将获得高报酬(Agénor and Otaviano,2015),L_r 与 L_u 也没有向 L_y 转化的动机。

最后,企业家对劳动投入方向进行市场选择。以往企业家劳动配置主要受寻租等因素影响(李世刚和尹恒,2014),而最新实践显示,企业家劳动配置由需求结构引发,主要受"脱实向虚"影响。图 5.1、图 5.2 给出了中国国情下消费需求结构升级、"脱实向虚"与企业家劳动配置异质性的数据支持[②]。

---

① 套利是利用时间与空间上存在的不均衡,进行财富再分配的活动。这种再分配通常不增加社会总价值。连接生产、交换与消费之间的劳动属于交易性劳动。套利由于通常发生在交换领域,因此属于交易性劳动的一种。

② 在实证部分已详细给出消费需求结构、"脱实向虚"水平的测度方式与数据来源。此外,交易性劳动与创新性劳动之比在此处用房地产业城镇单位就业人员/科学研究、技术服务和地质勘查业城镇单位就业人员来代表,数据来源于国家统计局。

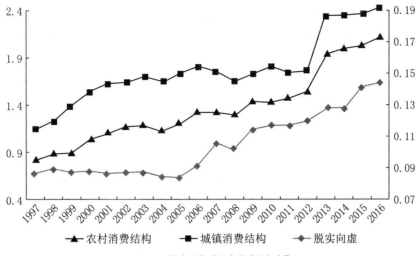

图 5.1　需求结构升级与"脱实向虚"

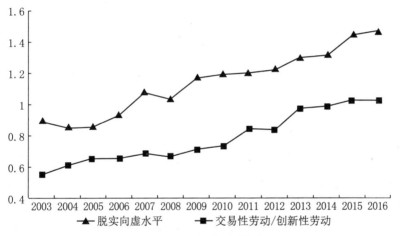

图 5.2　"脱实向虚"与异质性劳动

引入 T 来表示经济"脱实向虚"的程度。经济"脱实向虚"的程度越高,越多的创新型企业家转向交易性劳动,减少创新性劳动,如式(5-11)所示。

$$\frac{L_u}{L_r}=f(T),\ f'(T)>0 \tag{5-11}$$

经济中的一系列相似经济主体,可以单位化为 1,各企业家的创新收益函数已知为 V。当企业家将禀赋用于交易性劳动时,用于创新的创新性劳动将无法获得创新的全部收益。此时,损失包含两部分:一是直接被套利型企业家占有的收益,取决于交易性劳动对创新性劳动挤出的概率,等于企业家中套利型企业家的比例;二是当套利行为发生时,套利型企业家侵占创新型企业家财富的比例,假设比例给定为 β,那么一个创新型企业家的期望净收益为 V_r:

$$V_r = \left[\left(1-\frac{L_u}{L_r+L_u}\right)+\frac{L_u}{L_r+L_u}(1-\beta)\right]V$$

$$= \left[1-\beta+\frac{\beta}{f(T)+1}\right]V \tag{5-12}$$

假定经济体中套利型企业家从创新型企业家那里获得的收益为 R,那么套利型企业家的期望收益 V_u 为:

$$V_u = \frac{L_r}{L_r+L_u}R = \frac{1}{1+f(T)}R \tag{5-13}$$

在均衡中,创新型企业家与套利型企业家会寻求相同的劳均收益:

$$\frac{V_r}{L_r} = \frac{V_u}{L_u} \tag{5-14}$$

在均衡中,利率 r 为常数,结合方程式(5-9)和式(5-14)得:

$$r = (1-\alpha)\alpha^{\frac{1+\alpha}{1-\alpha}}(A_tL_y)^{\frac{f(T)[1+f(T)(1-\beta)]}{R}} \tag{5-15}$$

4. 家庭部门

以往的效用函数主要与消费需求的规模密切相关。中共十九大报告提出,我国社会主要矛盾已经转化为人民日益增长的美好生活需要和不平衡不充分的发展之间的矛盾。这是对我国消费需求结构变化的深刻理解。随着收入水平的提高,消费需求结构将呈现从吃、穿、用等基本需求向财富、投资、社交、美好生活等非基本需求转变。如图 5.3、图 5.4 所示,2010 年以后食品类和生活类基本消费品的需求收入弹性正在逐步降到 0.5 以下,基本需求开始饱和。

结合中国实践,本节对效用函数进行合理拓展,假定效用函数不仅是消费的函数 $u(c)$,也是消费结构的函数 $u(D_2/D_1)$,定义经济主体的效用函数为:

$$u = u(c, D_1, D_2) = (D_2/D_1)^{\zeta}\frac{c^{1-\theta}}{1-\theta} \tag{5-16}$$

其中,参数 ζ、$\theta > 0$,c 表示消费。D_1 为基本的消费需求,D_2 为非基本的消费需求,D_2/D_1 表示消费需求结构。进一步假设家庭的基本消费需求

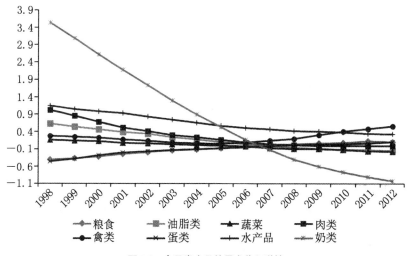

图 5.3　食品类产品的需求收入弹性

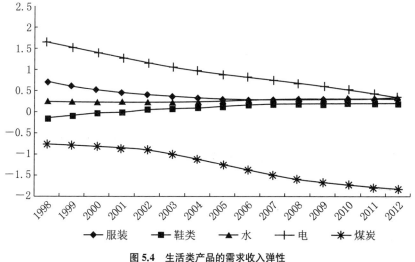

图 5.4　生活类产品的需求收入弹性

注：为保证平滑性，上图进行 HP 滤波处理。

与家庭的财富呈一定比例的关系，即 $D_1 = \eta(a) \times a$，$D_2 = a - \eta(a) \times a$。其中 a 代表家庭财富，故需求结构为 $H = D_2/D_1 = (1-\eta)/\eta$。系数 η 会随着财富 a 的增加而下降，当达到饱和需求时，η 趋于稳定。在本节中，假定在未达到饱和需求状态时，$\eta(a)' = \kappa$，当达到饱和需求状态后，$\eta(a)' = 0$（周密等，2018），如图 5.5 所示。

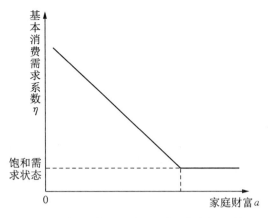

图 5.5　基本消费需求系数随家庭财富的变化趋势

假定 n 为人口增长率,已知且既定不变,ρ 为时间偏好率。总效用函数为:

$$U = \int_0^\infty e^{-(\rho-n)t} H^\zeta \frac{c^{1-\theta}}{1-\theta} dt \tag{5-17}$$

假定居民的工资给定为 w,劳动市场出清且居民获得其劳动就业量,那么居民的预算约束为:

$$\dot{a} = (r_t-n)a_t + w_t - c_t \tag{5-18}$$

在长期内,家庭的问题是,在预算约束式(5-18)给定的前提下,实现效用最大化。构造一个现值的汉密尔顿函数:

$$\widehat{CH} = \left(\frac{1-\eta}{\eta}\right)^\zeta \frac{c^{1-\theta}}{1-\theta} + \mu_t \left[(r_t-n)a_t + w_t - c_t\right] \tag{5-19}$$

其一阶条件为:

$$\widehat{CH}_c = \left(\frac{1-\eta}{\eta}\right)^\zeta c^{-\theta} - \mu_t = 0 \tag{5-20}$$

$$\widehat{CH}_a = \frac{c^{1-\theta}}{1-\theta}\left(\frac{1-\eta}{\eta}\right)^{\zeta-1}\zeta\left(-\frac{1}{\eta^2}\right)\eta(a)' + \mu_t(r_t-n) = (\rho-n)\mu_t - \dot{\mu}_t$$

$$\tag{5-21}$$

横截性条件为:

$$\lim_{t\to\infty} e^{-(\rho-n)t}\mu_t a_t = 0 \tag{5-22}$$

由一阶条件可得:

$$\frac{\dot{\mu}_t}{\mu_t}=\rho-r_t+\left[\frac{c^{1-\theta}}{1-\theta}\left(\frac{1-\eta}{\eta}\right)^{\zeta-1}\zeta\left(\frac{1}{\eta^2}\right)\eta(a)'\right]\bigg/\left(\frac{1-\eta}{\eta}\right)^{\zeta}c^{-\theta}$$

$$=\rho-r_t+\zeta\frac{\eta(a)'}{\eta(1-\eta)}\frac{c}{1-\theta} \tag{5-23}$$

$$\frac{\dot{\mu}_t}{\mu_t}=\frac{-\theta c^{-\theta-1}\left(\frac{1-\eta}{\eta}\right)^{\zeta}\dot{c}}{\left(\frac{1-\eta}{\eta}\right)^{\zeta}c^{-\theta}} \tag{5-24}$$

因而可得:

$$\frac{\dot{c}}{c}=\frac{1}{\theta}\left[r_t-\rho-\zeta\frac{\eta(a)'}{\eta(1-\eta)}\frac{c}{1-\theta}\right] \tag{5-25}$$

根据庄子银(2005),在平衡增长路径下,供给侧的 Y 与需求侧 c 有相同的增长率,求得经济的增长率为:

$$g=\left[(1-\alpha)\alpha^{\frac{1+\alpha}{1-\alpha}}(A_tL_y)\frac{f(T)[1+f(T)(1-\beta)]}{R}-\rho-\zeta\kappa\frac{(H+1)^2}{H}\frac{c}{1-\theta}\right]\bigg/\theta \tag{5-26}$$

(二) 进一步分析

1. 各部门之间传导的内在机理分析

上述模型采用最终产品部门—中间产品部门—创新部门—家庭部门的叙述顺序,但是内在的逻辑顺序和传导机理如图 5.6 所示。第一步,需求侧的家庭部门。根据式(5-16),随着经济增长与收入提高,家庭部门的消费需求结构升级,满足基本消费需求后居民更加倾向财富的增值,这将影响总效用函数 U。供给侧的创新部门、中间产品部门和最终产品部门将对需求结构进行适应。第二步,供给侧创新部门的核心要素企业家捕捉到需求结构升级的变化,根据市场选择倾向房地产、金融领域等财富增值的投机交易,企业家更加偏向交易性劳动 L_u,而挤出创新性劳动 L_r,使得知识生产受阻。第三步,知识生产受阻会影响知识存量,通过式(5-8)进而使得中间产品部门利润 π_t^* 受阻。第四步,供给侧最终产品部门产出 Y 下降,制约经济增长率 g 提升。各国虽然表现不同,但在收入提高后需求结构升级的阶段也出现了"脱实向虚"的情况,如前文提到的拉美多国结构性改革失败的重要原因在于,产品市场尚未改革成功就过早进行资本市场改革,从而使资本价值过高,干扰了产品市场等实体经济的发展。

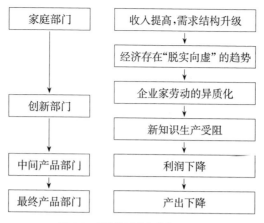

图 5.6　理论模型诠释的传导机理

2. 关键影响变量分析

从经济增长率的公式中可以看出,除了基本参数之外,经济增长的主要影响因素包括:知识存量 A、生产性劳动 L_y、"脱实向虚" T,以及消费结构 H。

(1) 知识存量对经济增长率的影响。对 A 求一阶导数,得到:

$$\frac{\partial g}{\partial A} = (1-\alpha)\alpha^{\frac{1+\alpha}{1-\alpha}}\frac{f(T)[1+f(T)(1-\beta)]}{R\theta}L_y > 0 \tag{5-27}$$

知识存量 A 与经济增长率 g 之间正相关。这与新古典模型和熊彼特创新模型的基本结论一致,即知识存量是决定经济增长的重要因素。

(2) 生产性劳动对经济增长率的影响。对 L_y 求一阶导数,得到:

$$\frac{\partial g}{\partial L_y} = (1-\alpha)\alpha^{\frac{1+\alpha}{1-\alpha}}\frac{f(T)[1+f(T)(1-\beta)]}{R\theta}A_t > 0 \tag{5-28}$$

与新古典模型、早期内生熊彼特增长模型和半内生熊彼特增长模型的研究结论相一致,经济增长率 g 会随着生产性劳动投入 L_y 的增加而增加。这意味着经济中存在规模效应(scale effect)。规模效应是指用经济中的总人口、国内生产总值、生产性劳动的数量等指标衡量的经济规模越大,经济增长越高。对此有两种基本解释:第一种,供给侧生产性劳动越多,劳动力总数越多,最终产品生产越多,中间产品的利润越高,要求从创新部门购买的新知识越多,从而创新越多,经济增长越快;第二种,经济规模越大,新产品面临的需求侧消费市场就越大,创新可以获得的利润越高,因此创新动力越大,研发投入越多,中间产品部门利润增高,最终产品部门产出增加,经济增长越高。

（3）消费需求结构对经济增长率的影响。对 H 求一阶导数，得到：

$$\frac{\partial g}{\partial H}=\frac{(H+1)(H-1)}{H^2}\frac{\zeta\kappa c}{\theta(1-\theta)}\qquad(5-29)$$

由于 $\zeta>0$，$\kappa<0$，当 $0<H<1$ 时，$\partial y/\partial H>0$，当 $H>1$ 时，$\partial y/\partial H<0$。在经济发展初期，消费需求结构的提高对经济增长产生促进作用，但随着消费需求结构的逐渐提高，消费需求结构对经济增长会产生抑制作用。总体而言，需求结构对经济增长表现出倒 U 形的影响趋势。

（4）"脱实向虚"对经济增长的影响。对 T 求一阶导数，得到：

$$\frac{\partial g}{\partial T}=(1-\alpha)\alpha^{\frac{1+\alpha}{1-\alpha}}(A_tL_{yt})\frac{f'(T)+2f(T)f'(T)(1-\beta)}{R\theta}>0\qquad(5-30)$$

从经济增长率的决定方程来看，很容易产生经济"脱实向虚"的程度越高，经济增长率越高的假象。但经济"脱实向虚"影响经济增长的深层次机制值得探索。

第一，"脱实向虚"与企业家劳动结构的配置。随着经济"脱实向虚"，创新性劳动受到的抑制作用将越来越强，创新部门的企业家劳动配置出现结构性失衡。这是企业家进行市场选择的结果：一方面，当经济"脱实向虚"程度越高时，创新型企业家创新性劳动获得的总收益越低，而套利型企业家的交易性劳动获得的总收益会先增加后减少，这意味着"脱实向虚"不利于创新型企业家的创新型活动开展；另一方面，当经济"脱实向虚"程度越高时，创新性劳动与交易性劳动获得的劳均收益越小，最终均趋向相同，但由于创新过程的成本高、风险大，创新型企业家的实际期望收益要低于套利型企业家的收益，创新性劳动仍有向交易性劳动转化的内在动力。从社会收益结构的市场引导来看，经济"脱实向虚"程度越高的时候，对企业家的创新性劳动造成的伤害越大。

第二，"脱实向虚"与政府的制度约束。经济体"脱实向虚"的程度越高时，"脱实向虚"对创新部门的创新性劳动的抑制作用越强，这将对知识生产产生阻碍，进而抑制经济增长。如果政府制定的外部约束制度较为完善，使得交易性劳动产生的套利性活动成本较高或者创新性劳动向交易性劳动转换的门槛提高，那么"脱实向虚"下的社会收益结构将得到矫正，"脱实向虚"对创新性劳动的抑制作用也会减弱。如果政府无法认知"脱实向虚"背后引发的企业家劳动异质性的危害，仅观察到经济增长提高的表象，就容易成为经济"脱实向虚"的助推者，使得创新部门的结构性失衡愈加严重。2016 年住房价格的疯涨，则是消化过剩产能短期利益诉求下，只注重 GDP 而忽视

"脱实向虚"传导危害的直接后果,因此,解决当前阶段供给侧产品市场的结构性困境不是简单放松政府的作用,亟须在科学理解传导机理的基础上正确发挥政府的作用。

三、实证分析

根据上文设计的供给侧结构性改革理论框架以及理论推导的主要结论,本部分采用中国 31 个省份 1993—2015 年的面板数据,建立交叉效应模型,对需求结构变化—"脱实向虚"—企业家劳动配置—知识生产—供给侧增长的内在传导机理进行实证检验。

(一) 实证模型设定

以经济增长为被解释变量,并引入物质资本存量,考察需求结构变化下"脱实向虚"影响供给侧增长的内在机理,建立交叉效应模型如下[①]:

$$\Delta Y_{it} = \alpha_0 + A_{it} + K_{it} + L_{y_{it}} + H_{it} + T_{it} + H_{it} \times T_{it} + H_{it} \times T_{it} \times A_{it} + \varepsilon_{it}$$

其中,i 表示省份,t 表示年份。ΔY 表示经济增长,A 表示知识资本存量,K 表示物质资本存量,L_y 表示最终产品部门的生产性劳动投入,H 表示消费需求结构,T 表示经济"脱实向虚"的程度。在理论分析的基础上,上述回归模型的交叉项体现了重要的思想:消费需求结构变化影响"脱实向虚",进而影响知识存量,影响供给侧的经济增长。

(二) 变量选取与数据说明

本节选取 31 个省份作为研究样本,数据时间选择在 1993—2015 年。在时间的选择上有两个重要节点:第一,以 1993 年为研究起点,原因在于,1992 年的邓小平"南方谈话"开启了改革开放的新篇章,中国正式开始采用需求侧管理政策[②],且逐渐开始进入到以满足基本消费需求为主的高速增长阶段。第二,以 2010 年为时间序列分界点,2010 年开始我国经济增速开始下滑,且 2010 年之后基本消费品的需求收入弹性开始下降到 0.5 以下(详见图 5.3 和图 5.4),基本消费需求逐渐饱和,需求结构显著升级。

经济增长。以人均实际 GDP 的变化量 ΔY_{it} 来表示经济增长(Spilimbergo

---

① 结构式回归模型中的各个变量是由严格推导后的理论模型中影响经济增长的各个变量发展而来,是对经典索洛模型的发展,不存在内生性问题,特此注明。

② 纪念改革开放 40 周年系列选题研究中心.重点领域改革节点研判:供给侧与需求侧[J].改革,2016(1).这篇文章提出:1992—2012 年 20 年间,中国的宏观调控主要以凯恩斯主义的需求管理为主。

and Che，2012），数据来源于各省份统计年鉴。

知识资本存量。以各省份的专利申请量通过永续盘存法计算得到（严成樑，2012），数据来源于《中国科技统计年鉴》。知识同物质一样，同样是一种资本，知识资本存量是知识生产的主要决定因素之一。通常认为，知识资本的年均折旧率高于物质资本。在知识资本的年均折旧率的选择上，已有研究主要取值 12%（Fischer et al.，2009）、15%（Mancusi et al.，2008）或 19%（Hollanders and Weel，2004）。本节采取最新印证的观点，以 15% 作为知识存量的年折旧率（Kang and Dall'Erba，2015）。此外，在知识的衡量指标上，采取专利申请量而不是专利授权量作为知识衡量的标准，主要是按照国际惯例，专利授权过程可能受到强烈外部干预（国家意志以及寻租等），而专利申请过程能更好地体现新知识的产生与知识积累。

物质资本存量。数据来源于中国人力资本与劳动经济研究中心，采用由经合组织、美国劳工统计局和澳大利亚统计局提出的最新方法测算得到（Holzand and SUN，2018）。

最终产品生产部门的劳动投入。通过从业人员数减 R&D 人员数计算得到（严成樑，2012）。其中 R&D 人员数代表创新性劳动投入 L_r，以研究与发展人员全时当量①表示。非全时 R&D 人员也进行生产性劳动，并进行 R&D 活动的兼职，因此以从业人员数减去 R&D 人员数计算得到最终产品生产部门的劳动投入 L_y。

消费需求结构。选取农村居民家庭恩格尔系数来衡量基本需求系数 η，数据来源于各省份统计年鉴，进而得到农村居民家庭的消费需求结构 H。此处的消费需求结构为非基本消费与基本消费的比值，因此基本需求系数越低，代表需求结构越高 $[H=D_2/D_1=(1-\eta)/\eta]$。

经济"脱实向虚"水平 T，反映经济"脱实向虚"程度的指标较多，如民间固定资产投资的下滑、个人房贷的暴涨、保险资本的运作等等。但中国的实践显示，服务业中的房地产市场和金融市场极易形成经济泡沫，吸引大量资源进入，削弱创新发展的能力，甚至导致金融和经济大幅波动（刘世锦，2016），因此本节根据中国"脱实向虚"的实践，选用金融与房地产数据，采用房地产业与金融业增加值占 GDP 的比重作为衡量经济"脱实向虚"程度的指标。表 5.1 展示了变量的定义性描述与统计特性。

---

① 全年从事 R&D 活动累积工作时间占全部工作时间的 90% 及以上人员工作量与非全时人员按实际工作时间折算的工作量之和。

表 5.1　主要变量的描述性统计

变量	变量解释	均　值	标准差	观测值
ΔY	人均实际 GDP 的变化量(元)	449.85	387.46	713
A	知识资本存量(万件)	7.43	18.20	713
K	物质资本存量(千亿元)	6.08	8.25	713
L_y	生产性劳动投入(千万人)	2.29	1.60	713
H	消费需求结构(单位 1)	1.19	0.46	713
T	"脱实向虚"水平(%)	8.14	3.42	712

（三）模型回归结果

以 2010 年为分界点,采用个体固定效应,进行分时段回归分析,结果如表 5.2.1—5.2.3 所示。

列(1)、(7)、(13)是纳入知识资本存量、物质资本存量、生产性劳动三个变量的基本模型。从模型结果来看,无论是全时段还是分时段回归,知识资本存量、物质资本存量、生产性劳动对经济增长都存在显著的正向影响,这符合理论模型的基本推断。

列(2)、(8)、(14)在基本模型的基础上引入居民消费结构 H。模型(2)消费结构的系数为 336.96,且在 1% 的水平上显著,这表明从 1993—2015 年的时间跨度来看,消费结构的升级对经济增长产生了显著的正向影响。从分时段回归估计结果来看,列(8)消费结构的系数为 314.63,且在 1% 的水平上显著,这表明 1993—2010 年期间消费结构的升级对经济增长的作用是正向的。列(14)消费结构的系数为 - 130.22,且在 1% 的水平上显著,这表明 2011—2015 年期间消费结构的提高对经济增长产生了负向影响。列(8)、(14)的实证对比证明了:经济增长进入中等收入阶段后,随着消费需求结构的进一步提高,消费需求结构对经济增长会产生抑制作用,这与我国 2010 年后经济增速下降,进入经济新常态十分吻合。

列(3)、(9)、(15)是在基本模型的基础上引入经济"脱实向虚"水平 T。列(3)脱实向虚的系数为 31.78,且在 1% 的水平上显著,这表明从 1993—2015 年的时间跨度来看,"脱实向虚"对经济增长产生了显著的正向影响。从分时段回归估计结果来看,列(9)"脱实向虚"的系数为 10.75,且在 10% 的水平上显著,这表明 1993—2010 年期间适度的"脱实向虚"对经济增长的作用是正向的。列(15)"脱实向虚"的系数为 - 19.37,且在 1% 的水平上显著,这表明 2011—2015 年期间"脱实向虚"对经济增长产生了显著的负向影响。列(9)、(15)的实证结果对比证明了:在基本需求满足的过程中,适度的经济过热有助于经济增长,而当从基本需求开始转向非基本需求时,"脱实向虚"

引发的结构性失衡对经济增长不利。

列(4)、(10)、(16)是在基本模型的基础上同时引入了消费需求结构与经济"脱实向虚"两个变量。从 1993—2015 年的时间跨度来看,需求结构升级与"脱实向虚"都对经济增长产生了显著的正向影响,需求结构的系数为337.71,"脱实向虚"的系数为 18.26。从分时段回归估计结果来看,在经济增长初期(1993—2010 年),消费需求结构升级与适度的经济过热("脱实向虚")有助于经济增长,相关系数分别为 320.89、8.46。而当经济增长进入中等收入阶段后(2011—2015 年),"脱实向虚"对经济增长存在显著负向影响,回归系数为 −23.92。消费需求结构对经济增长的回归系数并不显著。

列(5)、(11)、(17)是在引入消费需求结构与"脱实向虚"的基础上,重点考虑交叉项 $H \times T$,聚焦消费结构与经济"脱实向虚"的交互作用对经济增长的影响。无论是全时段回归,还是分时段回归,消费需求结构与经济"脱实向虚"的交互项的系数均为负数,但只有全时段和 1993—2010 年分段的回归结果显著,说明由需求结构升级所引致的"脱实向虚"会对经济增长产生显著的抑制作用。2011—2015 年分段的回归结果并不显著,交叉项对经济增长不产生影响。

列(6)、(12)、(18)进一步引入消费结构、"脱实向虚"与知识存量的交叉项,重点考虑交叉项 $H \times T \times A$ 的系数,聚焦消费需求结构升级、经济"脱实向虚"、知识生产的交互效应对经济增长产生影响的深层机制。从全时段回归结果来看,消费结构、"脱实向虚"与知识存量三者的交互作用对经济增长有显著的正向影响。从分时段回归估计结果来看,在 2010 年之前,需求结构较低且以基本需求为主时,适度的经济过热促进了知识生产进而促进了经济增长(即交叉项系数为正)。在 2010 年之后,需求结构较高且以非基本需求为主时,经济的过度虚体化抑制了知识生产进而抑制了经济增长(即交叉项系数为负)。

自改革开放以来,1992—1994 年、2002—2004 年等不同年份中国也曾出现过周期性的经济过热,表现为开发区热、股票热、集资热、原材料热等,都在不同程度上影响了实体经济的发展。但是由于基本需求占主导,在政府需求侧管理政策下经济恢复平稳。然而随着中国逐渐进入中等收入阶段,基本需求饱和,非基本需求开始膨胀。近年来我国采用与 2008 年 4 万亿和 2009 年10 万亿同样的需求刺激力度,经济增速回升很少且持续时间很短,甚至 2016年投资后 GDP 增速没有升反而降(吴敬琏,2016)[1],因此,随着需求结构升

---

① 《4 万亿后刺激力度并没减　但效果很差》,2016 年 5 月 29 日,吴敬琏于金融街论坛。

级后"脱实向虚"这一结构性问题的凸显,从供给侧进行深层结构性改革势在必行。

表 5.2.1　分时段回归结果一(1993—2015 年 ΔY)[①]

	(1)	(2)	(3)	(4)	(5)	(6)
A	3.49***	2.53***	1.38*	1.58**	2.65***	181.63***
	(0.84)	(0.72)	(0.86)	(0.76)	(0.77)	(18.01)
K	29.92***	26.72***	30.80***	25.67***	25.40***	15.09***
	(4.09)	(3.71)	(3.81)	(3.57)	(3.48)	(3.78)
L_y	261.13***	92.95***	251.11***	91.41***	77.32**	38.45*
	(26.36)	(25.11)	(25.73)	(20.03)	(25.07)	(25.53)
H		336.96***		337.71***	552.21***	492.50***
		(19.54)		(19.76)	(44.65)	(48.38)
T			31.78***	18.26***	57.08***	48.77***
			(3.38)	(3.38)	(8.03)	(8.59)
$H \times T$					−26.93***	−16.62***
					(5.07)	(5.73)
$T \times A$						−13.66***
						(1.46)
$H \times A$						−79.08***
						(12.99)
$H \times T \times A$						6.05***
						(0.70)
常数项	−201.00	−319.65***	−420.61***	−455.63***	−732.77***	−649.80***
	(55.58)	(52.96)	(56.80)	(58.18)	(78.87)	(79.71)
R^2	0.69	0.77	0.72	0.77	0.78	0.81

注:括号内的值为标准差, * 、 ** 、 *** 分别表示在 10%、5%和 1%的水平上显著。下同。

表 5.2.2　分时段回归结果二(1993—2010 年 ΔY)

	(7)	(8)	(9)	(10)	(11)	(12)
A	11.84***	10.01***	10.13***	8.98***	11.03***	385.86***
	(2.31)	(1.95)	(2.41)	(2.06)	(2.07)	(32.96)
K	61.95***	45.63***	61.70***	45.75***	43.12***	20.15***
	(5.62)	(6.49)	(5.48)	(6.45)	(6.37)	(6.61)
L_y	138.33***	−8.76	154.16***	−5.15	−20.51	−3.04
	(27.19)	(31.55)	(27.62)	(31.43)	(31.34)	(26.24)

---

①　交叉效应模型中各解释变量之间的线性关系(多重共线性)是一个较为突出的问题。此处的研究结果中各回归方程的拟合优度均很高,部分已达到 99%以上,回归系数估计量的 t 统计量的值也普遍很高,且经测算解释变量间的简单相关系数均低于 0.8,因此可以认为各回归方程不存在多重共线性。

续表

	(7)	(8)	(9)	(10)	(11)	(12)
H		314.63***		320.89***	510.49***	353.00***
		(20.65)		(20.97)	(49.88)	(54.34)
T			10.75*	8.46**	44.00***	33.39***
			(4.36)	(4.13)	(9.63)	(10.19)
$H\times T$					−24.38***	−3.65
					(6.03)	(7.23)
$T\times A$						−31.49***
						(3.35)
$H\times A$						−162.76***
						(17.03)
$H\times T\times A$						13.73***
						(1.73)
常数项	−21.78	−130.32**	−132.99*	−208.71	−451.74***	−462.73***
	(55.99)	(60.87)	(70.31)	(71.05)	(92.49)	(32.97)
R^2	0.72	0.76	0.72	0.76	0.76	0.84

表 5.2.3　分时段回归结果三(2011—2015 年 ΔY)

	(13)	(14)	(15)	(16)	(17)	(18)
A	1.97***	2.70***	2.06***	2.51***	1.65***	−38.67***
	(0.52)	(0.67)	(0.49)	(0.70)	(0.46)	(14.67)
K	8.04**	7.08	11.77***	10.41*	12.20***	24.21***
	(3.56)	(5.67)	(3.61)	(5.46)	(4.99)	(4.97)
L_y	64.01***	24.89	59.61***	46.14*	43.39***	36.95*
	(23.57)	(28.15)	(18.49)	(26.28)	(19.09)	(23.33)
H		−130.22***		−21.00	21.22	175.59*
		(20.06)		(32.45)	(132.90)	(102.04)
T			−19.37***	−23.92***	27.53*	9.60
			(4.00)	(4.86)	(15.41)	(16.51)
$H\times T$					−28.23	−24.90***
					(9.56)	(8.23)
$T\times A$						2.91**
						(1.18)
$H\times A$						11.57*
						(6.89)
$H\times T\times A$						−0.85*
						(0.55)
常数项	547.91***	886.88***	728.67***	854.76***	762.27***	661.83***
	(58.88)	(64.72)	(60.87)	(86.02)	(232.32)	(196.01)
R^2	0.99	0.99	0.99	0.98	0.99	0.99

（四）稳健性检验

前文考虑的分时段研究,只观察以农村需求为标尺的需求结构升级对经济增长的影响,因为农村需求结构是下界,变动更为明显,而没有考虑城市的需求结构对经济增长的影响。本部分利用城镇居民家庭恩格尔系数计算的消费需求结构来替代以农村居民家庭恩格尔系数计算的消费需求结构,对关键结果进行稳健性检验。在用城镇需求结构替代农村需求结构后,采用个体固定效应,进行分时段回归,结果如表 5.3 所示。

表 5.3　稳健性检验结果

	1993—2015 年 ΔY			1993—2010 年 ΔY			2011—2015 年 ΔY		
	(19)	(20)	(21)	(22)	(23)	(24)	(25)	(26)	(27)
A	2.44***	3.15***	139.70***	9.64***	10.22***	185.25***	2.59***	2.71***	−5.74
	(0.72)	(0.77)	(13.26)	(2.00)	(2.12)	(16.55)	(0.65)	(0.68)	(10.20)
K	20.90***	19.16***	14.55***	43.69***	40.94***	10.66*	7.99***	10.75***	21.67***
	(3.82)	(3.75)	(3.70)	(6.29)	(6.45)	(6.37)	(3.93)	(5.35)	(5.26)
L_y	64.05***	55.22***	−3.95	−39.76	−41.29	−57.20**	23.19	43.01**	35.73*
	(21.04)	(21.68)	(20.20)	(24.22)	(24.89)	(22.95)	(21.13)	(19.61)	(19.74)
H'	401.59***	581.41***	610.75***	432.20***	594.41***	426.19***	−130.0**	182.44***	141.44*
	(13.74)	(33.13)	(37.69)	(16.42)	(38.16)	(43.87)	(18.36)	(69.20)	(79.74)
T		33.30***	38.14***		28.67***	15.50***		1.77	−10.45
		(5.17)	(5.60)		(5.21)	(5.49)		(14.98)	(19.21)
$H' \times T$		−23.80***	−25.58***		−20.84***	1.69		−22.27***	−18.14*
		(3.78)	(4.43)		(4.65)	(5.64)		(7.70)	(9.23)
$T \times A$			−10.08***			−13.51***			0.32
			(1.08)			(1.48)			(0.79)
$H' \times A$			−71.49***			−72.18***			−0.98
			(7.07)			(10.12)			(5.55)
$H' \times T \times A$			5.34***			5.42***			0.18
			(0.59)			(0.87)			(0.44)
常数项	−205.5***	−429.5***	−397.1***	−65.73	−275.0***	−185.5***	854.18***	608.69***	756.99***
	(41.77)	(56.50)	(57.04)	(45.50)	(58.69)	(57.69)	(53.84)	(134.30)	(169.06)
R^2	0.84	0.84	0.86	0.77	0.84	0.88	0.99	0.99	0.99

通过对比表 5.2.1—5.2.2 和表 5.3 的结果,系数的符号基本都保持一致,并且系数大小也并没有出现较大的波动。这说明,回归分析结果是稳健的。

（五）进一步分析

"脱实向虚"并不可怕,但是"脱实向虚"引发创新部门企业家劳动结构的配置失衡进而影响知识增长,才是问题的症结。我们认为"脱实向虚"影响知识增长的传导机理是:经济"脱实向虚"程度 T 减少了创新性劳动投入 L_r[①],

---

① 前文理论部分提到 L_r 与 L_u 之间存在替代关系,而 L_u 实际中难以测度,因此此处重点验证"脱实向虚"通过 L_r 影响知识生产的传导机理。

引发企业家劳动的异质性并进一步导致知识的生产受阻，最终导致经济增长减缓。为验证这一逻辑的正确性，本节进一步建立交叉效应模型如下[①]：

$$\Delta A_{it}=\alpha_0+\alpha_1 A_{it}+\alpha_2 Kr_{it}+\alpha_3 Lr_{it}+\alpha_4 T_{it}+\alpha_5 T_{it}\times Lr_{it}+\varepsilon_{it}$$

其中，知识增长 ΔA_{it} 通过各省份年度专利申请量计算得到，研发部门的资本投入 K_r 用 R&D 内部经费支出通过永续盘存法计算得到。采用个体固定效应模型，分时段回归估计结果如表 5.4 所示。

表 5.4　进一步估计结果

	1993—2015 年 ΔA			1993—2010 年 ΔA			2011—2015 年 ΔA		
	(28)	(29)	(30)	(31)	(32)	(33)	(34)	(35)	(36)
A	0.39***	0.39***	0.39***	0.79***	0.79***	0.88***	−2.21***	−1.86***	−2.05***
	(0.05)	(0.05)	(0.05)	(0.05)	(0.05)	(0.08)	(0.35)	(0.32)	(0.32)
K_r	1.08***	0.94***	1.07***	0.93***	0.92***	1.66***	16.66***	14.25***	18.25***
	(0.27)	(0.30)	(0.31)	(0.24)	(0.24)	(0.36)	(2.45)	(2.31)	(2.60)
L_r	0.97	1.21	5.81*	0.12	0.15	6.52	−70.34	−31.35	93.24
	(1.55)	(1.82)	(3.31)	(0.28)	(0.30)	(9.94)	(78.28)	(80.15)	(89.37)
T		0.09**	0.12***		0.01*	0.03		−0.43**	−0.07
		(0.04)	(0.05)		(0.00)	(0.02)		(0.20)	(0.09)
$T\times L_r$			−0.83*			−2.51***			−18.73***
			(0.49)			(1.00)			(7.11)
常数项	0.47**	−0.20	−0.27	−0.36***	−0.37***	−0.36	−21.13***	19.79***	19.65***
	(0.20)	(0.39)	(0.39)	(0.11)	(0.12)	(0.24)	(6.44)	(6.84)	(6.52)
R^2	0.65	0.62	0.62	0.76	0.76	0.78	0.85	0.72	0.82

列(28)、(31)、(34)是基本的知识增长模型。列(29)、(32)、(35)在基本模型的基础上引入"脱实向虚"。列(29)"脱实向虚"的系数为 0.09，且在 5% 的水平上显著，这表明从 1993—2015 年全时段来看，经济"脱实向虚"对知识增长有显著的促进作用。一个合理的解释为：在这一期间，"脱实向虚"促进创新部门的资金融通对知识生产的积极作用，大于"脱实向虚"减弱创新性劳动对知识生产的抑制作用。从分时段回归估计结果来看，列(32)"脱实向虚"的系数为 0.01，且在 10% 的水平上显著。这表明 1993—2010 年期间适度的"脱实向虚"对知识增长的作用是正向的。列(35)"脱实向虚"的系数为

[①]　参考罗默(Romer, 1990)，格罗斯曼和赫尔普曼(Grossman and Helpman, 1991)以及阿吉翁和豪伊特(Aghion and Howitt, 1998)等人建立的研发与增长模型的一个简化形式，假定新知识的生产取决于用于研究的资本和创新性劳动的数量以及技术水平，$\dot{A}=BK_r^{\beta}L_r^{\gamma}A^{\varphi}$，其中，$B$ 为转换参数，$B>0$，K_r 是用于创新部门的资本，L_r 是用于创新部门的研发劳动，β、γ、φ 为参数，$\beta\geq0$，$\gamma\geq0$，$\varphi\geq0$。

—0.43,且在 5％的水平上显著。这表明 2011—2015 年期间"脱实向虚"对知识增长产生了显著的负向影响。列(32)、(35)的实证结果对比证明了：在基本需求满足的过程中,适度的经济过热有助于知识增长,而当基本需求开始转向非基本需求时,"脱实向虚"引发的结构性失衡对知识增长不利。

列(30)、(33)、(36)进一步引入"脱实向虚"与创新性劳动的交叉项,重点考虑交叉项 $T \times L_r$ 的系数,聚焦"脱实向虚"与创新性劳动的交互效应对知识增长产生影响的深层机制。无论是全时段回归结果,还是分时段回归结果,"脱实向虚"与创新性劳动的交互项均为负值,但 2011—2015 年回归系数明显强于 1993—2010 年回归系数。其内在含义是："脱实向虚"与创新性劳动的交互效应会对知识增长产生显著的抑制作用,"脱实向虚"的程度越高,抑制创新性劳动促进经济增长的作用越强。

进一步分析的实证结果反映了本章的一个核心观点：经济"脱实向虚"并不一定会抑制知识增长,知识增长受到抑制的内在逻辑在于经济"脱实向虚"会抑制企业家投向创新性劳动,加剧企业家劳动配置结构的异质性,从而制约知识增长,进而阻碍经济增长。

第三节 结论与讨论

过去 20 年,面对传统的周期性经济过热,我国政府已经熟悉利用需求侧政策进行调控,然而面对新的时代条件,如何有效践行供给侧结构性改革这一新的战略转型命题,亟须中国特色社会主义经济学理论与实证研究的充分支撑。本章以多部门熊彼特增长模型为基础,纳入需求结构内生、产品部门优先、经济增长导向三大假设,从理论与实证角度系统论证现阶段中国供给侧结构性改革与西方结构性改革相比的特殊性。研究表明,现阶段中国供给侧结构性改革在形成动力、实施重点与政策改革上均不同于西方结构性改革,其根本在于根植于中国国情的特殊传导机理。

第一,与西方滞胀等经济危机的背景所展现的危机引致和周期性特征本质不同,中国式产能过剩现象的背后是需求结构的转型升级。这使得中国结构性改革的供给侧形成动力存在明显的特殊性。当处于基本需求为主时,中国供给侧以释放生产性劳动、资本、知识存量的生产力为主;而处于非基本需求为主以后,"脱实向虚"的负面影响明显增强,亟须优先进行结构性改革,才能使经济恢复正常轨道。正因如此,当前供给侧结构性改革中金融等"脱实向虚"的高风险部门成为管控重点。如果能够理解"脱实向虚"的趋势是这一阶段需求结构升级的必然结果，那么面临供需不均衡之后的产能过剩就不应将容易推动"脱实向虚"的土地和住房等资产或财富作为消化手段，而应该重点考虑如何推动实体经济的发展。

第二，与西方相比的体制特殊不能有效解释中国当前供给侧结构性改革的科学要义。不管是中国的社会主义体制还是西方的资本主义体制，当遇到深层经济结构性问题时都需要采取结构性改革政策。当前阶段的关键结构性问题是"脱实向虚"带来的产品市场内部企业家劳动结构的配置失衡。这一结构性困境的形成具有明显的阶段特征，传导机理为：基本消费需求满足后，居民更倾向于财富增值等非基本需求，需求结构的升级使这一阶段经济存在"脱实向虚"的可能性——产品市场的企业家认知到这一变化，根据市场选择，开始偏向基于交易性劳动的套利活动，减少基于创新性劳动的创新活动，企业家劳动结构呈现异质性——产品市场中创新部门的知识生产受阻——制约供给侧的经济增长提升。只有优先解决"脱实向虚"这一问题，才能推动产品市场的价值恢复。

第三，西方供给学派中的减税等措施不是中国供给侧结构性改革的政策内涵，而且中国供给侧结构性改革也不能单纯仿效西方进行金融等领域的管制放松和自由化。从本章的分析来看，需求结构的自然升级就蕴含着"脱实向虚"的趋势，而企业家在捕捉到需求结构变化后进行的市场选择加剧了"脱实向虚"的结构性困境，因此"脱实向虚"的形成和加剧本身就是市场演进的结果。在结构性问题凸显且制度不完善的双重条件下，减税、放松监管和自由化不仅不能解决"脱实向虚"引发的企业家劳动结构的配置失衡，而且会带来"脱实向虚"的恶化。当前阶段，面对"脱实向虚"引发的创新部门的结构性困境，主导性政策方向应明确政府与市场的作用边界：(1)发挥政府之手，重点在"控制与打压套利型企业家，增加企业家投向交易性劳动的成本，提高创新性劳动向交易性劳动转化的门槛"上加强制度约束。此时围绕产品市场打压与控制套利型企业家的需要，应强调金融、外汇、贸易、劳动力等多部门的配合与联动。(2)发挥市场之手，充分调动创新型企业家的研发创新活动，释放创新性劳动的活力。2017年9月25日，我国出台了《中共中央　国务院关于营造企业家健康成长环境弘扬企业家精神更好发挥企业家作用的意见》正是对此的有力呼应与切实引导。

第六章 特殊性的进一步实证：
房地产部门的优先调整[①]

通过上一章的分析可知供给侧结构性改革的特殊之处在于结构性问题的作用机理特殊。只有优先解决住房市场引发的结构性困境，才能保障供给侧商品市场的持续健康增长。如果住房市场需要在供给侧结构性改革中优先改革，那么住房供给侧结构性改革到底应该怎么办？本部分通过市场均衡分析指出，在现有住房绑架国民经济的逻辑下，所形成的以盯住价格为主的政府双侧应急式调控、从供给侧放松土地供应和从需求侧尽快推出房产税三种方案将会分别引致住房市场"量减价滞、量价齐增、量价齐跌"的局面，只有将盯住价格的住房绑架国民经济的思路转为盯住属性的住房迷惑国民经济的思路才能从根本上破解困境，形成住房供给侧结构性改革的长效机制。

第一节 住房在供给侧结构性改革中的重要地位

党中央提出供给侧结构性改革的实践背景和直接动因是中国式产能过剩。这一轮产能过剩与 1998 年产能过剩相比，一个显著的差别在于：产能过剩的品类不是纺织等用于基本消费的普通商品，而是与房地产等大宗耐用消费品相关的上下游产品。因此，与西方供给侧结构性改革主流框架中（Antonio and Che，2012）针对普通商品市场，侧重金融、贸易、外汇和劳动力领域的管制放松和自由化不同，中国现阶段，住房调控在供给侧结构性改革中的意义与以往阶段相比更为突出（周密和刘秉镰，2017）。这不仅是推动供给侧结构性改革的首要任务[②]，也是保障国民经济健康发展的必然选择。

[①] 本章是在"Mizhou Yurong Qiao Jiahong Guo. Separating the consumption and investment demands for housing：evidence from urban China Heliyon, 2023, 9(10)：1−10"基础上修改完善而成。

[②] 关于为何住房市场是供给侧结构性改革的首要任务，作者在《供给侧结构性改革为什么是必由之路——中国式产能过剩的经济学解释》一文中从理论上进行了详细分析。基本思想（转下页）

随着房价的持续攀升,中央政府加大了对住房市场的调控,但调控难度不断增大。在"如何调控"这一问题上,政府面临三重困境:(1)如果房价上涨过快,将不利于国民经济持续健康发展,必须抑制房价上涨,如中央政府通过121号文件、新旧国八条、国十一条等多项文件进行调控,但调控效果不佳(况伟大,2016)。(2)如果抑制过猛,使得房价下跌过快,可能引发居民房贷和企业抵押双重风险,增大经济衰退的概率。美国2008年的次贷危机、日本1990年房产泡沫破裂都是前车之鉴。(3)如果房价悬停,将会呈现以牺牲成交量为特征的"量降价滞"的僵局(易宪容,2012),使得地方财政、市政建设等问题凸显,进一步加剧产能过剩。

在三重困境面前,部分学者将问题归咎于住房绑架国民经济(靳涛和陈雯,2009),认为高房价挤占居民消费并加大社会贫富分化(杭斌和闫新华,2013),降低工业企业利润(黄少安等,2012),造成资源配置扭曲,对经济增长产生消极影响(Miao and Wang, 2014),必须打压房地产,不能将住房作为支柱产业(昌忠泽,2010)。进一步研究认为,住房绑架国民经济背后的原因是政府的过度干预(邵新建等,2012)。

这种解释有一定现实基础,但如果将住房市场困境简单描述为绑架国民经济,就无法理解:为什么住房曾经作为重要支柱在经济中发挥显著的促进作用,而现在就成了"万恶之源"? 在1950—2000年的50年中,美国房地产业一直占GDP的20%[①];1987—2013年,中国房地产固定资本形成总额对支出法GDP的贡献率为53.4%(许宪春等,2015)。如果将住房对国民经济的绑架归结为政府过度干预,则很难解释:为何过去10年,西方市场化国家也出现了住房价格的普遍上涨[②]? 以市场化调节为主的日本和美国都发生了住房泡沫破灭? 如果将问题归咎于政府过度干预,进而归咎于制度性或政策性失误,那么中国的住房市场究竟应该构建何种制度? 应该依据什么标准、从哪些环节进行松绑? 通过借鉴西方经验,在土地供应、交易管理等方面进行管制放松,从而建立以盯住价格为主的市场化制度能够解决中国面临的三重困境吗?

当前中国住房市场顽疾的解决正在陷入"支柱论"与"绑架论"的分化与

(接上页):中国式产能过剩不是简单的周期性过剩,而是需求出现阶段性结构变化之后的饱和需求式过剩。这种阶段性结构变化也不是单一商品市场的变化,而是商品市场的消费需求结构变化叠加住房市场的需求属性结构变化的综合结果,具有典型的中国本土特色。应从发展阶段转变背景下宏观调控体系转向和重构上理解供给侧结构性改革,将住房市场作为重构宏观调控体系的起点。本章将延续这一思路,继续探究如何首先对住房市场进行改革。

① 北京锡恩企业管理顾问:美国行业演变规律下的中国房地产行业特点与规律,2011年。

② 瑞典的住房繁荣从1997—2007年持续11年,房价上涨67%。法国上涨了50%,同样的趋势发生在西班牙和英国。其他国家房价上涨的程度大体保持在22%~67%之间,持续约3~11年。

争论之中。总体而言,如果放大住房对经济增长的促进作用,将无法正视住房价格高涨下的经济风险,不利于住房市场的可持续发展;但如果侧重住房绑架国民经济的一面,则又不利于现阶段的经济快速增长。由于缺乏契合中国现实国情且符合长期增长目标的系统理论与实证分析,借鉴西方市场化经验的理论研究明显"水土不服",难以有效指导实践,这使得实践只能根据经验判断和短期利益诉求进行频繁的应急操作[①],从而不断累积市场风险。在2016年12月中央经济工作会议上,习近平总书记提出,要坚持"房子是用来住的,不是用来炒的"的定位,明确了住房改革的方向。本章尝试遵循这一方向,切换思考问题的角度,从中国现实国情出发,综合运用市场均衡分析和多层次线性模型等方法,对以盯住价格为主的住房绑架国民经济和以盯住双重属性为主的住房迷惑国民经济两种方案进行理论和实证比较,提出:科学发挥政府之手的作用,由"盯住价格为主的模糊应急调控"转向"盯住属性为主的精准长效调控"这一系统性制度设计,尝试提供中国特色社会主义的住房市场长效机制研究。

第二节　住房市场的研究综述

一、西方住房研究的基本脉络

西方早期的研究,重点关注住房作为消费品对经济增长的作用。在最早将住房纳入宏观经济增长的模型中,其基本建模思想是:住房是一种重要的消费品,居民可以在普通商品和住房商品上进行时间支出(Benhabib et al.,1991)。此后住房作为生产和投资的功能开始日益重要,住房是一种固定资产,购置房屋使资产额度提高。格林伍德等(Greenwood et al.,1995)考虑住房投资与商业投资的差异,解释产出变化与住房投资之间的相关关系。

此后,研究者观察到住房投资的波动是非住房投资波动的2倍之多,住房波动与宏观经济波动之间的关系开始受到关注,并沿着三大方向推进:第一,研究房地产在外界波动下发生变动,并对经济再次构成冲击的机理与过程。如考虑利率、偏好、技术、人力资本等不同外部冲击下,住房生产或投资对宏观经济波动的影响(Greenwood and Hercowitz,1991)。第二,结构性变

---

① 比如最新这一轮的住房市场调控就十分频繁:从为解决中国式产能过剩进行的2016年"930"放松调控,到遏制大中型城市房价疯涨的2017年"312"从严调控,调控时间间隔越来越短。如果缺乏系统理论指导,依据实践经验进行这种频繁的调控,将使实践执行层面越来越难以把握方向,积累的风险也越来越大。

化下住房与宏观经济之间的互动关系(Yunus,2015)。第三,房价波动对经济波动的影响(Agnello and Schuknecht,2010)。

随着房价的大幅波动(Agnello and Schuknecht,2010),探讨住房价格受哪些因素影响开始成为重要的议题。传统观点认为,房价波动是由宏观政策操作的偏差引发(Mcquinn and O'Reilly,2008)。近年来的研究认为,在国家和区域层面,房价受到经济周期等因素的强影响,如 GDP、收入增长、通货膨胀、就业率等(Wit et al.,2013)。此外,住房特征、旅行行为、自我选择、住房需求、位置偏好等住房区位选择(Ibrahim,2017),住房自住与租赁选择行为(奥沙利文,2015)等也成为重要的影响因素。2008 年美国金融危机之后,关于房价的脆弱性与借贷性融资、货币超发、投机、预期、转手率、信用等的关系研究成为热点问题(Yin-Hsuen,2017;Iacoviello and Neri,2010;Timothy,2017;Haughwout et al.,2011)。

二、中国住房研究的重点

1. 为何调控

中国政府对住房市场的调控,与住房对国民经济的影响以及住房在国民经济中承载的功能高度相关。1998 年面对亚洲金融危机,为拉动经济增长,我国不得不将原来面向出口的刺激政策转为面向内需的刺激政策。为此,党政机关停止实行 40 多年的实物分配福利房的做法,逐步推动住房分配货币化改革(国务院,1998)[①],宏观调控开始将住房作为支柱产业,大力促进(国务院,2003)[②]。这一阶段,学者主要从影响水平(王国军和刘水杏,2004)、影响时间(梁云芳,2006)、影响程度(黄静和屠梅曾,2009)、影响范围(国家统计局综合司课题组,2005)等多种角度研究住房对经济增长的积极作用。

如果住房的积极作用如此显著,为何近年来我国政府进行了多轮以抑制发展为主基调的严厉调控呢? 这主要与房价快速上涨引起宏观经济波动并进而绑架国民经济有关:(1)当前住房市场已经呈现"没有买房的人不满意,剩下的都满意"(刘世锦,2017)的尴尬局面。没有购房的民众,急切希望房价能够降低;多套住房的拥有者希望房价继续上涨;1～2 套住房的保有者则认为涨跌皆可。对于一套房的居民,在这一轮上涨过程中其实也是受害者,因为改善成本远远大于增值收益(陈天诚,2019)。住房已经成为事关民生的大事,亟须科学调控。(2)房价上涨带动的 GDP 增长(梁云芳等,2006)、地方财

---

① 《国务院关于进一步深化城镇住房制度改革加快住房建设的通知》(国发〔1998〕23 号)正式印发,启动了住房市场。

② 2003 年 8 月,国务院 18 号文件明确将房地产作为支柱产业。

政拉升(李郇等,2013)和金融资产扩张(王庆芳,2015)等正向作用不断强化,使得一方面,地方政府通过控制土地供给、拉高住房需求等手段推高房价,从而获得土地出让金、GDP增长和政治晋升机会(聂辉华和李翘楚,2016);另一方面,企业投资领域中占GDP约1/4的资金没有直接进入后续生产领域,而是参与了财富再分配(陈勇,2012),并限制创新的资金支持(王文春和荣昭,2014)且挤占个人消费(肖作平和尹林辉,2014);此外,金融机构约45%的新增贷款进入个人住房按揭贷款,更多资金拐个弯流入房地产项目。如果任由住房按照市场方式发展,对"脱实向虚"的局面不加调控的话,中国经济风险将日益积累。

2. 调控什么

中央政府一直将房价作为宏观调控的重点(况伟大,2016),然而是调控房价的水平还是房价的增速,理论界却存在争论。易宪容(2012)认为过高的房价对社会经济发展有严重的负面影响,应该调控处于高位的房价水平。调控目标是促使房价下降并回归合理区间。这需要重点观测房价收入比,合理的房价水平是保持在购买一套住房需要一个家庭3~6年的收入,而重庆市黄奇帆市长则把合理的房价水平界定为当地居民用其6~7年收入购买一套70~80平方米的普通商品房。另一些学者则认为,调控的对象是房价的持续且过快上涨以及可能伴随的泡沫破灭(曾五一和李想,2011)。房价上涨会推高房价租金比,固化房价泡沫(高波等,2012)。如2004—2014年中国70个大中城市新建商品住宅价格均出现不同程度快速上涨,其中2004年深圳的房价增长率高达268%,广州高达128%,杭州高达105%,上海高达99%(况伟大,2008)。西方研究和实践都已经证明,房价快速上涨所引发的泡沫是金融危机的前兆(Matalik et al.,2005),因此,稳定房价水平,调控房价增速,逐步挤压泡沫,成为中央政府宏观调控的主要目标(魏杰,2017)。

3. 如何调控

在认识到高房价绑架国民经济以及房价快速上涨可能引发住房泡沫之后,高房价成为众矢之的,但是在"怎么调控"这一问题上,实践操作与理论研究却形成了三种不同思路:一是,政界的"跷跷板式"调控。政府出于经济增长和社会稳定的权衡,以盯住住房价格为要义,调控思路采用了房价上升就打压,房价下降就刺激的短期应急式处理方案。其调控方向大多是供需双侧并举,从限制需求量的成交入手,同时限制土地的供给(宋春合和吴福象,2017)。调控手段综合采用税收、落户、房贷等需求侧政策,土地交易管理、开发结构管理、项目预售许可、加强投资主体准入等供给侧政策,以及直接限制价格(凌维慈,2017)等多种方式。二是,商界认为应增加土地的市场供给量,弱化政府的供地控制(叶伟强,2017)。三是,学界主要从房价的影响因素这一命题入手,探索房价上涨的原因,包括:不同类型预期的作用(杨柳,2016)、东部和中西部等不同区域的土地供应政策与劳动力流入的错配(陆铭等,2015)、地方财政支出(踪家峰等,2010)、利率与货币政策(张涛等,2006)以及住房的虚拟资产或金融属性(郭金兴,2004)等。理论研究给出的主流解决方案集中于①抓紧出台房产税(杨赞等,2014)。

从国内外住房市场发展脉络来看,总体遵循"住房逐渐由消费品演化成投资品,并通过不断增大的价格波动影响经济增长"的基本框架。与此相对应,理论研究也逐渐由一般性研究聚焦于住房价格本身。按照这一逻辑,从价格角度进行的宏观调控和理论研究虽然能够进行短期应急或单点探索,但是却使得政府在三重困境之间摇摆,造成中国住房市场出现了"一收就冷,一放就涨"的复杂局面(茅于轼等,2010),难以形成可持续发展的长效机制和系统解决方案,因而无法从根本上摆脱住房调控的三重困境。那么,中国住房市场的顽疾到底该如何有效解决呢?习近平总书记在 2016 年 12 月的中央经济工作会议上提出,要坚持"房子是用来住的,不是用来炒的"的定位,明确了住房改革的方向,也为摆脱已有价格思路的圈囿,从需求角度思考解决方案提供了可行线索。下文将遵循这一思路,立足经济学角度,从住房市场需求结构及供需关系入手进行系统理论分析,为探求解决之道提供理论解释。

第三节　中国住房市场的经济学解释:供需均衡模型的拓展

中国住房市场发展格局错综复杂,为充分展现中国住房市场的特征化事实与全面过程,本部分将综合运用供需均衡分析框架,对这一过程及三种调控方案进行经济学解释。

---

① 理论研究中也有部分学者认为应该增加廉租房、保障房的投入(李仲飞等,2015)。廉租房和保障房是借鉴中国香港、新加坡等小区域发展经验的结果。这些小区域地少人多,为防止炒房采用公租制。而中国这样的大国,土地供应可以调控,如果正常的住房消费需求不是通过市场化方式解决,而是被炒房客挤出到保障房市场,那么不仅没有满足正常的住房消费需求,而且由于中国市场制度尚不完善的国情,将引发更多寻租问题。炒房的旧病未治,还会引发寻租等新病。未来中国住房市场改革的趋势仍然是:鼓励劳动者通过劳动收入市场化方式购房;保障性住房主要体现保障残疾、因病致贫、迁迁等特殊类型的社会保障功能,因此,将不重点赘述。

一、中国住房市场的发展阶段：住房需求的结构性转变

1. 双重属性的比较

住房既是民众必不可少的基本消费品[①]，又是一种最佳的投资工具和投资对象[②]。正是这种消费与投资属性的复合使得住房显著不同于普通投资品。一方面，普通投资品可以通过市场的高风险高收益或低风险低收益去调整，然而中国的住房市场具有显著的低风险高收益特征，长期以来不存在终端价格约束（布兰查德和费舍尔，1998）；另一方面，黄金、股票等普通投资品不能直接应用于衣食住行，因而其价格的波动不会直接影响居民的基础需求，而中国住房的消费需求特性为自住率 70％以上，较少租赁需求，并且住房持有者也不主要通过租赁获得正常投资收益，而是通过买卖获取高额差价（王秀敏，2016）[③]。这就使得住房价格波动方式的异常变化将直接影响自住这一基础需求。正是基于这一现实情况，本节提出消费需求由真实的居住需求和改善居住需求组成，对于投资需求，进行购买与持有的目的在于获利，而并非直接参与生产和消费等实际经济领域的活动。消费需求属性和投资需求属性的比较如表 6.1 所示。

表 6.1　双重属性比较

类　别	住房消费需求属性	住房投资需求属性
目　的	真实居住需求(持有)	高收益(转让或交易)
类　型	必需品	奢侈品
进入退出市场的速度	稳　定	迅速进入、迅速退出
羊群效应	不明显	明　显
风险偏好	风险厌恶	风险偏好或中性
杠杆偏好	偏好中等	偏好高
市场特性	价格提高需求降低,价格降低需求扩大	具有追涨特性:价格提高需求扩大,价格降低需求缩小

数据来源：作者制作。

2. 住房需求的结构性转变

为什么在发展初期，住房的消费功能显著，更多发挥增长促进作用，而现

[①]　这与东亚居民的住房持有传统习惯密切相关。

[②]　由于投资与投机不易区分，已有研究侧重对消费属性和投资属性的分析，为与其他理论研究相一致，本章也主要划分消费需求和投资需求。

[③]　2000 年我国住房租赁比例仅有 20.55％,到 2010 年,我国住房租赁比例仅上升了 0.5％,为 21.05％。

在则投资功能显著，"炒作"日益明显呢？这需要理解当前阶段住房需求所处的结构性转变，其微观基础在于个人住房需求规模和住房需求层次转变两大方面。

第一，需求规模上的结构性转变。根据微观经济学理论，随着收入、价格等因素的变化，消费者对普通商品的边际消费倾向将不断降低，当超过某一界限时，边际消费倾向为零，这个需求规模的界限就是消费者对该物品的饱和需求量（祁晓冬，1996）。达到饱和需求量之前，消费者受收入、价格等因素影响其购买决策。达到饱和需求量之后，消费者是否增加购买主要取决于个人偏好。根据饱和需求的特点，可以勾画出包含饱和需求的个人需求曲线①，如图 6.1 所示，其中：p_t 为商品价格，q 为商品的数量，φ 为饱和需求量。

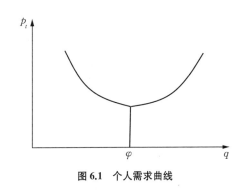

图 6.1　个人需求曲线

上述个人需求曲线描述了消费需求可能出现的两类情况：一是，正常的消费需求中，需求量随着价格下降而上升的情况，见图 6.1(左)中向下倾斜的曲线；二是，超过饱和需求量的部分，消费者即使具有购买力，也主动选择不购买，见图 6.1(左)中 φ 上垂直的线。如凯恩斯基于 20 世纪 30 年代美国大萧条的实践，将出现这种饱和状态的原因概括为货币的流动性偏好。而当前我国住房市场为何呈现越涨越买的住房投资性偏好呢？下面进一步从需求层次的变化上寻找原因。

第二，需求层次上的结构性转变。理论上随着收入等不断提高，对普通商品的消费将面临饱和需求，出现不购买的情况。然而另一方面，需求层次的改变将突破饱和需求的限制，推动需求结构的升级。根据马斯洛的需求层次理论，人类的需求像阶梯一样从低到高按层次分为五种，分别是：生理需

①　个人需求曲线形态根据包含饱和需求的效用函数进行推导得来，具体推导过程可向作者索取。

求、安全需求、社交需求、尊重需求和自我实现需求。在普通商品中,随着收入水平的提高,消费结构将从生存型向发展型,再向享受型转变。同样,在住房市场中,当住房的居住属性得到满足后,将面临饱和需求这一结构性转变点。在这一点后,需求将从以基本生存权或居住权为主的需求层次转向投资等中高端需求层次,住房消费属性将向投资属性转变。

需要特别说明的是,一方面,从微观基础上看个人需求曲线,从消费属性到投资属性的演变存在时间先后区分。但当汇总成宏观的市场需求曲线后,则不是按时间区分,而是将处于不同阶段的人群需求属性汇总,市场中一部分人正处于消费需求阶段,另一部分人处于投资需求阶段[图 6.2(a)、图 6.2(b)]。另一方面,中国的国民收入总体水平已经从低收入逐渐转向中等收入,中国的中产阶级数量虽然仅占全国成年人口的 11%,但按绝对值计算却是全球最多,达 1.09 亿人①。随着收入水平的提高,市场上越来越多的个人需求从消费属性转为投资属性,市场需求中产生投资需求的人群比例在不断增大。正如央行公布的《2017 年第一季度城镇储户问卷调查报告》所显示,房价可以接受的比例从 2011 年的 29% 增长到 2017 年的 43%,在整体经济增速大大放缓的背景下,房价越来越高,但越来越被接受,这说明住房的投资需求在不断增多。

二、住房需求的双重属性与住房市场的均衡分析

中国住房市场发展包含历史与现实、中央与地方、消费与投资等复杂因素,然而其核心仍然是供需关系,为更清晰且精练地展现中国住房市场的供需特点,本节采用 D-S 曲线表达,对中国住房市场的表现、成因与调控进行经济学系统分析与比较。试图从理论上解释:在三重困境面前,政府为何会选择短期跷跷板式的应急调控方案?为什么现阶段不能推出从供给侧放松土地供应的方案和从需求侧快速推出房产税的方案?为什么只有从盯住价格转向盯住属性才是从根本上解决三重困境的长效机制?

1. 基本假定

中国住房市场存在着与西方显著不同的特点,因而需要依据中国现实情

---

① 瑞信研究院发布的第 6 份全球财富报告《2015 年度财富报告》,提供了当前全球家庭财富和人均财富的分配直观的信息。其中全球中产阶层的财富自 2000 年以来,由 44.4 万亿美元增至 80.7 万亿美元,目前占全球财富的 32%。其中,中国中产阶层 2015 年的财富为 7.34 万亿美元,仅次于美国与日本。报告指出,截至 2015 年,中国的百万(美元)富翁数量超 133 万人,近万人资产净值超 5 000 万美元,增幅近 24%,人数位居世界第二。其中,全球超高净值人群(资产在 5 000 万美元及以上)中的 8% 来自中国。瑞信还预测,未来 5 年中国百万富翁人数将增长至 230 万人左右。

况对其进行假定。

假定 1:根据前文双重属性的分析,住房的总需求 D 所对应的需求数量 q_i 由两部分构成:一部分是消费需求 q_{ci},其与价格成反比,曲线形式与普通商品需求曲线一致,是向下倾斜的曲线,如图 6.2a 所示;另一部分是投资需求 q_{ii},其是房价的递增函数,呈现向上倾斜的曲线,如图 6.2b 所示,则有: $q_i = q_{ci} + q_{ii}$。

假定 2:供给曲线是一条斜率较大,但不完全垂直的曲线。西方经济学中,由于土地私有以及住房建造周期较长,短期内的供给曲线几乎是垂直的,房地产的供给弹性很小。中国的现实情况则是住房的平均建设周期通常为 2 年,开工 1 年后住房封顶即可开始预售,因此,中国住房的供给曲线弹性比西方要大[1],为简化问题,考虑住房供给曲线是一条向右上方倾斜,斜率较大的曲线,如图 6.2c 所示。

假定 3:中国住房市场存在较为明显的政府调控与干预。根据 1998—2017 年中国住房市场调控的现实[2],可以将住房调控分为不同的时期。假定每一个调控期为 R_i($i = 1, 2, 3 \cdots$)。根据上述假设,通过 D-S 的曲线表达,形成如图 6.2 和图 6.3 所示的均衡分析。

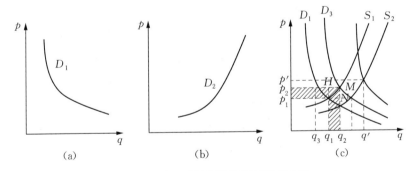

图 6.2　R_1 和 R_2 期中国住房市场的均衡分析

① 杨柳(2016)认为,2004 年 8 月供地制度变革后,土地财政约束下的住房供给外生化特征明显,土地供给弹性不足。然而与西方相比,中国土地与住房的供应弹性都大得多,也成为政府可以通过增减供地进行调控的重要原因。

② 中国住房市场调控遵循如下轨迹:1998—1999 住房市场开始放开;2001—2006 年,房价开始上升;2008 年由于美国次贷危机,国际环境趋紧,为启动内需,2008—2009 年通过 4 万亿进行需求刺激,房价快速上升;2010 年面对经济趋热,宏观政策开始趋紧,房价趋稳;2012—2013 年以城镇化扩张需求为主,带来房价上涨;2013 年年中至 2014 年年初以收紧需求为主,通过钱荒+打击虚假贸易+反腐进行市场控制;2014 年年初至 2015 年年底通过降息降准+政策性金融,住房市场开始放松;2016 年 9 月 30 日,楼市调控政策已经出现在 28 个城市,累计出台房产新政超过 70 个;2017 年 3 月 12 日,开始全面从紧调控。

2. 中国住房市场发展的起步阶段

考虑 R_1 阶段,如图 6.2(a)所示。自 1998 年始,中国住房进入货币化改革和市场化建设阶段。越来越多的居民开始购买自住用房,市场不存在干预,以居住等消费需求为主,有 $q_1 = q_{c_1} + 0$。这时,住房需求曲线为 D_1,住房供给曲线为 S_1,形成如图 6.2(c)中的市场均衡价格与数量为(p_1, q_1)。

考虑 R_2 阶段,住房消费需求对经济增长的正向作用日益凸显,政府希望更好地发挥住房的促进作用,因而将住房作为支柱产业,采用促进导向型的扩张性政策,由于越来越多的个人消费需求得到满足,开始转向投资属性,因而市场上投资需求的比例开始增多,形成曲线 D_2,如图 6.2(b)所示。于是有 $q_2 = q_{c_2} + q_{i_2}$;消费性需求 D_1 与投资性需求 D_2 汇总成图 6.2(c)的总需求曲线 D_3,此时,供给曲线 S_1 与需求曲线 D_3 形成市场均衡(p_2, q_2)。

此时,当存在扩张性政策刺激时,投资需求将推动消费需求挤出、土地财政拉升、银行贷款动力增大、工业企业价值创造挤出等[1],使中国住房市场呈现如下特点。

(1) 投资需求使得消费需求被挤出。当市场均衡价格为 p_2 时,由于该价格高于真实消费需求的支付能力 p_1,因而高价格约束下,市场无法实现 q_1 的均衡产量,只能实现 q_3 的消费量,因此,$q_3 q_1$ 是被投资需求抬高的价格($p_2 - p_1$)挤出的消费需求。

(2) 投资需求使得市场微观主体被迷惑,具有不断扩张土地财政收入和银行贷款余额的动力,$q_1 q_2$ 是被投资需求迷惑下的虚假繁荣。这是地方政府、房地产企业、银行等市场微观主体被投资需求高涨掩盖下的高价格和高数量所迷惑,不断扩张供给,带来的无效增长。

(3) 投资需求使其他行业资金转移配置至住房市场,对其他行业价值创新产生挤出。从表面上看,$q_1 q_2$ 是住房市场数量的增加,然而只有以消费为主的最终需求才是经济增长的原动力(洪银兴,2013),这种数量的增长不是由消费需求支撑的可持续增长,而是由投资性需求支撑的数量泡沫。此时,投资需求掩盖下形成了两类泡沫:一类是,基于价格的泡沫部分,即阴影部分 $p_1 p_2 MN$,另一类是基于数量的泡沫部分,即阴影部分 $q_1 HM q_2$。从住房市场来看,这两类阴影部分就是投资需求掩盖下的泡沫,其总和为价值增加部

---

[1] 为保证曲线移动方向和移动原因的科学性,本节采用基于两阶段均衡的完全信息动态博弈模型,对地方政府、银行、企业和消费者等不同参与人在消费需求和投资需求下的行为进行了详细的均衡分析。根据均衡分析结果,当投资需求增加时,地方政府、房产企业、银行等的收入均会增加,因此具有不断扩大供给的动力。限于篇幅并为保持分析框架一致且简练,推导过程详见本书附录。

分,即 GDP 增长。但是这部分增长来源于哪呢? 从整体市场来看,这些阴影部分所对应的投资资金本来应该用于其他行业的价值创造,由于住房投资需求的迷惑,从其他行业转移至住房市场,对其他行业的价值创新产生挤出效应。

3. 中国住房市场调控阶段的三种方案分析

当住房市场出现投资性需求掩盖下的泡沫时,中央政府出于经济增长与社会稳定的要求,加大调控与干预。考虑进入 R_3 阶段,为遏制高涨的房价,出现抑制导向型的收缩性政策。下面将根据已有实践操作与理论研究的不同思路,对政界提出的跷跷板式短期应急调控方案、商界提出的放开土地供应方案和学界提出的迅速推出房产税方案等三种不同调控思路可能产生的传导与运行效果进行经济学分析。

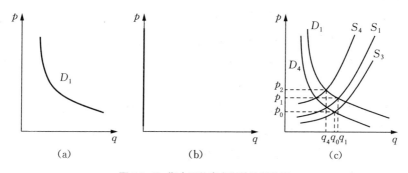

图 6.3 R_3 期中国住房市场的均衡分析

第一,政界提出的从供给侧和需求侧同时缩减的方案,刺破数量泡沫而保持价格泡沫,出现"量减价滞"的局面。

中央政府的具体方案是:一方面,通过多种方式限制住房需求,这将促使市场投资需求减少,回归消费属性。由于表 6.1 所列的投资需求属性具有进入退出迅速和羊群效应显著的特点,在收缩性政策预期下,投资需求将迅速萎缩。为简化问题,假定投资需求将迅速萎缩至 0,于是与图 6.2(b)相比,图 6.3(b)中投资性需求为与纵轴无限趋近于重合的垂直线。此时,住房的总需求 D 所对应的需求数量为 $q_i=q_{ci}+0$,总需求为 $D=D_1+0$。另一方面,同时减少土地供给量。此时,如图 6.3(c)所示,供给曲线从 S_1 缩减至 S_4,S_4 与 D_1 相交,成交量开始萎缩至 q_4,价格保持在 p_2,从而出现了"量减价滞"的局面。

这种方案的运行效果有两点:一是,政府通过刺破数量泡沫,保住价格泡沫,在短期内维持房价稳定。q_4q_1 为真实需求的数量压缩,此时已经修建的住房由于固定资产特性,无法直接减少,将出现房地产待售面积、空置面积和过剩面积激增等现象,因而减少的需求量 q_4q_1 带来了本章开篇提到的住房上下游产品积压等产能过剩。但是这一方案却能使房价既不过快增长，也不能像日本、美国那样过快回落，能够保持房价在短期内稳定。二是，由于以盯住价格为目标，这一方案在挤压数量泡沫，保住价格泡沫的同时，真实的消费需求增长也一起打压。由于没有消费需求增长的支撑，带来的数量泡沫破裂的产物——产能过剩就难以消化，这就成为地方政府的巨大压力[①]，因而在这一方案下地方政府具有强烈的消化数量泡沫的内在动力，将倒逼中央政府继续采用扩张性政策，这就会使中央政府的调控陷入"跷跷板式"的应急管理之中，呈现"房价上涨—抑制房价—产能过剩—消化产能—房价上涨"的恶性循环之中。以2015—2016年为例，在2015年住房扩张性刺激政策启动之前，决策层已经认识到不能再像2008年那样进行4万亿大规模刺激计划，然而GDP增长率大幅下降以及产能大量过剩使这种想法马上受到考验。2015年3月30日，央行、住建部、银监会出台刺激政策，仅过10分钟，财政部和国家税务总局又联合发布宽松新政（严九元，2017）。这又进一步催生了2016年住房价格的疯涨，使得经济呈现不断加重的"脱实向虚"趋势。面对过快上涨的房价，2016年9月中央政府开始了新一轮平抑房价的调控。以盯住价格为主，从供需双侧调控正在陷入跷跷板式的应急管理，使得泡沫刺破的速度放缓，但由于缺乏长效机制，经济增长陷入"房价上涨—调控房价—产能过剩—消化产能—房价上涨……"的恶性循环之中。

第二，商界提出的从供给侧放松土地供给的方案将会被投资需求的快速追涨所迷惑，价格和数量泡沫迅速扩大，出现"量价齐增"的局面[②]。

为应对中国住房市场三难困境，商界人士提出的一种方案是：增加土地供应，放松供地控制。其理论逻辑是：如图6.2(c)所示，随着需求曲线的扩张，当住房供给曲线从 S_1 外移至 S_2 时，理论上按照西方完全竞争市场的规律，右移的供给曲线 S_2 将与扩张后的需求曲线 D_3 相交，使得价格降低为市场均衡价格 p_1，从而理论上不会形成原供给曲线 S_1 与扩张后需求曲线 D_3 所形成的高价位 p_2，这将使住房市场能够回归合理的价格，压缩价格泡沫。

果真会如此吗？如果考虑需求的双重属性，特别是投资属性进入和退出迅速的特点，当市场土地供给放松时，只要市场存在房价上涨的预期，一方面，投资需求会通过羊群效应蜂拥进入，央行公布的《2017年第一季度城镇储户问卷调查报告》数据对此进行了印证。房价越涨，觉得房价难以接受的

---

① 图6.2中阴影部分的面积所显示的投资性需求催生的泡沫与地方政府的GDP、房企利润、财政收入等高度正相关。

② 西方学者（Genesove and Mayer，2001）用损失厌恶来解释西方住房市场的量价齐升现象。

人却越来越少,该比例从 2011 年第一季度的 74% 下降为 2017 年第一季度的 52%;另一方面,这将会使消费需求也迫于房价上涨的预期提前或加紧购买。当前想买房的人创了历史新高,恐慌性购房严重。2016 之前,第一季度计划买房的比例稳定在 14.4%,而进入 2016 年这一比例增长到 22.9%,房价越涨,购买需求越大。这使得图 6.2(b)中投资需求曲线 D_2 不停地向右移动,理想的降价可能性会迅速被投资需求所稀释。同时,由于市场出现不断扩充的投资需求,这促使地方政府、房地产企业、银行等被投资需求高涨带来的虚假繁荣所迷惑,不断扩张供给,从而不断拉高房价和需求数量,形成如图 6.2(c)所示的价格和需求(p',q'),这将会带来阴影面积更大的价格泡沫和数量泡沫。理论上,如果不对投资需求进行控制,这种追涨将一直持续下去,增长的土地供应速度远远无法满足投资性需求的进入速度。如果不区分中国住房市场的需求属性,仅以盯住价格为主的市场化思路根本无法达到价格下降的目标,反而将形成"量价其增"的追涨效果,泡沫将快速吹大。

第三,学界提出的从需求侧快速推出房产税的方案将会被投资需求的快速退出所迷惑,价格和数量泡沫迅速破裂,出现"量价齐跌"的局面。

部分学者提出,针对投资需求,应采用房产税等目前公认较为严厉的调控措施,认为这将会很好地遏制投资需求。如图 6.3(b)所示,当采用较为严厉的房产税时,首先在新增购房中,投资需求会急剧降低,假定降为 0。同时,房产税作为现在共识的最严厉措施将迅速下调住房市场预期,一方面,新增消费需求和投资需求大量萎缩,如图 6.3(c)所示,推动需求曲线从 D_1 左移至 D_4;另一方面,将使部分长期持有住房保值增值的投资需求抛售,从而引发存量住房回吐,迅速增加市场中二手住房供给量。以日本为例,1990 年 3 月,日本银行出台了《控制不动产融资总量的通知》,开始停止购房贷款,这一做法导致股市泡沫破裂,大量企业亏损破产后开始出售住房;紧接着 1990 年 8 月开始大幅提高购房贷款利率,调至 6%,并伴随外汇升值预期,大量外资意图撤出,开始抛售不动产;1992 年大藏省开始征收房产税,个人开始抛售,于是上市公司、外资和个人全部开始出售住房(魏杰,2017),这种已购投资性住房的回吐,将使供给曲线从 S_1 迅速右移至 S_3。这可能带来住房市场价格急剧下降到 p_0,形成市场均衡(p_0,q_0)。如果价格从 p_1 降为 p_0 的幅度 $(p_1-p_0)/p_0$ 大于住房贷款的杠杆率,如银行首付比例 30%,则可能引发居民停止还贷的风险,比如中国香港和美国;更重要的是由于房产是最重要的抵押资产,因而,住房价格下降幅度大,可能引发企业抵押融资风险为主的经济衰退,如日本。当按照市场方式抑制需求时,如果不区分消费需求和投资需求,使得房产税这类收缩性政策不仅打压新增投资需求,而且打压存量投资需求,这一调控方式将会形成"量价齐减"的情况。特别是,由于不区分需求属性,一刀切地采用收缩性政策时,真实的消费需求往往也同时被打压,因此,在投资需求急剧降低背景下的泡沫压缩,没有得到足量消费需求的支撑,从而数量泡沫和价格泡沫极易同时破裂。

4.方案比较:从盯住价格的住房绑架国民经济到盯住属性的住房迷惑国民经济

(1)盯住价格的住房绑架国民经济思路

已有三种方案的基本出发点是:这一时期房价在很大程度上绑架了国民经济,造成消费需求挤出、土地财政拉升、银行贷款动力增大、工业企业价值创造挤出等效应,需要从房价平稳或房价下降的角度对住房市场进行松绑,因而,均针对房价上涨,以打压或稳住价格为目标,形成以盯住价格为主的调控思路。一方面,政府试图规避经济中的大起大落是良好初心,也是三种方案中最为缓和的方案,但是由于忽视长期发展中深层次矛盾的调整,通过刺破数量泡沫保住价格泡沫带来的过剩问题,没有获得消费需求的持续支撑,只能在短期内稳定价格,长期内仍以逐步推进的方式扩大价格泡沫,致使问题的解决越来越难,累积的风险也越来越大。另一方面,提高土地供给量的做法是按照市场规律得到的结论,然而中国的住房市场不是完全竞争市场①,短期内土地供给量也难以大幅放开,面对大量资金涌入的熊熊烈火,放开土地供给不仅是杯水车薪,更将迅速做大泡沫,可能引发无法解决的困境。此外,房产税是借鉴西方经验得到的结论(李正全,2005)。从长期来看,房产税可能对扭转民众追涨预期②,抑制市场过热具有一定的作用,但是如果时机选择有误,将迅速刺破泡沫,引发系统性金融风险。如日本从控制住房贷款到出台房产税间隔两年,直接引发了经济剧烈下滑。政策调控不能将疥癣之疾变成致命之伤。在住房市场双重属性没有清楚区分之前,房产税调控的时机以及可能引发的系统性金融风险评估等都需要更为充分的论证和更为慎重的选择。

(2)盯住属性的住房迷惑国民经济思路

均衡模型分析显示,高房价背后的实质是市场微观主体被投资需求催生

① 中国住房市场的需求方是完全竞争市场,然而土地供应则是垄断市场,这意味着住房市场难以完全按照西方的自由市场进行运转和传导,因而不能简单按照西方的市场关系进行制度复制。

② 之所以此处认为具有可能性而并非确定性是因为:美国在建国初期就开始征收房产税,早在1792年就有4个州征收房地产税,1798年通过的财产税法律对土地和房产分别征收。到了20世纪初,美国每个州都制定了征收房地产税的法规。美国征税的初衷是为了获得税收收入,为基础设施和市政建设筹资,但即使美国这类严格征收房产税的国家,仍然没有阻止2008年次贷危机前房产泡沫的形成。

的价格泡沫和数量泡沫所迷惑,当前的三类调控方案均没有清晰区分两类需求的不同属性,而是以盯住价格为目标的一刀切方案,这将使得在促进导向型的扩张性政策调控时两类需求都刺激,在抑制导向型的收缩性政策调控时两类需求都收缩,从而使得住房市场出现"一刺激就供不应求,一收缩就供大于求"的乱象。

根据前文的分析,当前中央政府面临的核心难题是:如果刺破数量泡沫,则带来产能过剩,形成地方政府财政压力;如果刺破价格泡沫,则可能引发系统性金融风险。按照盯住双重属性的思路,中央政府调整需要掌握三大原则:首先,打击投资性需求,使得图 6.2(b) 转变为图 6.3(b)。然而根据前文分析,如果一刀切地打击投资性需求又会带来量价齐跌的风险,因而如果建立以盯住属性为主的调控,就需要明确区分双重属性的数量、范围、程度、水平等。其次,对消费需求和投资需求进行分类调控,从规避泡沫转变为填充泡沫。对首套房及改善住房为主的消费需求,应该采取有效措施大力促进,如图 6.2(c) 所示,使得 D_1 曲线右移至 D_3,当投资性需求急剧减少的情况下,通过刺激正常的消费需求,能够有效填充数量泡沫的减少部分,保障经济平稳。最后,在抑制投资性需求时,重点对增量需求进行打压,而对存量需求进行稳定,保障图 6.3(c) 中的供给曲线在抑制投资性时不从 S_1 快速右移至 S_3。这样如图 6.2(c) 所示,属性调控下,不移动的供给曲线 S_1 与填充后的需求曲线 D_3 就能相交,保障泡沫挤压的部分被消费需求填充,且在打击投资需求时保障市场尽可能小地减少过剩压力。

中国住房市场发展阶段的微观基础是个人需求曲线的消费属性饱和后向投资属性转变,进而随着个人投资需求比例不断增多,发展为住房市场中需求的结构性转变。虽然主流的三种方案都打击投资需求,但是盯住价格为主的调控与盯住属性为主的调控在思路上存在较大差异。采用盯住价格的调控,保价格是目的,打击投资是手段,必然出现只要价格上涨就干预,只要价格下跌就刺激的短期应急局面,正是因为干预了价格这一商品特性,使得政府保障市场稳定的良好初心存在过度干预之嫌。而在盯住属性的调控中,保障住房的消费属性而非投资属性是目的,因此,调控打压的目标不是住房或房价,而是住房市场中的投资需求。如果住房市场出现的是消费需求支撑下的价格上涨,则不需干预;如果是投资需求支撑,即使价格不上涨也需要进行监管与调控,因而,对住房属性,政府需要理直气壮地进行监管,这是保障住房市场发展的长效机制。

第四节　实证研究结果和分析

要解决住房如何影响国民经济这一问题,就必须认识到住房的双重属性推高房价迷惑国民经济,进而绑架国民经济的内在机理。下文将对以盯住价格为主的绑架国民经济逻辑和以盯住属性为主的迷惑国民经济逻辑进行实证比较,以探索不同逻辑下住房市场的长效机制。

一、盯住价格下住房绑架国民经济的模型测算与结果

1. 变量与数据说明

前文均衡理论指出,盯住价格下住房绑架国民经济的逻辑,主要考虑住房价格上涨会形成数量泡沫和价格泡沫,其乘积所形成的面积为价值增长,即 GDP 增长;同时住房价格会产生消费需求挤出、土地财政拉升、银行贷款动力增大、工业企业价值创造挤出等效应,从而影响国民经济增长。本部分按照上述理论分析,首先建立一般增长模型,即经济增长(GDP)与有效劳动($Population$)为主体的索洛增长关系;然后重点考察以房价($House$)为关键变量,同时纳入居民可支配收入($Income$)、土地财政($Land$)、银行金融风险($Loan$)、产业创新($Innovation$)四个宏观基础变量的模型。综合考量 35 个大中城市 1997—2016 年中,房价变化对经济增长的影响机制。变量与数据搜集如下:经济增长采用各城市 GDP 数据,有效劳动采用各城市从业人员数据,均来自《中国城市统计年鉴》。四个基础变量中,采用城镇居民人均可支配收入反映消费需求,数据来源于《中国城市统计年鉴》;采用土地交易价格反映土地财政,数据来源于对《中国统计年鉴》与中国指数研究院(CREIS)土地交易价格指数的拟合整理;采用银行贷款余额反映金融风险,数据来自《中国城市统计年鉴》;采用专利申请量反映工业企业创新,数据抓取于国家知识产权局。

2. 两阶层线性模型设计

房价上涨带来的两类泡沫增大体现了房价的变化直接绑架经济增长,房价的变化通过影响四个基础变量间接绑架经济增长,据此,盯住价格下住房绑架国民经济的逻辑存在两个相互内嵌的层次。传统单层次模型无法准确处理多层次的数据结构。因此,本节将一般模型中的变量划分为"宏观基础变量"与"房价关键变量"两个层次,将宏观基础变量作为个体层次变量(Level 1),将房价作为总体层次变量(Level 2),构建如图 6.4 所示的两阶层线性模型(Two-level Hierarchical Liner Model, 2-HLM),探讨盯住价格下住

房绑架国民经济的影响逻辑。同时,在阶层框架下,宏观基础变量产生的影响很大程度上是因为房价对其的影响存在差异,这种因总体层次(Level 2)的不同而形成的差异就是调节线(虚线)以下的部分,HLM模型所测算的调节现象被称为"调节效应",也即跨层级交互作用。该模型的优点在于同时考虑了不同阶层自变量和不同阶层误差项对因变量的影响,因此,因变量条件方差的特性不再是独立同分布的特征,而包含了不同结构的误差项变异,体现个体层次和总体层次的跨层级交互作用机制,以及房价关键变量对经济增长的影响机制。

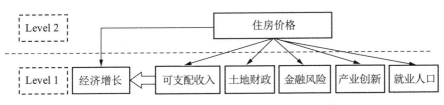

图6.4　盯住价格下住房绑架国民经济的两阶层线性模型

3. 模型测度与结果分析

首先考虑零模型的情况:

第一层模型(Level 1):

$$\ln GDP_{ij} = \beta_{0j} + r_{ij}$$

第二层模型(Level 2):

$$\beta_{0j} = \gamma_{00} + u_{0j}$$

混合模型(Mixed Model):

$$\ln GDP_{ij} = \gamma_{00} + u_{0j} + r_{ij}$$

其中,$\ln GDP_{ij}$是对GDP总量取自然对数值,i表示年份,j表示城市。β_{0j}为第一层截距,r_{ij}为随机效应,γ_{00}为第一层截距在第二层的固定效应,u_{0j}为第二层随机效应。这个模型不加入任何变量,因此可以检验总方差的分布,在此着重考察经济增长来源于房价与宏观基础变量的比例,测度结果如表6.2所示。

表6.2　经济增长影响因素的阶层分解

随机效应	标准差	方差成分	比重(%)	自由度	χ^2	p 值
组间方差	1.095 5	1.200 1	9.089	28	413.212 199	<0.01
组内方差	3.464 5	12.002 7	90.911	—	—	—

从表6.2可以看出,在方差成分中,组内方差为12.00,组间方差为1.20,χ^2值为413.21,在28个自由度下,p值接近于0。更进一步,根据HLM方差

成分在两个阶层的分布可得,城市房价间的效应比例为 9.09%,宏观基础变量间的效应比例 90.91%。换言之,房价的不同造成了不同城市经济增长差异,这部分差异占城市间经济增长总体差异的 9.09%;房价通过影响宏观基础变量进而影响经济增长的比例为 90.91%。

在住房绑架国民经济思路下,房价影响国民经济的机制是什么呢?考虑宏观基础变量对经济增长的作用机制,在零模型的基础上建立成长模型。在第一层解释变量中加入宏观基础变量,建立成长模型如下:

第一层模型(Level 1):

$$\ln GDP_{ij} = \beta_{0j} + \beta_{1j}(\ln Income_{ij}) + \beta_{2j}(\ln Risk_{ij}) + \beta_{3j}(\ln Land_{ij})$$
$$+ \beta_{4j}(\ln Population_{ij}) + \beta_{5j}(\ln Innovation_{ij}) + r_{ij}$$

第二层模型(Level 2):

$$\beta_{0j} = \gamma_{00} + u_{0j}$$
$$\beta_{1j} = \gamma_{10} + u_{1j}$$
$$\beta_{2j} = \gamma_{20} + u_{2j}$$
$$\beta_{3j} = \gamma_{30} + u_{3j}$$
$$\beta_{4j} = \gamma_{40} + u_{4j}$$
$$\beta_{5j} = \gamma_{50} + u_{5j}$$

成长模型估计结果如表 6.3 所示:

表 6.3　两阶层 HLM 成长模型估计结果(1997—2016 年)

因变量	ln(GDP)
自变量(Variable)	相关度(Coefficient)
截距项(C)	−0.670 069 1 ***
	(0.03)
可支配收入(Income)	0.754 597 ***
	(0.04)
土地财政(Land)	−0.089 416 ***
	(0.02)
金融风险(Risk)	0.326 274 ***
	(0.03)
产业创新(Innovation)	0.077 570 ***
	(0.02)
就业人口(Population)	0.212 224 ***
	(0.03)
R^2	0.963 119
样本数	4 200

从计量结果来看，不同宏观基础变量对经济增长的影响存在差异。居民可支配收入、土地财政、金融风险、产业创新、就业人口对经济增长均存在显著性的影响。其中，居民可支配收入、金融风险、就业人口、产业创新对经济增长的影响是正向的。土地财政对经济增长的影响是负向的，也就是说，土地价格的拉高不利于经济增长。那么房价对不同宏观基础变量的作用机制如何？下面将在成长模型的基础上，在第二层加入房价变量，探讨房价对经济增长的作用机制，建立综合模型如下：

第一层模型（Level 1）：

$$\ln GDP_{ij} = \beta_{0j} + \beta_{1j}(\ln Income_{ij}) + \beta_{2j}(\ln Risk_{ij}) + \beta_{3j}(\ln Land_{ij})$$
$$+ \beta_{4j}(\ln Population_{ij}) + \beta_{5j}(\ln Innovation_{ij}) + r_{ij}$$

第二层模型（Level 2）：

$$\beta_{0j} = \gamma_{00} + House_{i,t} + u_{0j}$$
$$\beta_{1j} = \gamma_{10} + House_{i,t} + u_{1j}$$
$$\beta_{2j} = \gamma_{20} + House_{i,t} + u_{2j}$$
$$\beta_{3j} = \gamma_{30} + House_{i,t} + u_{3j}$$
$$\beta_{4j} = \gamma_{40} + House_{i,t} + u_{4j}$$
$$\beta_{5j} = \gamma_{50} + House_{i,t} + u_{5j}$$

分别考虑房价对居民可支配收入、土地财政、金融风险、产业创新、就业人口的影响，HLM 估计结果如下：

表 6.4 两阶层 HLM 综合模型估计结果（1997—2016 年）

变 量	系 数	标准差	t 值	p 值
房价（House）×人均可支配收入（Income）	−0.194 646	0.060 002	−3.243 970	0.000 0
R^2	0.959 787			
房价（House）×土地财政（Land）	0.240 686	0.018 496	13.012 90	0.000 0
R^2	0.951 668			
房价（House）×金融风险（Risk）	0.073 745	0.005 423	13.59 743	0.000 0
R^2	0.952 903			
房价（House）×工业创新（Innovation）	−0.103 842	0.019 075	−5.444 001	0.000 0
R^2	0.960 703			
房价（House）×就业人口（Population）	−0.236 721	0.040 531	−5.840 522	0.000 0
R^2	0.961 310			

从估计结果来看，整体上房价对各宏观基础变量的影响显著，即房价能够调节宏观基础变量对经济增长的影响力。具体地，房价的作用机制表现为：

第一，房价与可支配收入对经济增长的影响。从零层次模型来看，单独考虑可支配收入时,收入的上升将直接对经济增长产生正影响,收入每提高 1%,GDP 将提高 0.75%。综合考虑房价与收入的相互影响时,结合两阶层线性模型进行分析,房价的上升将减弱收入对经济增长的促进作用,其中房价每增加 10%,减弱的收入对经济增长促进作用的程度为 1.86%(ln 110%×0.194)。这说明房价的上升降低了居民可支配收入,进而影响了 GDP 的增加。

第二,房价与土地财政对经济增长的影响。从零层次模型来看,单独考虑土地价格时,土地价格的上升对经济增长产生负影响,土地价格每提高 1%,GDP 将减少 0.09%。这说明土地作为社会经济运行的成本,起着一定的约束作用。当综合考虑房价与土地价格的相互影响时,结合两阶层线性模型进行分析,房价的上升将增强土地价格对经济增长的抑制作用,其中房价每增加 10%,增强土地价格对经济增长的抑制程度为 2.29%(ln 110%×0.241)。

第三,房价与金融贷款对经济增长的影响。从零层次模型来看,单独考虑贷款时,贷款对经济增长起到正向作用。贷款每提高 1%,GDP 将增长 0.33%。这说明贷款有助于资金融通,增加社会流转,提高 GDP。综合考虑房价与贷款的相互影响时,结合两阶层线性模型进行分析,房价的上升将增加贷款对经济增长的促进作用,其中房价每增加 10%,增强贷款对经济增长的促进作用的程度为 0.70%(ln 110%×0.074)。这与前文的理论分析一致,当房价上升时,银行将增加贷款。

第四,房价与产业创新对经济增长的影响。从零层次模型来看,单独考虑创新时,创新对经济增长产生促进作用,创新每增加 1%,GDP 增加 0.08%。综合考虑房价与创新的相互影响时,房价减弱了创新对经济增长的正向作用,其中房价每增加 10%,减弱创新对经济增长的促进作用的程度为 0.99%(ln 110%×0.104)。这说明房价的上升使得流入创新领域的资金减少从而降低了创新对经济增长的作用,与前文理论分析一致。

第五,房价与就业人口对经济增长的作用。从零层次模型来看,单独考虑就业人口时,就业人口的上升对经济增长产生正向影响,就业人口每增加 1%,GDP 增加 0.21%。综合考虑房价与就业人口的相互影响时,房价减弱了就业人口对经济增长的促进作用,其中房价每增加 10 个百分点,减弱就业人口对经济增长的促进作用的程度为 2.26%(ln 110%×0.237)。这说明房价上升挤出了就业,从而降低了就业人口对经济增长的作用。

通过两阶层线性模型分析发现,与理论分析相一致,房价对经济增长确实存在绑架效应。住房绑架国民经济分为两个层面:一是,房价直接对国民经济增长产生影响,这一影响比例约占 10%。其中房价增高,GDP 增长;房价降低,GDP 减少。二是,房价通过四个基础变量间接影响国民经济增长,这一比例约为 90%。虽然宏观基础变量的影响相差不大,但受到房价的影响而造成的宏观基础变量对经济增长的影响差异巨大。在这一思路下,房价成了众矢之的。而房价对可支配收入、土地价格、金融贷款、工业创新和就业人口等变量又存在着方向和程度不一致的影响,提升房价,对 GDP、土地价格、金融贷款、就业人口等产生正向影响,而对工业创新、可支配收入却产生负向影响,因而盯住房价的调控将使国民经济处于进退两难的格局,于是,房价绑架国民经济的逻辑表面看似成立了,然而这种逻辑只是短期效应,经济增长无法获得长期解决方案,因此,基于盯住价格的调整方案无法解决政府面临的三重困境,需要转换思考角度。下面将在此基础上进一步探索,如果从盯住价格上移至盯住属性,将会如何改善这一作用机制。

二、盯住属性下住房迷惑国民经济的模型测算与结果

1. 双重属性的测度

(1) 测算模型的选取与数据说明

"房子是用来住的,不是用来炒的"正是对双重属性的完美诠释。目前我国关于住房双重属性的基本测算方法包括以下四种:以商品房竣工价值平均增速与城镇居民可支配收入增速之差衡量房地产的消费属性,以商品房人均竣工面积与年均新增人口的比值来估算各地区房地产的投资属性(廖海勇,2015);利用衡量住房的消费性支出及投资性支出的价格变量进行研究,间接地获取了住房的消费性购买及投资性购买的信息(杨建荣,2012);"新房名义市值对居民购买力的占用比例"这一比较稳健的指标,以(私人部门房屋新开工套数×当年新房均价)/(居民部门总储蓄+信用净增长-本年利息支出)来衡量居民的购买力与社会信用扩张规模;通过泡沫的测算来考虑市场的投机性,如租售比(况伟大,2008)。总体而言,现有对住房消费属性与投资属性的具体测度中,多采用取差值、比值等相对单一的方法,测度方法仍有待深入研究。双重属性的定义指出,投资需求进行购买与持有的目的在于获利,而并非直接参与生产和消费等实际经济领域的活动,因此,从住房获利的角度提出将回报"租金"看成区分消费需求和投资需求的标尺。当住房租金比较低时,购买持有房产者更倾向于自己居住;而当住房租金较高时,持有房产者

更多地期望从上涨的房价中获得回报,将存在明显的投资或投机行为,催生泡沫。由此,房租是居住消费的机会成本,可以用来衡量住房的消费属性;房价租金比代表了投资者的投资倾向,可以用来衡量住房的投资属性。以此为基础,本节提出住房双重属性测度模型,对住房消费属性与投资属性进行全面测度。

采用 CES 函数作为效用函数,假设在住房购买总量中,消费性购买的数量为 $N_{consume}$,投资性购买的数量为 N_{invest},得到:

$$U_{(N_{consume}, N_{invest})} = (\alpha N_{consume}^{\rho} + \beta N_{invest}^{\rho})^{\frac{1}{\rho}}$$
$$\rho \to 0, \ U_{(N_{consume}, N_{invest})} \to N_{consume}^{\alpha} N_{invest}^{\beta}$$

因为 $U_{(N_{consume}, N_{invest})}$ 为单调函数,对其取对数,变换写为:

$$U_{(N_{consume}, N_{invest})} = \alpha \ln N_{consume} + \beta \ln N_{invest}$$

定义 $\bar{Y}_{i, t}$ 为第 i 个城市在第 t 期的人均产出(以人均 GDP 代表),$P_{consume, i, t}$ 表示第 i 个城市在第 t 期的消费性住房价格(以房屋租赁价格代表),$P_{invest, i, t}$ 表示第 i 个城市在第 t 期的投资住房价格(以房价租金比代表)。其中,参数 α 与 β 表示城市房地产的消费属性和投资属性大小。考虑约束条件 $\bar{Y}$、$P_{consume}$、P_{invest} 下的函数极值,得到间接效用函数:

$$u(\bar{Y}, P_{consume}, P_{invest}) = \ln \bar{Y} - \alpha \ln P_{consume} - \beta \ln P_{invest}$$

加入随机项并整理得:

$$\ln \bar{Y} = u(\bar{Y}, P_{consume}, P_{invest}) + \alpha \ln P_{consume} + \beta P_{invest} + \varepsilon$$

由此模型进一步扩展,得到双重属性测度模型[①]:

$$\ln \bar{Y}_{i, t} = \alpha \ln P_{consume, i, t} + \beta P_{invest, i, t} + \varepsilon_{i, t}$$

对于模型 $\ln \bar{Y}_{i, t} = \alpha \ln P_{consume, i, t} + \beta P_{invest, i, t} + \varepsilon_{i, t}$

---

① 分析住房的消费性需求:仅考虑两种商品的情况, $\begin{cases} \max U_{(N_{consume}, N_{invest})} \\ P_{consume} N_{consume} + P_{invest} N_{invest} = \bar{Y} \end{cases}$ $U_{(N_{consume}, N_{invest})} = \alpha \ln N_{consume} + \beta \ln N_{invest}$ 的拉格朗日函数为 $L = \alpha \ln N_{consume} + \beta \ln N_{invest} - \lambda(P_{consume} N_{consume} + P_{invest} N_{invest} - \bar{Y})$,效用最大化时,解得 $N_{consume} = \dfrac{\alpha}{\alpha+\beta} \dfrac{\bar{Y}}{P_{consume}}$,$N_{invest} = \dfrac{\beta}{\alpha+\beta} \dfrac{\bar{Y}}{P_{invest}}$,当增加消费组合时,结果类似。推导结果证明,$\alpha$ 与 β 虽然不能准确估计房地产市场的消费性购买数量与投资性购买数量,但可以衡量房地产的消费性需求与投资性需求大小,作为衡量房地产消费属性与投资属性的指标具有较强的合理性。

目前对于各城市的年度房屋销售价格、房屋租赁价格,并没有专业的统计口径。此处采取《中国统计年鉴》的各城市年度房屋租赁价格指数、房屋销售价格指数,并参考中国指数研究院与中指数据(CRELS)的指数系统计算模型,以 1997 年为基年,取 1997 的房屋销售价格、租赁价格为 100,通过迭代换算得到各城市的历年房屋销售价格与房屋租赁价格。

(2) 测算结果分析

采用面板广义最小二乘估计法(个体固定效应模型),得到双重属性测度结果如下:

表 6.5　35 个大中城市双重属性估计结果(1997—2016 年)

城　市	消费属性	投资属性	城　市	消费属性	投资属性
哈尔滨市	0.499 891	5.500 67 ***	昆明市	4.912 148 ***	4.866 113 **
呼和浩特市	4.272 409 ***	5.168 435 ***	合肥市	7.204 787 ***	4.421 314 ***
西宁市	5.049 508 ***	5.097 612 ***	长沙市	6.022 675 ***	3.900 931 ***
西安市	2.714 496 ***	4.948 318 ***	太原市	3.948 038 ***	3.833 615 ***
贵阳市	1.182 137 *	4.160 943 ***	郑州市	6.005 867 ***	3.516 462 ***
福州市	1.589 412 *	3.204 144 ***	银川市	3.298 223 ***	3.185 278 ***
南昌市	2.019 477 ***	2.751 983 ***	大连市	6.025 434 ***	3.093 506 ***
武汉市	2.290 133 *	2.681 593 ***	长春市	4.817 868 ***	2.999 131 ***
广州市	−0.338 72 *	2.557 361 ***	石家庄市	4.738 432 ***	2.799 071 ***
成都市	1.987 606 ***	2.149 408 ***	乌鲁木齐市	5.277 646 ***	1.799 943 **
兰州市	−0.001 73	2.123 588 ***	沈阳市	5.740 732 ***	1.719 279 ***
重庆市	1.654 686 ***	2.120 929 ***	南宁市	3.273 573 **	1.670 835 **
深圳市	−0.166 8 *	1.824 542 ***	青岛市	2.244 869 ***	1.598 292 ***
厦门市	1.272 806 **	1.368 81 ***	济南市	4.371 017 **	1.536 77 **
上海市	0.581 179 *	1.150 802 ***	宁波市	1.909 011 ***	1.426 704 ***
海口市	1.016 647 **	1.109 211 ***	杭州市	2.463 505 ***	0.869 445 ***
			天津市	2.902 956 ***	0.822 707 ***
			南京市	4.532 492 ***	0.465 155 *
			北京市	1.216 933 ***	0.421 283 ***

从不同城市分区域的测算结果来看,各城市的双重属性存在明显差异。表 6.5 左边三列显示,哈尔滨、西安、广州、成都、重庆、深圳、上海等 16 个城市存在着投机属性高于消费属性的特点;表 6.5 右边三列显示,昆明、太原、大连、沈阳、青岛、济南等 19 个城市存在着消费属性高于投机属性的特点。

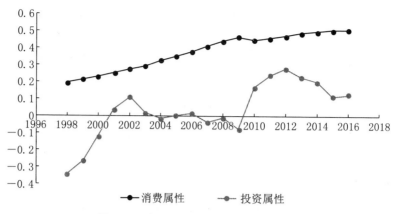

图 6.5　35 个大中城市双重属性年度估计结果

从不同城市的时间演进结果来看,消费需求属性呈现稳步增长的态势;而投资需求属性则波动巨大,如图 6.5 所示。这说明住房投资需求剧烈波动是带来经济增长波动的主要原因。如果经济增长是以住房消费需求的稳步增长为支撑,那么经济将平稳增长;如果掺杂着投资需求,则经济会受投资需求影响,忽上忽下,投资需求支撑下的波动性高增长不可持续。从投资需求波动来看,1998—2016 年我国投资需求属性的变化主要呈现四个阶段:1998—2002 年快速提升,2002—2009 年快速下降,2009—2012 年快速上升,2012—2016 年快速下降。虽然在四个阶段下有些年份如 2006—2007 年、2007—2008 年等呈现交替变化,但总体来看,这一变化过程与我国住房价格快速上升及政府调控期密切吻合。

2. 盯住属性下住房迷惑国民经济的模型设定

为充分展现住房绑架国民经济这一现象背后的实质是住房的双重属性迷惑国民经济,本部分建立了三阶层线性模型,将盯住价格的双阶层关系上移至盯住属性的三阶层关系,如图 6.6 所示,从而对住房迷惑国民经济的长效机制进行实证检验。

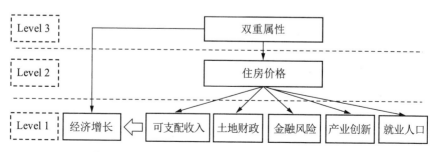

图 6.6　盯住属性下住房迷惑国民经济的三阶层线性模型

根据前文逻辑,构建三阶层的 HLM 模型(Three-level Hierarchical Liner Model,3-HLM)如下。

第一层模型:

$$\ln GDP_i = \beta_0 + \beta_1(\ln Income_i) + \beta_2(\ln Risk_i) + \beta_3(\ln Land_i) + \beta_4(\ln Population_i) + \beta_5(\ln Innovation_i) + r_i$$

第二层模型:

$$\beta_0 = \gamma_{00} + \gamma_{01}(\ln House_i) + u_{0j}$$

$$\beta_1 = \gamma_{10} + \gamma_{11}(\ln House_i) + u_{1j}$$

$$\beta_2 = \gamma_{20} + \gamma_{21}(\ln House_i) + u_{2j}$$

$$\beta_3 = \gamma_{30} + \gamma_{31}(\ln House_i) + u_{3j}$$

$$\beta_4 = \gamma_{40} + \gamma_{41}(\ln House_i) + u_{4j}$$

$$\beta_5 = \gamma_{50} + \gamma_{51}(\ln House_i) + u_{5j}$$

第三层模型:

$$\gamma_{01} = \alpha_{010} + \alpha_{011}Consume + \alpha_{012}Invest$$

$$\gamma_{11} = \alpha_{110} + \alpha_{101}Consume + \alpha_{012}Invest$$

$$\gamma_{21} = \alpha_{210} + \alpha_{211}Consume + \alpha_{212}Invest$$

$$\gamma_{31} = \alpha_{310} + \alpha_{311}Consume + \alpha_{312}Invest$$

$$\gamma_{41} = \alpha_{410} + \alpha_{411}Consume + \alpha_{412}Invest$$

$$\gamma_{51} = \alpha_{510} + \alpha_{511}Consume + \alpha_{512}Invest$$

对三阶层线性模型中第二层和第三层的模型进行方差分解,获得第二层和第三层的方差分解结果,如表 6.6 所示。

表 6.6　第二层(房价)与第三层(双重属性)的方差分解

随机效应	标准差	方差成分	比重(%)
组间方差	1.095 5	2.296 4	74.08
组内方差	3.464 5	0.803 3	25.92

从表 6.6 可知,在方差成分中,组间方差为 2.296,这是指房价及其以下部分对经济增长的影响,即房价对不同城市经济增长的影响效应占 74.08%;组内方差为 0.803,这是双重属性对房价部分的影响,即双重属性对"房价通过宏观基础变量影响经济增长"中的影响效应为 25.92%。这一结果有力证明,双重属性才是房价绑架国民经济之后的力量,应该重点关注双重属性对房价的干扰与迷惑。

进一步将住房的消费属性和投资属性纳入第三层模型,分别测度消费属性与投资属性对房价以及对各宏观基础变量与经济增长的多层次影响机制，测度结果如表 6.7 所示。

表 6.7 35 个大中城市三层次线性模型测度结果(1997—2016 年)

变 量	系 数	标准差	t 值	p 值
消费属性(Invest)×房价(House)× 人均可支配收入(Income)	0.004 220	0.000 906	4.660 281	0.000 0
R^2	0.958 184			
消费属性(Consume)×房价(House)× 金融风险(Risk)	0.001 963	0.000 545	3.603 956	0.000 4
R^2	0.959 305			
消费属性(Consume)×房价(House)× 土地财政(Land)	0.009 017	0.001 809	4.983 502	0.000 0
R^2	0.960 205			
消费属性(Consume)×房价(House)× 就业人口(Population)	0.002 230	0.001 775	1.256 534	0.209 6
R^2	0.961 310			
消费属性(Consume)×房价(House)× 工业创新(Innovation)	0.001 540	0.000 642	2.398 169	0.016 9
R^2	0.958 666			
投资属性(Invest)×房价(House)× 人均可支配收入(Income)	−0.000 348	0.000 251	−1.387 685	0.016 0
R^2	0.931 996			
投资属性(Invest)×房价(House)× 金融风险(Risk)	0.003 943	0.000 782	5.040 181	0.000 0
R^2	0.961 198			
投资属性(Invest)×房价(House)× 土地财政(Land)	0.014 547	0.002 437	5.968 270	0.000 0
R^2	0.961 942			
投资属性(Invest)×房价(House)× 就业人口(Population)	−0.000 680	0.000 401	−1.695 742	0.090 7
R^2	0.932 147			
投资属性(Invest)×房价(House)× 工业创新(Innovation)	−0.000 382	0.000 301	−1.272 240	0.204 0
R^2	0.931 947			

当考虑双重属性时,房价通过宏观基础变量影响经济增长的过程出现了两大分化:一方面,消费需求属性对"房价通过宏观基础变量影响经济增长"的过程产生同质影响,均有增强作用。具体来看,消费属性稳定地增强了房价通过人均可支配收入促进经济增长的作用,其中消费属性每增加 10%,增强房价通过人均可支配收入对经济增长的促进程度为 0.04%(ln 110%×0.004)。消费属性稳定地增强了房价通过土地财政促进经济增长的作用,其中消费属性每增加 10%,增强房价通过土地财政经济增长的促进程度为 0.09%(ln 110%×0.009)。消费属性稳定地增强了房价通过金融扩张促进经

济增长的作用,其中消费属性每增加 10%,增强房价通过金融扩张促进经济增长的作用程度为 0.02%(ln 110%×0.001 9)。消费属性稳定地增强了房价通过工业创新促进经济增长的作用,其中消费属性每增加 10%,增强房价通过工业创新促进经济增长的作用程度为0.01%(ln 110%×0.001 5)。消费属性稳定地增强了房价通过就业人口促进经济增长的作用,其中消费属性每增加 10%,增强房价通过就业人口促进经济增长的作用程度为 0.02%(ln 110%×0.002 2)。当盯住价格为主时,提升房价,对 GDP、土地价格、金融贷款、就业人口等产生正向影响,而对工业创新、可支配收入产生负向影响,仅靠调整价格使得各变量变动方向不一致,无法同时促进经济。然而,对消费属性的分析显示,只要稳定地促进住房的消费属性,就将稳定地实现 GDP、可支配收入、土地价格、金融贷款、工业创新、就业人口等变量增长。因而,不是房价低住房就是国民经济支柱,房价高就绑架国民经济,成为万恶之源,而是消费需求支撑下的住房是国民经济支柱,只有消费需求支撑下住房推动土地财政稳定拉升和金融资产稳定扩张才是可持续和健康的模式。

另一方面,投资需求属性对"房价通过宏观基础变量影响经济增长"的过程产生了异质影响。投资需求属性对"房价通过居民可支配收入、金融风险、土地财政、就业人口、产业创新对经济增长的作用影响"有较大波动,对个别变量的影响程度更为剧烈。具体来看,投资属性减弱了房价通过人均可支配收入促进经济增长的作用,其中投资属性每增加 10%,减弱房价通过人均可支配收入对经济增长的促进程度为 0.003%(ln 110%×0.000 35)。投资属性剧烈地增强了房价通过土地财政促进经济增长的作用,其中投资属性每增加10%,增强房价通过土地财政经济增长的促进程度为 0.14%(ln 110%×0.014 5)。投资属性增强了房价通过金融扩张促进经济增长的作用,其中投资属性每增加 10%,增强房价通过金融扩张促进经济增长的作用程度为0.04%(ln 110%×0.003 9)。投资属性减弱了房价通过工业创新促进经济增长的作用,其中投资属性每增加 10%,减弱房价通过工业创新促进经济增长的作用程度为0.004%(ln 110%×0.000 38)。投资属性减弱了房价通过就业人口促进经济增长的作用,其中投资属性每增加 10%,减弱房价通过就业人口促进经济增长的作用程度为 0.006%(ln 110%×0.000 68)。投资需求属性对不同变量的影响存在差异,总体而言,同向增强了盯住价格下住房绑架国民经济的程度,因此,正是投资需求属性的干扰与迷惑使得住房价格对国民经济的绑架不断增强。在盯住属性的思路下,土地财政模式和住房金融扩张模式本身也没有问题,但投资需求迷惑下住房拉升土地财政和金融资产扩张不可持续。

第五节　住房供给侧结构性改革的长效机制设计

以盯住价格为要义,对消费需求和投资需求不加区分的模糊调控,正在使我国住房市场陷入"刺激—打压—刺激"的三重困境之中,亟须坚持"房子是用来住的,不是用来炒的"的定位,转向以盯住属性为主的精准长效调控。

一、调控对象从住房价格上移至需求属性,解决"为谁调控"的问题

前文理论与实证显示:住房市场不应是价格高就打压,价格低就刺激,而应该将体现商品特征的住房价格交由市场之手;将体现稳定特征的双重属性交由政府之手。住房价格上涨、GDP 增长、土地财政增长和金融扩张等无可厚非,但只有消费需求支撑下的 GDP 平稳增长、土地财政可持续增长(郑永年,2016)[①]和金融稳定扩张才是合理健康的经济增长,因而科学的思路是:解决住房市场为谁服务的问题,回归住房市场为消费者服务的根本,坚决打击和抑制投机者。住房市场既不是为价格服务,也不是为所有人服务,应明确为真实消费需求服务的宗旨。针对住房这一特殊消费品和投资品,只有尊重居民的基本居住权,为真正的消费者服务,才能明确:一方面,发挥市场之手,让市场调节与价格直接相关的商品特征。所有涉及商品属性的因素,如住房的房价、户型、地段、面积、交房时间等要素均应由市场调控,政府不应直接干预,如我国曾实行"70/90"政策,对住房户型进行限制,结果却干扰了正常的大户型改善需求,助长了投资需求。现在有声音提出要采取限售制度、房地产厂商降价,不加区分的限购等都不符合经济规律。另一方面,发挥政府之手,理直气壮地对投机进行坚决打击[②]。投资属性是住房价格波动进而经济增长剧烈波动的关键扰动因素,只有长期稳定打击投资者,才会恢复住房为消费者服务的初衷。

[①]　土地转让金普遍占到地方财政收入的 30% 以上,许多地区 60%～70% 的基础设施投资依赖土地财政。

[②]　部分学者会质疑,认为调控有违市场精神。作者认为,住房的投资需求正如医院的票贩子一样,票贩子扰乱市场秩序需要打击,同样房贩子干扰了老百姓的消费需求,应该理直气壮地进行市场干预。市场精神的根本是保护正常的供需关系,进而促进经济的可持续增长和财富创造,而不是保护投机等市场交易形式。

二、调控主体从中央政府下移至地方政府，解决"谁来调控"的问题

前文的分析显示当中央政府进行调控时，虽然能够察觉市场过热的基本原因来自投机炒作，然而中央政府能够采用的主要方式是统一的刺激或收缩政策。这些政策无法清晰地区分消费需求和投资需求属性，因而力度大、见效快但边界模糊，容易带来住房市场骤冷骤热的局面。另一方面，由于地方政府关注的绩效考核方式、地方财政规模等都与房价上涨直接相关，因而存在不断提高房价的内在冲动。在属性调控思路下，需要中央政府统筹和地方政府精准调控相结合。可行的分工措施包括：(1)中央政府加大加快户籍、社保、税务、住房、金融等信息的全国联网工作，在已有各地住房交易市场的基础上形成存量信息与交易信息清晰划分的全国住房信息市场或联网平台。(2)将住房调控纳入各地政绩考核。中央重在对地方政府的住房去投资化调控效果进行绩效考核，同时采用货币、财税等统一支持性政策同步配套。建立住房属性管理的一市一策和市长负责制。(3)具体调控应由各地政府进行精准的属性调控。由于各地发展差异大，不同城市的消费属性和投机属性差异大，且涉及投资属性的具体数据均由地方政府交易平台掌握，因而地方政府的调控将更为精准。

三、调控方向从模糊的价格调控转变为精准的属性调控，解决"调控什么"的问题

本部分的双重属性是一种理论尝试，限于数据原因，仍有较大的完善空间，需要开展深度调研和全面摸底。我国现有不同机构也对中国住房市场的属性进行了初步调研，比较有代表性的有：中国家庭金融调查(CHFS)数据显示，截至2014年3月，城镇地区住房拥有率已上升至89.2%，城镇家庭拥有多套房比例上升至21.0%(中国家庭金融调查和研究中心，2014)。中国社科院的研究认为当前受访家庭居民自有率为95.4%，比2013年调查上升1.9%。19.7%的家庭拥有两套以上的住房(李培林等，2015)。要形成更具实践操作性的评估标准，应建立住房属性的全面摸底和精准分类制度①，加快

---

① 也有学者会认为消费需求和投资需求不容易界定，并会制约真实的投资需求。双重属性的界定确实存在困难，明确双重属性需要开展诸多繁杂的工作，本研究也只是学术上的尝试，但这是比房产税更为现实和社会动荡更小的方式，各地政府享受土地财政盛宴多年，在住房顽疾面前应该更好地体现政府担当与政府智慧。同时，现阶段虽然抑制投机性需求将正常的投资需求也一起打压，但住房并不同于黄金、股票等一般仅具投资价值的物品，住房是兼具消费需求和投资需求的商品，由于投资与投机属性不易区分，因而，在这一阶段应优先保障一套住房的消费需求和改善需求，当市场调控较为稳定时再逐步释放投资区间。

研究制定基于城市的住房双重属性动态指数。分城市分区域对无房家庭需求、人房分离需求(有房但住房不在生活及工作重心所在地)以及分家需求(家庭有成年子女),对单身自住需求、家庭自住需求、家庭改善需求等各类消费需求,对跨省市购房、无保险无户籍无工作购房、多套购房等不同属性的需求情况进行精准调研、全面摸底与联网工作。建立住房属性变化的全面调查、专项调查和持续监测制度。对双重属性指数呈现投机偏向式和消费偏向式进行密切监测,保障住房市场的消费偏向式发展,当呈现投机偏向式波动时,则加大抑制力度。严格控制跨区域、无社保记录无工作炒房以及购买之后迅速转手买卖的时间、数量、成本、范围等投资属性。

四、调控内容从一刀切式调控转变为有升有降的分类调控,解决"怎么调控"的问题

当前以价格为主的调控中,为达到价格打压或价格刺激的目的,通常是消费和投资需求一起打压,这种方式见效快,但是市场动荡大。2017 年春节之后,又一轮调控性政策密集出台,截止到 2017 年 3 月 29 日,累计 32 个城市出台调控政策。目前来看,出台调控政策城市主要位于环渤海、长江中游、长三角经济圈等地。本次政策基本以限购限贷为主。除北京外,政策最严厉的主要是二线城市,已纷纷向一线城市看齐。如果明确进行属性调控,就必须形成有升有降的分类调控:(1)在精准属性分类基础上,运用各类措施对真实消费需求大力刺激,重点对新毕业落户大学生、新婚夫妇、适龄人口的首套住房购买者和无房无贷的改善型住房者出台统一的优惠政策进行刺激,这种保障消费需求的做法,能够使得抑制导向型政策下出现投资需求收缩时,保障市场稳定,也防止扩张导向政策下市场需求的过度释放。(2)加杠杆与去杠杆分类调控。如果一刀切地去杠杆,则会出现市场骤冷的局面,因而,应明确对投机者去杠杆,对消费者加杠杆。(3)稳存量,调增量。收缩性政策下,投资性需求不仅会急剧下降,而且会促使已有存量的回吐,从而带来经济急剧下行的压力,因而在属性管理下,应首先从交易环节入手进行投机性需求的打压,逐步过渡到保有环节的调控。

第六节 结论与讨论

当前住房已经成为经济"脱实向虚"的关键推手,政府依据价格涨幅进行的应急式调控也正在陷入"刺激—打压—刺激"的恶性循环之中。如何形成

契合中国现实国情且符合长期增长目标的中国住房市场长效机制,并在长效机制指导下对住房市场进行科学调控,已经上升为供给侧结构性改革的首要任务。中国住房市场格局复杂,其解决没有现成经验和单一模型可以借鉴,需要理论研究者和实践探索者共同摸索中国特色的住房市场改革道路。本章尝试从解决中国住房现实难题出发,系统全面分析中国住房市场的现实、问题与成因,通过理论和实证比较探讨初步的解决方案。

一、中国住房的困境表面上看是高房价绑架了国民经济

只有消费属性支撑下的住房才是国民经济的重要支柱;消费属性支撑下的 GDP 增长、土地财政提升、金融扩张才是可持续的经济增长;投机属性下的 GDP 增长、土地财政提升与金融扩张则是虚假繁荣,必须"坚持房子是用来住的,不是用来炒的"的定位。住房绑架国民经济分为两个基本内容。

第一部分是房价直接对国民经济增长产生影响,这一影响比例约占 10%。其中房价增高,GDP 增长;房价降低,GDP 减少。第二部分房价通过四个基础变量间接影响国民经济增长,这一比例约为 90%。在这一思路下,将形成降低房价,促使房价回归合理区间或抑制房价增长过快的调控方向,这就产生了针对住房价格等商品特征的过度干预,从而不可避免地陷入"房价上涨就打压、房价下降就刺激"的调控惯性。同时,由于盯住价格下,房价对可支配收入、土地价格、金融贷款、工业创新和就业人口等变量又存在着不同方向的影响,因而一刀切式的价格调控将使国民经济处于进退两难的格局,依据价格高低的标准对住房市场进行松绑无法解决三重困境。

二、住房绑架国民经济的背后是住房的双重属性迷惑了国民经济

本章测算显示,房价对经济增长的效应仅为 25.92%,双重属性对"房价通过宏观基础变量影响经济增长"中的影响效应为 74.08%。双重属性的迷惑才是住房绑架国民经济的背后原因。同时不同城市住房消费属性增长平稳,消费需求属性对"房价通过宏观基础变量影响经济增长"的过程产生同质影响,均有增强作用。投资需求属性波动剧烈,对"房价通过宏观基础变量影响经济增长"的过程产生了异质影响。因此,摆脱价格思路的圈囿,重点支持消费属性,大力抑制投资属性,形成以盯住属性为主的调控才能保障国民经济平稳增长的要义。

三、中国住房市场的调控方向不是简单的市场化

中国住房市场的供给侧结构性改革方向是将价格调控交由市场之手,将

属性调控交由政府之手,制度设计应从"盯住价格为主的模糊应急调控"转为"盯住属性为主的精准长效调控"。双重属性的精准区分是一项繁杂的工作,但相比已有的三种方案,这是当前形势下最为迫切、代价最小的方案。盯住属性为主的精准调控应该形成"属性管理、上下分工、精准分类、区别对待"的调控方案与政策配套选择。调控对象从住房价格上移至需求属性,解决"为谁调控"的问题;调控主体从以中央政府为主体下移至以地方政府为主体,解决"谁来调控"的问题;调控方向从模糊的价格调控转变为精准的属性调控,解决"调控什么"的问题;调控内容从一刀切式调控转变为有升有降的分类调控,解决"怎么调控"的问题。

第七章　供给侧结构性改革的根本动力：
劳动结构调整

　　如果住房市场得到解决，那么供给侧普通商品市场应该怎么办？本章在前述分析基础上提出，供给侧结构性改革的根本动力是异质性劳动。普通商品市场实现供给与需求适配的关键不在于简单地提高技术等要素投入，而是供给侧要清晰认知需求是什么、在哪里等。本章通过需求侧生产消费过程和供给侧社会价值生产实现过程，提出商品社会中需求侧的微观和宏观分离无法解决私人劳动对社会劳动缺口的认知，将产生认知缺口性过剩，这就要求以生产性劳动为主体的劳动同质性向以认知性劳动为主体的劳动异质性转型。另一方面，在劳动异质性基础上，提出改革开放 40 多年以来为应对需求变化，供给侧的动力转变是沿着"解决了供给多不多、供给好不好与供给准不准"三阶段要求，按照供给侧形成生产性劳动、研发性劳动和认知性劳动等的要求不断进行推进。

第一节　生产消费过程与供给侧的社会价值生产实现过程

　　500 年的资本主义历史，主要是工业化和城市化的历史。其中，通过工业化提升技术和优化配置要素，解决商品生产的问题；通过城市化优化媒体、道路、商场等来配置商品，连接供需，使得工厂生产的产品能够销售出去，解决终端消费的问题，实现市场出清。在一个以供给为导向的经济环境下，工业化获得了充分的研究，而城市化包含的媒体、道路、商场等与消费相关联的主题并未很好地纳入经济学研究。目前曾经被奉为经典的工业化生产法则和城市化消费法则都正在被互联网所颠覆，因此，客观科学地认识互联网的本质需要从社会经济中生产与消费的基本规律入手。

一、逻辑起点:对使用价值属性的再认识

为什么使用价值无法转化为价值? 这首先与对使用价值属性认识的片面性有关。大多数政治经济学教材均认为,使用价值具有自然属性,价值具有社会属性,二者对立统一。其中商品使用价值是自然属性,是指使用价值是"商品几何的、物理的、化学的、生物的或其他的自然属性"。然而马克思的资本论中谈及使用价值时并没有提到自然属性,而是说:(1)每一种有用物,如铁、纸等等都可以二重的去观察,即质的方面和量的方面。每一种有用物,都是许多质的几何体,故可在种种方面有效用。(2)物的效用使那物成为一个使用价值。而这个效用绝不是浮在空中的,它是受商品体的性质限制的,故离商品体,即不存在。如果使用价值只有自然属性,那么使用价值只有在人们使用和消费它的时候,发生人与人的关系时,才可以与同样是人与人关系的价值进行转化,因此,商品只能通过与价值的社会属性进行事后的试错性对接的逻辑才能如此完美,但是这就无法说明使用价值是决定价值量实现的数量界限。如果商品的使用价值只是自然属性,那么生产就不需要考虑是不是符合社会需求。隐含的前提是生产可以决定消费(宋涛,2013),决定消费的对象和消费的方式。

商品的使用价值,是用于满足交换的使用价值。因此,要生产商品,它不仅要解决生产使用价值,且还要生产为他人的使用价值——社会的使用价值。其中商品体是使用价值的自然属性。满足人类社会的效用,即物的效用是商品使用价值的社会属性。其中使用价值的自然属性与价值对应;使用价值的社会属性与交换价值对应。

只有深刻认识商品使用价值的自然属性和社会属性,才能对供给侧形成全面的理解,即商品使用价值的自然属性解决的是商品是什么样的;商品使用价值的社会属性解决的是为什么是这样的而不是那样的。生产什么和为什么生产,二者共同决定了社会上所需要的产品数量,即生产多少的问题。商品使用价值的自然属性与价值对应,社会属性与交换价值对应。只有在生产之时解决和了解,才能有效规避过剩的危机。而在马克思所处的年代,存在几个重要的时代特征和社会条件,使得商品使用价值的自然属性更为突出。一是,社会总体上处于工业化初期,需求短缺,工业化生产的商品总体上能够被市场需求所消化,生产决定消费,因此,在通常情况下,为什么生产这种商品并不重要,重要的是生产多少;二是,限于生产力水平和信息的不对称,只能等生产之后通过交换过程的试错来测试商品的多少是不是为社会所需求的。

　　如果认识到商品使用价值不仅具有物的自然属性,而且应该包含为何有用的社会属性,那么商品之所以成为商品,就不仅要解决转化多少的问题,而且要解决为何转化和怎么转化,这是对商品为何有用的社会认识。如果只认识商品使用价值的自然属性,就会将使用价值和价值进行结构性对接,通过外生的机制或环节来实现,生产无法控制;如果能认识商品使用价值包含社会属性,那么使用价值就应该内生于企业生产过程之中,更好地满足社会需求,企业在市场供求中就具有了主导性,交换价值与价值的动态变化就可以提前决定。正因如此,马克思指出价值决定问题解决的是劳动多少,是时间多长的问题;而使用价值才是决定劳动"如何或为何"的问题(马克思,2015)。

二、生产消费过程与价值生产实现过程的对应关系

　　马克思的政治经济学理论之所以经典,在于它诠释的是社会经济运行的本质,但是它并不是形而上的学说,而是对社会经济现象的抽象。从经济社会运行的现象来看,生产者投入劳动等生产要素进行生产,形成产品,产品中包含着效用,而这一效用如果被消费者认可,那么将通过市场价格形成消费者购买,完成交易过程。于是,私人(或企业)的具体生产—消费过程就如图7.1所示。

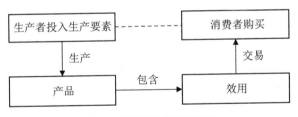

图 7.1　具体的生产消费过程

　　马克思通过劳动价值论揭示了经济社会运行的内在规律,并采用使用价值、交换价值、价值等概念来进行分析。

　　使用价值在形式上表现为生产出的产品数量,反映了社会总产品;在本质上表现为效用(樊纲,2015),满足社会需要才能具有使用价值。

　　生产者的目的是生产一个有交换价值的使用价值(马克思,2011)。那么,使用价值如何满足交换的需要呢? 一方面,商品体是使用价值的自然属性。这个效用,绝不是浮在空中,它是受商品体的性质限制的,故离商品体,即不存在(马克思,2011);另一方面,商品使用价值要满足人类社会的效用。物的效用,使那物成为使用价值(马克思,2011)。

　　使用价值的作用是产出,优点是看得见,且生产者生产出使用价值,消费

者根据这一使用价值是否对自己有用来进行消费,因此是生产者和消费者之间的桥梁。同时使用价值是具体劳动创造出来的。根据使用价值可以反推出价值,可以测度与社会必要时间的关系,但是缺点是:无法知道用户使用产品产生效用的大小,不同人效用的差别,进而无法了解消费者愿意支付多少私人时间(转化成的社会劳动),只能通过事后的、外部的价格进行验证。使用价值没有解决的是,对于消费者而言,愿意用多少劳动来进行交换。这就需要留给交换价值来解决。

交换价值决定了消费者到底愿意花费多少劳动进行购买或交换。这个交换价值才能检验出:生产什么。需要的"使用价值"与生产的"使用价值"之间的差别导致了个体之间的相互依赖并且使得交换是有条件的,交换价值本质上是一种劳动量与另一种劳动量交换的比例关系(价值的交换),本质上是由社会生产的技术条件和生产关系决定的应分配到各生产部门的价值。

价值要实现,需要通过使用价值这一物质承担者体现交换价值,交换价值体现的正是劳动的交换。交换价值反映了消费者愿意用多少劳动买企业多少私人劳动时间生产的价值。其中个人按照社会必要劳动这一标尺获得工资,企业按照社会必要劳动时间获得交换价值。目的是通过交换使用价值满足各自的需要。

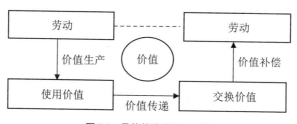

图 7.2　具体的价值实现过程

二、社会价值实现的条件

社会必要劳动时间×劳动生产率=社会总产品⇔价值量×劳动生产率=使用价值量,随着马克思模型的发展,使用价值无法保证给定产量的有效需求(沙洛姆·格罗,2011),多少劳动才是社会必要的,这依赖于经济的正常生产条件——普遍采用的技术。确认有效的生产过程,即如何生产。

第一阶段,使用价值是生产的一个必要条件,是满足人类需要或效用的能力。此时所有生产出来的商品都是有用的,消费者只有买得起和买不起的区别,如果买不起,就要通过销毁使用价值来保持市场出清,并通过价值交换环节证明多余的使用价值体现了私人劳动与社会劳动的不一致性。

给定时期的技术水平决定生产率和"社会必要劳动时间"，"使用价值"通过利用社会需要的大小来选择这种可接受的并且属于正常生产条件的技术类型。正是"使用价值"最终决定了何种生产率水平实际上确定了社会必要劳动时间。更确切地说，正是生产率直接决定社会必要劳动时间的区间；而"使用价值"——作为社会劳动分配的调节器——选择生产率的相应水平并且间接地影响价值结果。"使用价值"从来没有界定该区间的技术因素，以及生产单位商品所要求的社会必要劳动时间的数量；但是，"使用价值"是在决定过程中的一个积极的但总是外在的因素，它作为一个界限或强制性的约束在外面发挥作用。

马克思认为这个职能交给"使用价值"，它决定了用于满足给定社会需要的具体的技术—生产线段。"使用价值"不决定投入产出比率，因此，它不决定社会必要劳动的数量，它也不设定有多少技术—生产类型。但由于"使用价值"决定了要生产的数量，而且"使用价值"作为一个外在的、非技术的因素，决定了哪种技术—生产类型是必要的、能最大程度满足社会需要或社会的"使用价值"的一个给定水平（沙洛姆·格罗，2011）。劳动生产率决定价值，进而不同水平的私人劳动生产率所形成的竞争不断地调节这种分配，正像它不断地打乱这种分配一样。如果某个部门花费的社会劳动时间量过大，那么，就只能按照应该花费的社会劳动时间量来支付等价。

马克思的模型，最初假定所生产出来的所有商品是将被需求和购买的[1]。是退出价格式过剩，交换价值与价值相一致，如 1 元的价值（社会成本）卖 1.1 元，形成 1.1 元的产品（使用价值）在以退出价格过剩为主的年代，主要是买得起和买不起的区别，交换价值只是一个事后验证的信号，当交换价值事后验证过剩时，靠使用价值进行出清和调配，就是把多余的使用价值销毁掉，即把牛奶倒入大海中。在我国改革开放初期，也是以退出价格式过剩为主，当出现这种过剩时，主要是压缩产能，待消费能力提升后，继续生产。

当交换价值与价值相一致时：

$$L_A x = Q$$

正是在这个意义上，马克思指出价值决定问题解决的是劳动多少，是时间多长的问题；而使用价值才是决定劳动"如何或为何"的问题[2]。使用价值

---

① 详见马克思关于贝利的注解，《资本论》第一卷，第 49 页、56 页、63 页和 83 页。

② 《资本论》指出当作使用价值看，商品内含的劳动，只从质的方面被考察。当作价值量看，商品内含的劳动，须还原为纯粹的单纯的人类劳动，而只从量的方面加以考察。在前一场合，是劳动"如何或为何"的问题；而在后一场合，是劳动多少是时间多长的问题。

体现了商品监护人必须将意志寄存在这种物内,并且以这种身份,发生相互关系。这种意志就是确保商品是市场所需要的。使用价值是交换价值的物质的基本,是交换价值的担当者(马克思,2011)。要生产商品,他不仅要生产使用价值,且还要生产为他人的使用价值——社会的使用价值。

2.中高收入阶段以交换价值作为价值的调配器

马克思的态度是清楚的:(1)劳动生产率决定价值,即生产单位商品所要求的社会必要劳动时间;(2)生产率只是技术的一个函数,即生产因素的特性;(3)技术通过生产率界定了正常的生产条件;(4)"使用价值"不能决定或影响生产率的能力、潜力以及效率的技术方面。但是到底是什么决定了和"交换价值"怎样使合适的产量(劳动)具体化,还没有对决定产量的机制进行解释。马克思写道:同一规定,时而表现在使用价值的规定上,时而表现在交换价值的规定上,不过是处在不同的阶段,有着不同的意义(马克思,1973)。将交换价值作为劳动分配的调节器的实现机制是什么?

现在的时代是以饱和需求过剩为主,不是买得起和买不起,而是愿意买和不愿意买。对于 1.1 元的产品,消费者不愿意购买,再生产这样的使用价值已经没有生存空间,消费者即使愿意买,只愿意出 0.5 元,否则消费者不购买,此时,交换价值与价值不一致,根据交换价值的事后验证,再压缩或销毁使用价值,不能再出清市场了,只能按照 0.5 元的交换价值出清。因此企业的方向就是认知交换价值。

当交换价值与价值不一致时:

$$L_A x = QP$$
$$L_A x = QP = Y$$

原来是使用价值起配置的作用,靠事后的价格机制进行验错。"使用价值"怎样使合适的产量具体化,价格和竞争成为决定产量的机制。现在需要交换价值开始起配置作用,靠事后的价格机制是难以完全满足需求的,要对价格是什么提前进行清晰的认识和识别,需要新的机制来实现。"使用价值"可以使合适的产量具体化,并且可以倒推出社会必要劳动价值的量,但是这个量是否准确只能交由市场的价格机制进行生产后的和验证式的试错,从而无法实现两个方面的作用:一是,只能根据产出定生产,而无法根据销售额定生产,因为价格无法从使用价值中直接识别;二是,对交换价值的认识越来越重要。交换价值本质上是由社会生产的技术条件和生产关系决定的应分配到各生产部门的价值。根据以上论述建立了交换价值的基本构成模型,进一步说明自然价格是交换价值的货币表现,因此价格实质上是价值的分配形式

(白暴力,2005)。马克思在一封给恩格斯的信中指出:"这种按一定比例分配社会劳动的必要性,绝不可能被社会生产的一定形式所取消,而可能改变的只是它的表现形式,这是不言而喻的。在社会劳动的联系体现为个人劳动产品的私人交换的社会制度下,这种劳动按比例分配所借以实现的形式,正是这些产品的交换价值。"(白暴力,2005)。在马克思的时代,生产者不用考虑交换价值,因为社会整体处于无力购买,劳动者收入低,即使工资都花出去也不见得能够买得起。而现在满足消费者使用价值的成本在不断提高,因而交换的成本在提高,认识消费者愿意用多少劳动购买企业多少社会必要劳动时间的难度在提高。

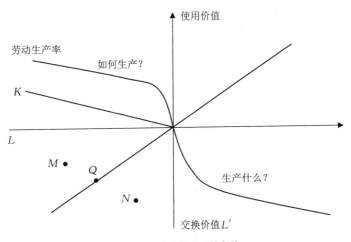

图7.3 社会价值实现的条件

三、工业化时代的社会价值实现

(一) 资本偏向型技术进步

在发展的第一阶段,当社会以需求短缺为特征时,将呈现供给主导,此时对交换价值的认知很低,可以忽略。后发国家可以直接模仿西方已有的成就,通过资本的扩张来实现社会价值,此时有:

$$Y=Kf(L)$$

此时,资本与劳动共同结合在生产过程之中,由于资本是已有的劳动的凝结,因此上述公式可以改写成:

$$Y=f(L, K)=f(L)$$

(二) 技术偏向型技术进步

当社会资本积累到 ·定程度,R&D 的投入不断增长,社会技术水平不

断提高,以技术的提升为主的劳动生产率的提升作用开始显现,经济的质量不断提高,此时有:

$$Y=\rho f(L, K)$$

随着管理制度的提升,技术与生产不断结合,促进劳动生产率提高,由于技术也投入生产过程,均属于生产性劳动,因此,上式可以简化为:

$$Y=f(L)$$

四、互联网时代的社会价值实现

(一) 需求认知型技术进步

社会价值实现的条件:从劳动生产率到需求认知率。当社会的规模和质量积累到一定程度时,社会将出现由供给主导向需求主导转变的过程,于是亟需对需求的认知来强化生产什么的动力,需求开始成为一个重要的限制条件。于是有:

$$Y=\beta f(L)$$

假定:(1)经济中存在两个市场——要素市场和产品市场。(2)个体和资本的角色存在双重性,其中个体在企业中是劳动力,在市场中是消费者;资本在企业中是资本,在市场中是供给。(3)劳动力获得收入,形成消费,资本进行投资,形成供给。以要素市场存在 3 000 单位的劳动力 L,形成产品市场 3 000 单位的消费 C;3 000 单位的资本 K,形成 3 000 单位的供给 S 为例,建立简单的 CS-LK 模型,如图 7.4 所示。

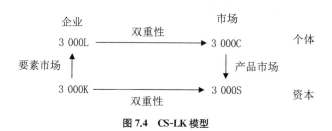

图 7.4 CS-LK 模型

以 CS-LK 模型分析经济增长中微观与宏观分离的情况。

(1) 鲁滨孙的孤岛经济模式:均衡模式

如果整个经济只存在一个人,理论上微观与宏观完全统一,经济如图 7.1 所示实现均衡。

(2) 商品社会中供给侧的微观和宏观分离:生产性过剩

在商品社会中,如果供给侧的微观和宏观出现了分离,那么就会如马克思所言,出现了私人生产和社会化大生产之间的矛盾,使生产者同总劳动的社会关系反映成存在于生产者之外的物与物之间的社会关系。不妨假定社会中存在 3 家企业,需求是既定的,不需要认知,假定为 1。每家企业使用 1 000 单位的 L 进行生产,但是由于私人劳动时间与社会必要劳动时间不一致,因此存在不同的生产效率。假定企业 A 的社会必要劳动时间/私人劳动时间=0.5;企业 B 正好与社会必要劳动时间一致为 1;企业 C 的生产效率最高为 1.5。那么,存在如下情况:

$$1\ 000\text{L} \times 0.5 \times 1 = 500$$
$$1\ 000\text{L} \times 1 \times 1 = 1\ 000$$
$$1\ 000\text{L} \times 1.5 \times 1 = 1\ 500$$

如果按照市场经济的规律,那么企业 A 由于不具有生产效率,因此按照优胜劣汰的法则将破产,企业 B 和 C 将继续生产。而此时微观的供给加总为宏观的供给是 2 500,而 2 000 单位劳动力转化的消费仅为 2 000,因此,市场存在生产性过剩。当放任市场自发力量带来的破坏性的经济后果,将出现"看不见的手"的失灵,产生周期性的经济震荡和破坏,这是个人和社会都难以承受的。在这种情况下,马克思指出它们的统一要通过强制的方法实现,它们的相互联系要通过强加在它们的彼此独立性上的暴力来完成。通过暴力完成后,建立计划机制能够解决微观层面的供需失衡问题(这一点马克思已经作了准确论证)。

如果将上述规律放入开放经济中,拓展为全球市场,每个企业变成国家,那么就会得到如下推论,即如果企业 A 为中国,企业 B 为日本,企业 C 为美国,那么,虽然一国内的计划机制能够解决私人劳动和社会必要劳动的对接问题,但是无法解决优胜劣汰所必需的一国生产效率提升问题。我们可以获得如下定理:

定理 1:商品社会中供给侧的微观和宏观分离无法解决私人生产和社会化大生产之间的矛盾,呈现生产性过剩。

推论 1:计划经济能解决生产性过剩,但是在生产力水平较低情况下,无法解决外部优胜劣汰压力所需要的生产效率提升问题。

在这种情况下,经济增长主要的方向是推进技术进步和知识产权保护,通过创新加快生产效率的提升,使通过计划来解决私人劳动和社会必要劳动矛盾的前提更早成熟。

（3）商品社会中需求侧的微观和宏观分离：认知性过剩

假定社会生产效率既定为 1。当微观需求分散化的时候，企业需要去寻找分散的需求，解决需求在哪以及为何等问题，企业可能出现找不全、找不准等多种情况，假定经济中存在 3 家企业，每家企业使用 1 000 单位的 L 进行生产，但是由于每家企业认知私人劳动时间与社会必要劳动时间缺口的能力不一样，因此存在不同的认知效率。其中企业 A 的需求认知不存在偏差，认知效率为 1；企业 B 存在一定认知偏差，认知效率为 0.8；企业 C 的偏差最大，认知效率为 0.5，于是形成了如下情况：

$$1\,000L \times 1 \times 1 = 1\,000$$
$$1\,000L \times 1 \times 0.8 = 800$$
$$1\,000L \times 1 \times 0.5 = 500$$

其中社会中劳动力的产出加总为 3 000L，而在存在认知偏差时，社会的总需求为 2 300 单位，于是社会总需求和总供给存在 700 单位的缺口。

当社会处于马斯洛需求层次的不同阶段时，缺口的弥补情况并不一样。当需求层次处于马斯洛需求层次中低端时，以刚性需求为主，此时以生产效率的提升为主，通过总需求刺激，可以释放 700 单位的缺口；当需求层次处于马斯洛需求层次的中高端时，以柔性需求为主，此时，认知效率的提升将占主导，通过总需求刺激，就无法转化为微观需求。

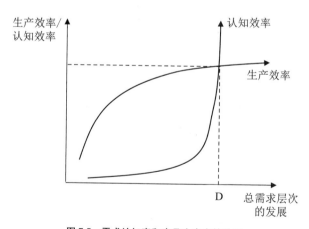

图 7.5　需求认知率和产品生产率的关系

注：D 为马斯洛需求层次中从低层向中高层的转折点。

定理 2：商品社会中需求侧的微观和宏观分离无法解决私人劳动对社会劳动缺口的认知，将产生认知缺口性过剩。

推论 2：经济增长中生产效率和认知效率何种占主导地位，与总需求层次的发展阶段密切相关。当总需求处于马斯洛需求层次的中低层时,生产效率的提升占主导;而当总需求处于马斯洛需求层次的中高层时,认知效率将占主导。

由上述分析,在理解需求变化的情况下供给侧结构性变化的完整形式如下:

$$供给侧＝投入要素×产品生产率×需求认知率$$

传统供给侧和现有供给侧存在较大差异。原有供给侧中,供给的主要任务是生产,解决生产多少的问题,提升的方向是增加要素投入和提升产品生产率。现有的供给侧中,供给的主要任务是认知,解决为什么生产的问题,提升的方向除了增加要素投入和提升产品生产率,更主要的是提升需求认知率。供给侧结构性改革的重点不仅仅是通过提高效率解决生产多少的问题,而是要通过需求认知率解决为什么生产这种产品而不生产那种产品,因此,生产行为本身就它的一切要素来说也是消费行为①,而且是预知消费行为的过程。消费从一开始只有内生于生产,才能真正保证短期内市场出清。

表7.1　传统供给侧和现实供给侧的比较

供给侧变化	供给的主要任务	解决的问题	主要提升方向
传统供给侧	生产为主,认知为辅	生产多少	产品生产率
现实供给侧	认知为主,生产为辅	为何生产和如何生产	需求认知率

五、劳动的异质性:从生产性劳动到认知性劳动

劳动在一切生产方式中存在,而交换价值仅仅在一种商品生产的社会中存在。通常的反驳是说它不是普通的劳动,而是作为交换价值的实质的抽象劳动。但是许多商品在市场上买进和卖出,为什么选用劳动作为唯一的共同物质呢?(杰弗·霍奇森,2013)因为没有诠释好劳动与交换价值的关系,劳动价值论在此处是一个瑕疵。

事实上,不论是亚当·斯密、大卫·李嘉图还是马克思,在其研究过程中均对具体劳动进行了强制的理论抽象,即把各种具体劳动归结为社会一般劳动,并将社会一般劳动视为同质劳动,从而无一例外地采取了劳动同质性的假定。这就否定或忽略了劳动的横向和纵向异质性的普遍存在。广义价值

---

① 生产是生产资料和劳动力的消费,消费品的消费是劳动力的再生产。

论试图考察劳动的异质性,在经济学说史上首次阐释了劳动异质性对价值实体及价值的决定的影响(蔡继明和李亚鹏,2011)。然而广义价值论所考虑的劳动异质性主要是指劳动者个体之间在生产能力上的比较优势(Roy,1951;Sattinger,1975)。

美国学者马克·波斯特(Mark Poster)就曾体认了这一点,他认为马克思主义的生产方式理论面对19世纪的工业社会是有效的,且具有较强的预见性(马克·波斯特,2000)。以往对劳动的异质性划分还主要分为生产性和非生产性的,如服务业等,但是虽然这些劳动不再采取19世纪的工业时代的样式,但只要它们仍然处于资本的控制之下,它们就仍然是生产性的(张金鹏,2012)。

产品只有通过交换才能变成财富。所以这个产品必须是社会所需要的,不是多余卖不掉的。产品能不能卖得掉,可不是工人的生产劳动所能够保证的。这是企业家通过对市场的调研,确认这项产品为社会所需。也有可能企业家判断错误,工人花了辛勤劳动,生产出来的产品已经不为社会所需,结果就是工人的劳动白费了。由于企业家判断错误,企业赔钱,还糟蹋了物资,浪费了资源。劳动虽然创造了产品,财富没有增加,反而还减少了。交换价值决定了私人劳动要考虑满足市场需求的问题。如果仅考虑生产,那么劳动者的私人劳动也无须考虑与市场需求对接的问题,私人劳动的主要任务是生产。如果考虑商品使用价值的社会属性,就是在确定商品使用价值时需要考虑商品满足社会需求的能力,为此,在生产之时就应该投入相应的劳动去解决这一问题,使得不仅要考虑生产多少,还要考虑为谁生产,生产什么。每一种劳动产品的使用价值都是私人劳动的结果。这种私人劳动能否转化为社会劳动,在多大程度上转化为社会劳动,一方面,取决于私人劳动产品数量与社会对这种私人劳动产品数量需要规模的比较;另一方面取决于私人劳动符合社会需要,因此,社会产品总量的使用价值就取决于这个总量是否适合于社会对每种特殊产品特定数量的需要(茅于轼,2015)[①]。

消费者是主体意识极强的人,他拥有买与不买的绝对自由,商品拥有者想让他购买并非易事,他几乎不考虑商品是由谁怎么制造的,而只看是否能够满足他的需要。要摸透他的心思、让他慷慨解囊,就是说,要使私人劳动转化为社会劳动,使价值真实地形成,如果我们回溯产品生产过程就会发现,这件工作,在任何企业里都是由企业家完成的。远在产品作为表象存在时,它

[①] 茅于轼.到底是什么创造了财富[DB/OL]. 2015-08-10. http://news.sina.com.cn/zhiku/zjgd/2015-08-10/doc-ifxftvni8900701.shtml.

就是企业家决定的。恩格斯说近代工业驳倒了不可知论，即包含了工业能够生产出预期满足人们需要的产品的意思，如果说没有这种预期就没有近代工业，那么作出这种预期的核心人物就是企业家。马克思指出："资本家是否高于或低于并且按什么程度低于或高于生产价格购买或出售，因而在流通过程中占有总剩余价值的一个较大的或较小的部分，取决于一些特殊的市场行情，而就每一笔交易来说，取决于资本家的狡猾程度和钻营能力，取决于能动资本家怎样执行职能使他获得怎样的总利润。""取决于欺诈、狡猾熟知内情、随机应变和千万种市场状况。"（勇非，2001）

价值决定和价值实现过程不应该被供求关系割裂，而是一个内在统一的过程。由供求关系决定的价值实现过程是一个表象，供求表象，症结仍然在价值决定过程。为了更好地解释这一结论，我们认为马克思提出的劳动二重性统一的条件有两方面：一是，供求关系一致；二是，社会整体生产力水平较低，社会需求整体处于短缺状态。而更一般的基本关系应如下：

总供求一致下：

社会必要劳动＝私人生产性劳动＋0＝私人劳动

总供求不一致下：

社会必要劳动＝私人生产性劳动＋私人认知性劳动

所以《资本论》第一卷中提到的社会必要劳动时间是供求关系一致前提下的价值决定论；而第三卷中则是深化了这一结论，推广到更一般的前提。这里私人劳动对社会必要劳动的认知性劳动，是生产者在一定的社会关系中认识社会必要劳动与私人劳动差别的劳动，反映私人劳动认知、量化、对应、响应社会必要劳动的能力。

当总供求一致时，私人劳动对社会必要劳动的认知性劳动可以无限小，使得私人劳动可以顺利转化为社会必要劳动。前资本主义时期，社会整体发展水平较低，生产出来的商品只要价格足够低，市场就能消化，因此，在讲到价值生产过程中，马克思已经把资本家选择好的事业（无论是纺织业，是皮鞋制造业，抑或是别的什么生产事业）作为既定的前提。因为在资本主义爆发真正的大危机之前，无论选择什么生产事业，通常生产出来的商品都是可以销售出去的，私人劳动对社会必要劳动认知的成本极低，可以忽略为0。

如果社会总供求不一致，那么私人劳动对社会必要劳动认知的重要性就提高，私人劳动对社会必要劳动进行认知的成本也相应变得比较高，就必须考虑投入私人劳动对社会必要劳动的认知性劳动。总供求关系的变化随着社会总收入水平和技术水平的变化而变化。随着社会收入水平的变化,需求的满足从短缺状态变为饱和状态,引发了需求从单一化向多元化的变化,并不是生产出来的商品都能够通过市场出清,此时,私人劳动对社会必要劳动的认知就变得非常重要。如果这个认知性劳动不足,供给大于需求,那么企业就可能产生过剩或挤压。于是就呈现了按照市场需求的商品总量应耗费的社会必要劳动时间。

$$L_{f(p)}L_A x = Q$$

第二节　理论模型的设计

本部分纳入前文提炼出的三大中国假设——政府作用内生、劳动异质性、创新二元化,构建新熊彼特六部门模型,对中国改革开放以来异质性劳动与要素条件的适应性匹配所形成的阶段转换历程进行系统理论建模。

一、多部门的设计

1. 家庭部门

作为一般性的增长条件,中国的人口红利以及中国在计划经济时期积累起的超出同等收入国家的人力资本禀赋,都只是在改革开放时期才开始得到释放,成为经济增长的源泉(蔡昉,2018)。基于这一经济实践,本节将中国经济中的异质性劳动划分为三种:生产性劳动、研发性劳动和认知性劳动,劳动力总量 L_t 不变。在阿格诺尔和卡努托(2015)研究的基础上,进一步假设有 $\delta \in [0,1]$ 部分的劳动力生来为生产性劳动 L_{yt},剩余的劳动力通过学习或培训有 $\theta_{1t} \in [0,1]$ 的可能性改变为其他类型的劳动力,其中 $\theta_{2t} \in [0,1]$ 的可能性成为认知性劳动 L_{et},其余成为研发性劳动 L_{rt}。

$$L_{yt} + L_{rt} + L_{et} = L_t \tag{7-1}$$

$$L_{rt} + L_{et} = (1-\delta)\theta_{1t}L_t \tag{7-2}$$

$$L_{yt} = [\delta + (1-\delta)(1-\theta_{1t})]L_t \tag{7-3}$$

$$L_{et} = \theta_{2t}(1-\delta)\theta_{1t}L_t \tag{7-4}$$

$$L_{rt} = (1-\theta_{2t})(1-\delta)\theta_{1t}L_t \tag{7-5}$$

假设每个个体存活于成年期和老年期两个阶段。每个个体在成年期通过供给单位劳动获取工资，老年期无收入。生产性劳动为最终产品部门提供劳动，研发性劳动和认知性劳动为创新部门提供劳动，且创新部门工资相同。劳动力将 $\varepsilon \in [0, 1]$ 部分的工资用于学习培训来改变劳动力类型。所有劳动力有义务向政府部门纳税，税率固定为 $T \in [0, 1]$。同时所有劳动力有 $\tau \in [0, 1]$ 部分的工资支付给贸易部门用于国际学习来适应改革开放所需要的技能提升，其中生产性劳动学习如何适应国际分工要求有效进行生产，研发性劳动和认知性劳动学习如何利用开放后引入的全球前沿技术。家庭部门作为消费的主体，根据家庭消费能力选择消费需求，从而形成与之社会总供给相适应的有效需求，采用对数消费效用函数，家庭部门目标及约束方程如下：

$$\text{Max } U_{mt} = \ln c_{mt} + \frac{\ln c_{m, t+1}}{1+\rho} \quad m = y, r, e$$

$$\text{s.t.} \quad C_{yt} + S_{yt} = (1-T)(1-\tau) w_{yt}$$

$$C_{ht} + S_{ht} = (1-T)(1-\tau)(1-\varepsilon) w_{ht} \quad h = r, e$$

$$C_{m, t+1} = (1+r_{N, t+1}) S_{m, t} \quad m = y, r, e \tag{7-6}$$

其中，C_t 表示 t 期消费，S_t 表示 t 期储蓄，w_t 为工资，ρ 表示贴现率，$r_{N, t+1}$ 表示从 t 期到 $t+1$ 期持有国内私人资产的回报率，y、r、e 表示劳动力类型，m、h 仅为下标。

私人部门的储蓄是国内私人资本的来源，因此 $t+1$ 期国内私人资本 $K_{N, t+1}$ 为：

$$K_{N, t+1} = S_{yt} L_{yt} + S_{rt} (L_{rt} + L_{et}) \tag{7-7}$$

2. 最终产品部门

在一个周而复始的马尔萨斯贫困陷阱中，必须具备形成最小物质资本积累的临界条件以及形成一种人力资本激励机制，才能实现创新与生产活动相结合，否则无法打破贫困均衡陷阱（蔡昉，2017）。中国打破这种陷阱是从 20 世纪 80 年代引进外商直接投资开始的[①]（路风和余永定，2012）。中国廉价且充足的劳动力是吸引外资的重要原因，也是改革开放以来中国经济高速增

[①]　当时中国遇到两个问题：一个是大规模购买技术受制于外汇瓶颈；另一个是正值拉美债务危机，借债风险引起决策层的警惕。在这样的条件下，选择引进 FDI 作为补充具有合理性。中国早期引入的 FDI 以港澳台和华侨资本为主，也包括少量为引进技术而与西方企业建立的合资企业。

长的一个重要条件(蔡昉,2007)。低成本劳动与资本结合之后,微观上带来了规模经济和范围经济。根据中国的国情,考虑改革开放后外商直接投资和生产性劳动的重要性,并结合罗默(Romer,1990)及阿格诺尔和卡努托(Agénor and Canuto,2015)的函数形式,假设最终产品部门完全竞争,存在连续的厂商 $i \in [0,1]$,最终产品使用国内私人资本 K_N、基本公共资本 K_Y、生产性劳动力 L_y 和中间产品投入 x_s,并引入国外资本 K_F,得到厂商 i 的生产函数:

$$Y_{it} = \left[\frac{K_{Yt}}{K_{Nt}^{\zeta_K} L_{yt}^{\zeta_y}}\right]^{\bar{\omega}} (K_{Ft}^i)^{\varphi} (K_{Nt}^i)^{\alpha} (L_{yt}^i)^{\beta} \left[\int_0^{M_t} (x_{st}^i)^{\eta} ds\right]^{\gamma/\eta} \quad (7\text{-}8)$$

其中参数 ζ_K、ζ_y、$\bar{\omega}$、φ、α、β、η、γ 都大于 0,且 $\eta > \gamma$;$\int_0^1 L_{yt}^i di = L_{yt}$;$\int_0^1 K_{Nt}^i di = K_{Nt}$;最终产品使用连续的中间产品,$s \in [0, M_t]$;为了保证规模报酬不变,假设 $\varphi + \alpha + \beta + \gamma = 1$。

基本公共资本由生产性劳动和国内私人资本来衡量,这些基本公共资本部分竞争并且会挤出私人资本,挤出效应由 ζ_K、ζ_y 来衡量。厂商将所有投入要素相对于最终产品的价格视为给定,因此厂商 i 的利润为:

$$\Pi_{it}^Y = Y_{it} - r_{Ft} K_{Ft}^i - r_{Nt} K_{Nt}^i - w_{yt}^i L_{yt}^i - \int_0^{M_t} p_{st} x_{st}^i ds$$

一阶条件为:

$$r_{Ft} = \varphi \frac{Y_{it}}{K_{Ft}^i}; \quad r_{Nt} = \alpha \frac{r_{it}}{K_{Nt}^i}$$

$$w_{yt} = \beta \frac{Y_{it}}{L_{yt}^i}; \quad x_{st}^i = \left(\frac{\gamma^{Z_{it}}}{p_{st}}\right)^{\frac{1}{1-\eta}}, \quad s = 1, \cdots, M_t \quad (7\text{-}9)$$

其中 r_F 为国内私人资本净租金率,r_N 为国外资本净租金率,p_s 为中间产品价格,视 $Z_{it} = Y_{it}/\int_0^{M_t} (x_{st}^i)^{\eta} ds$ 为给定的。

对 x_{st}^i 进行积分,得到:

$$x_{st} = \left(\frac{\gamma^{Z_t}}{p_{st}}\right)^{\frac{1}{1-\eta}}, \quad s = 1, \cdots, M_t \quad (7\text{-}10)$$

$$Z_t = \frac{Y_t}{M_t x_t^{\eta}}$$

综上，均衡时各个厂商要素投入相同。得到：

$$Y_t = (L_{yt})^{\beta - \zeta_y \bar{\omega}} \left(\frac{K_{Yt}}{K_{Nt}}\right)^{\bar{\omega}} \left(\frac{K_{Ft}}{K_{Nt}}\right)^{\varphi} \left(\frac{M_t}{K_{Nt}}\right)^{\gamma/\eta} (x_t)^{\gamma} (K_{Nt})^{\alpha + \varphi + \frac{\gamma}{\eta} + \bar{\omega}(1 - \zeta_K)}$$

假设 $\beta - \zeta_y \bar{\omega} = 0$，$\alpha + \varphi + \gamma/\eta + \bar{\omega}(1 - \zeta_K) = 1$。简化可得：

$$Y_t = (k_{Yt})^{\bar{\omega}} (k_{Ft})^{\varphi} (m_t)^{\gamma/\eta} (x_t)^{\gamma} K_{Nt} \tag{7-11}$$

其中 $k_{Yt} = K_{Yt}/K_{Nt}$，表示基本公共资本—国内私人资本之比；$k_{Ft} = K_{Ft}/K_{Nt}$，表示国外资本—国内私人资本之比；$m_t = M_t/K_{Nt}$，表示知识—国内私人资本之比。

3. 中间产品部门

中间产品部门的企业是垄断竞争性的，对于每一种中间产品投入 s 价格为 p_{st}。假设每单位中间产品 s 的生产需要 1 单位最终产品（Agénor and Canuto，2014），那么中间产品生产部门的利润最大化问题为：

$$\Pi_{st}^I = (p_{st} - 1) x_{st} \tag{7-12}$$

代入式(7-10)，并由一阶条件 $\partial \Pi^I / \partial p_{st} = 0$，得到所有中间产品共同的均衡价格：

$$p_t = p_{st} = \frac{1}{\eta} \tag{7-13}$$

进而得到：

$$x_t = x_{st} = (\gamma \eta Z_t)^{\frac{1}{1 - \eta}} \tag{7-14}$$

代入式(7-10)，可得：

$$x_t = \gamma \eta \frac{Y_t}{M_t} \tag{7-15}$$

$$\Pi_{st}^I = \gamma(1 - \eta) \frac{Y_t}{M_t} \tag{7-16}$$

中间产品部门的利润在均衡时不变。中间产品部门需要从创新部门购买专利来进行生产活动，创新部门生产新知识的价格等于中间产品生产部门的垄断利润，因此专利价格为：

$$p_{Rt} = \Pi_t^I = \gamma(1 - \eta) \frac{Y_t}{M_t} \tag{7-17}$$

4. 创新部门

1992 年以后,引进外资被当作改革开放的标志而获得了意识形态上的正确性,政策上对外资的优惠越来越多,跨国公司也开始大举进入(路风和余永定,2012)。这种引进固化了投资驱动模式,同时也带来了国外先进技术,尤其是促进了研发性劳动的能力提升。改革开放初期,我国在技术水平上和发达国家存在巨大差异,因此对国外技术的吸收与模仿是我国实现技术和经济赶超的重要方式(易先忠等,2007)。另一方面,随着我国进入中等收入阶段后,与发达国家技术差距缩小,通过吸引外资推动的以发达国家技术前沿为参照的技术进步趋于衰减(张德荣,2013)。著名企业家张瑞敏坦言:"中国改革开放 30 多年来,获得了全世界公认的高速增长,但我们只不过是追赶型成功,追赶型最大的特点就是你可以有路标的,有追赶对象的,有模式可借鉴的……可如今最大的问题是,路标在哪里?我们将进入一个没有路标的时代。"(袭祥德和马吉英,2012)而这种没有路标的探索①,在微观上主要是靠企业家及其团队的认知性劳动来实现②。

考虑技术和市场相结合的创新二元化内涵,将创新部门的活动分为两类:模仿式创新和自主式创新。前一种是处于稳定工业化阶段,主要满足需求规模扩大或需求质量提高,创新部门不用探索目标,而是可以参照国际前沿技术进行模仿创新,提高产品的数量和质量。当国内技术水平落后时,随着贸易的开放,全球前沿技术引入国内,研发性劳动力借助这种知识存量,可以吸收国际前沿技术进行模仿创新;后一种当工业化时代向互联网时代转型时,需求层次出现结构性提升,新的需求不断涌现,技术轨道和范式开始发生变化时,创新部门没有既定目标可以参考,这时就需要首先发挥企业家及其团队的市场认知功能进行市场方向探索。这时创新的范式也由方向明确的研发投入转向了方向不明的创新探索。在没有技术目标可参照或技术轨道发生变化时,认知性劳动力能够灵敏认知到市场需求,弥补市场缺口,从而

---

① 技术轨道和技术范式具有很强的排除效应,它使工程师及其所在组织的技术努力和想象集中在相当确定的方向上,而无视技术发展的其他可能性。如果处于工业化的稳定时期,依靠研发人员的研发规模能力提升将实现特定目标的赶超,然而如果市场需求发生剧烈变化,使得原有技术轨道和技术范式失效,那么就需要企业家精神进行市场探索来寻找新的技术范式和技术轨道的方向。比如,人工智能对传统工业的颠覆。

② 除了客观条件的诱因,解释竞争性管理资本主义兴起的关键变量就不能不是"企业家的反应"(entrepreneurial response)。美国钢铁工业的第一行动者是卡内基(Andrew Carnegie),他像洛克菲勒和福特一样理解高强度利用生产能力的意义。经济效益依赖于知识、技能、经验和团队合作——依赖于为利用技术过程潜力所必须组织起来的人的能力。

确定满足家庭部门需要的供给方向。例如苹果、腾讯、阿里巴巴、小米等都是依靠企业家精神进行市场认知的创新成果。在此基础上借鉴阿格因和豪伊特(2011)、阿格诺尔和卡努托(Agénor and Canuto,2015)的研究,得到 $t+1$ 期技术水平 A_{t+1}:

$$A_{t+1}=q_{mt}\overline{A}_t+q_{nt}\sigma_t A_t+(1-q_{mt}-q_{nt})A_t \tag{7-18}$$

$$q_{mt}=\mu_m\left[\frac{K_{Yt}}{(K_{Nt})^{\zeta_r}}\right]^{\xi_{r1}}(K_{Rt})^{\xi_{r2}}\frac{(1-\epsilon)L_{rt}}{L_t}$$

$$q_{nt}=\mu_n\left[\frac{K_{Yt}}{(K_{Nt})^{\zeta_e}}\right]^{\xi_{e1}}(K_{Et})^{\xi_{e2}}\frac{(1-\epsilon)L_{et}}{L_t} \tag{7-19}$$

其中 q_m 为模仿创新成功的概率[①],不仅与研发性劳动力比例有关,而且与政府的科研推动型政策和制度有关;同理 q_n 为自主创新成功的概率,不仅与认知性劳动力比例有关,而且与认知推动型政策和制度有关;$\overline{A}_t$ 为国际当期前沿技术;$\sigma_t\geq1$ 为自主创新成功后的技术进步率,与市场规模有关;K_{Rt} 为政府用于模仿与吸收国外技术的研发推动型资金,代表研发推动型政策;K_{Et} 为政府用于推动自主创新中新发现或新认知的资金,代表认知推动型政策;其余均为常量且大于 0。并假设 $\zeta_r=\xi_{r1}+\xi_{r2}$,$\zeta_e=\xi_{e1}+\xi_{e2}$。简化上述方程可得:

$$A_{t+1}-A_t=q_{mt}(\overline{A}_t-A_t)+q_{nt}(\sigma_t-1)A_t$$

$$q_{mt}=\mu_m(k_{Yt})^{\xi_{r1}}(k_{Rt})^{\xi_{r2}}\frac{(1-\epsilon)L_{rt}}{L_t}$$

$$q_{nt}=\mu_n(k_{Yt})^{\xi_{e1}}(k_{Et})^{\xi_{e2}}\frac{(1-\epsilon)L_{et}}{L_t} \tag{7-20}$$

其中,$k_{Rt}=K_{Rt}/K_{Nt}$ 表示研发推动资本—国内私人资本之比,$k_{Et}=K_{Et}/K_{Nt}$ 表示认知推动资本—国内私人资本之比。可以看出,当本国技术趋于国际前沿标准时,本国模仿创新的可能性逐渐为零,因此,当本国技术水平逐渐提高时,只能进行自主创新,而技术的"先进性"必须最终由市场决定。对技术演进具有重要影响的市场需求结构在世界范围内并不是同一的,而是具有

---

① 国际贸易具有溢出效应,实践证明技术溢出是技术落后国追赶发达国家的捷径。现在,德国机床制造商指责中国竞争对手侵犯专利权,模仿德国技术。然而一个世纪前,德国机床制造商也用同样的方法模仿美国的技术。拉尔夫和约亨(Ralf and Jochen,2011)的研究发现德国公司在 19 世纪末 20 世纪 20 年代采取了模仿策略来赶超美国竞争对手。德国政府也支持这一战略,规定了一项歧视外国专利持有人的专利法,并推迟向外国申请人授予专利。

明显的民族国家特点,并且这种特点带有明显的路径依赖特性,需要释放本国企业家认知性劳动进行充分认知与发现。为了简化分析,假设一国知识存量等同于本国技术水平,即:

$$M_t = A_t \tag{7-21}$$

由于研发性劳动和认知性劳动都为创新部门提供劳动力,因此假设二者工资相同,创新部门的专利收益用来支付劳动力工资,套利条件为:

$$p_{Rt}(M_{t+1} - M_t) = w_{rt}(1-\varepsilon)(L_{rt} + L_{et}) \tag{7-22}$$

5. 贸易部门

对于贸易部门而言,进出口具有不同的意义:一方面,如果投资比较多,国内消费能力又比较低,当中的缺口就变成出口(林毅夫,2013);另一方面,通过外向型经济发展,得益于从进口设备和引进外资中获得效率更高的技术和管理,全要素生产率的增长速度有明显的加快趋势,对经济增长的贡献率逐渐提高(蔡昉,2013;Bhagwati,1999)。根据国际贸易理论,要素的国际流动主要包括劳动力的流动、资本的流动和技术的流动。为简化分析,此处假设劳动力不能跨国流动。贸易部门的收入包括两部分,通过培训国内劳动力获得收入,然后将这部分资金用于国外投资,资本净租金率为R。同时贸易部门的支出也包括两部分,花费K_{Ft}费用引进国外资本与前沿技术,并支付国外资本在本国的收益,国外资本净租金率为r_{Ft}。因此贸易部门的套利条件为:

$$(1+r_{Ft})K_{Ft} = \tau(1-T)(1+R)\left[w_{yt}L_{yt} + (1-\varepsilon)w_{rt}(L_{rt}+L_{et})\right] \tag{7-23}$$

6. 政府部门

市场与政府之争是改革开放以来不断争论的话题。主流经济学理论的核心主张是不断放松政府管制,给予市场充分的活力。然而从中国改革开放40年的历程来看,政府是推动中国经济体制改革与社会主义建设的重要力量。政府在每一阶段因势利导,选择正确的战略方向并融合地方政府力量进行定向放大,推动价格形成机制、企业产权制度的改革,协调或提供基础设施改进以及补偿外部性,以促进产业的多样化和升级(林毅夫,2012)。为简化问题,根据对中国改革开放实践的观察,认为政府并不是微观经济的市场主体,而是在不同阶段因势利导,发挥了重要的选择功能与定向放大功能:生产推动型作用、研发推动型作用、认知推动型作用。为使问题简化,假设政府不能发行债券,必须实行平衡预算政策(Agénor and Canuto,2015)。同时假定政府对每个成年期劳动力征收固定比率的税①。相关税收的使用以及制定的政策制度有三种：第一，政府的生产推动型制度与政策 G_{Yt}，如推动市场改革或修建基础设施以达到统一降低生产成本的目的。第二，政府的研发推动型制度与政策 G_{Rt}，如通过科技体制改革等方式使得科研人员收益提升。第三，政府的认知推动型制度与政策 G_{Et}，如加强创新与企业家保护、加快互联网等高端通信设施的建设等达到为企业家统一降低交易成本与经营负担的目的等。

$$G_t = \sum_g G_{gt} = T(1-\tau)[w_{yt}L_{yt} + (1-\varepsilon)w_{rt}(L_{rt} + L_{et})]$$
$$g = Y, R, E \tag{7-24}$$

其中，Y, R, E 表示政府支出类型，g 仅为下标。假设不同支出类型的税收占总税收的比例 ν_g 固定，因此：

$$G_{gt} = \nu_g T(1-\tau)[w_{yt}L_{yt} + (1-\varepsilon)w_{rt}(L_{rt} + L_{et})] \tag{7-25}$$

根据式(7-24)和(7-25)可以得到：

$$\sum_g \nu_g = 1 \tag{7-26}$$

假设资本完全折旧，同国内私人资本一致，公共资本来源于税收：

$$K_{g,\,t+1} = G_{gt} \tag{7-27}$$

二、市场均衡

在供需双侧对接的假设下，家庭部门在现有支付能力下形成有效需求，创新部门敏锐认知到市场需求，最终产品部门在现行市场需求导向下形成有效供给。市场均衡时，有效需求和有效供给实现对接，所有市场出清，所有部门实现最大化效用或收益。在平衡增长路径上，消费 C_t、储蓄 S_t、工资 w_t、最终产出 Y_t、国内外政府与私人资本 K_t、技术 A_t 和知识 M_t 都以内生性比率 $1+g$ 的速度增长，资本净租金率 r_t、中间产品价格 p_{st} 和专利价格 p_{Rt} 都固定不变，自主创新成功后技术的进步率 σ_t、国内外技术之比 $\Theta_t(\overline{A_t}/A_t)$、劳动力类型转变的比例 θ_{1t} 和 θ_{2t} 也固定不变。

---

① 这一假定的合理性在于，经济增长中三种劳动力起关键作用，而中国政府对经济的推动起到了选择作用，并最终通过各种方式作用在微观劳动力个体上。此处所指的税是这种作用的核心指标。从实践来看，政府所做的主要工作发挥着普惠制税收的作用，如修建基础设施的主要作用是为所有企业统一降低交易成本，达到统一减税的目的。

（1）均衡的求解

均衡时各种资本增长速度一致，故 $k_t = k_{t+1}$。因此可得：

$$k_{gt} = \frac{k_{g,t+1}}{K_{N,t+1}} = \frac{\nu_g T(2+\rho)}{(1-T)} = J_g, \quad g = Y, R, E \tag{7-28}$$

其中，Y, R, E 表示政府支出类型，g 仅为下标。

求解劳动力工资和储蓄，并结合式（7-7）可得到下一期国内私人资本和总产出关系：

$$K_{N,t+1} = \frac{(1-T)(1-\tau)}{2+\rho}[\beta + \gamma \Lambda_t (1-\eta)(1-\varepsilon)]Y_t \tag{7-29}$$

其中，

$$\Lambda_t = \mu_m (J_Y)^{\xi_{r1}} (J_R)^{\xi_{r2}} \theta_{1t} (1-\theta_{2t})(1-\delta)(\Theta_t - 1)$$
$$+ \mu_n (J_Y)^{\xi_{e1}} (J_E)^{\xi_{e2}} \theta_{1t}\theta_{2t}(1-\delta)(\sigma_t - 1)$$

考虑生产函数，得到当期国内私人资本和总产出关系：

$$\frac{Y_t}{K_{Nt}} = (\gamma\eta)^{\frac{\gamma}{1-\gamma-\varphi}} J_Y^{\frac{\bar{\omega}}{1-\gamma-\varphi}} \Psi_t^{\frac{\varphi}{1-\gamma-\varphi}} (m_t)^{\frac{\gamma\eta-1-\gamma}{1-\gamma-\varphi}} \tag{7-30}$$

其中，$\Psi_t = \tau(1+R)(1-T)[\beta + \gamma \Lambda_t (1-\varepsilon)(1-\eta)] - \varphi$。

同时根据假设还可以证明 $m_{t+1} = \Phi(m_t, \Lambda_t)$，具体函数形式如下：

$$m_{t+1} = \frac{[\Lambda_t(1-\varepsilon)+1](2+\rho)}{(1-\tau)(1-T)[\beta+\gamma\Lambda_t(1-\varepsilon)(1-\eta)]} (\gamma\eta)^{\frac{-\gamma}{1-\gamma-\varphi}} J_Y^{\frac{-\bar{\omega}}{1-\gamma-\varphi}} \Psi_t^{\frac{-\varphi}{1-\gamma-\varphi}} m_t^{\frac{1-\gamma\eta-1-\varphi}{1-\gamma-\varphi}}$$

$$\tag{7-31}$$

均衡时，$m_{t+1} = m_t$，因此得到：

$$m_t = h(\Lambda_t) = \left\{ \frac{(\Lambda_t(1-\varepsilon)+1)(2+\rho)}{(1-\tau)(1-T)[\beta+\gamma\Lambda_t(1-\varepsilon)(1-\eta)]} (\gamma\eta)^{\frac{-\gamma}{1-\gamma-\varphi}} J_Y^{\frac{-\bar{\omega}}{1-\gamma-\varphi}} \Psi_t^{\frac{-\varphi}{1-\gamma-\varphi}} \right\}^{\aleph}$$

$$\tag{7-32}$$

其中 $\aleph = (1-\gamma-\varphi)/(\gamma\eta^{-1}-\gamma)$。

前文中我们假设劳动力可以改变劳动力类型，但由于学习或培训是有成本的，且转换类型是有风险的，因此只有不同劳动力类型收入差距足够弥补成本和风险时，劳动力才有动力改变劳动力类型。因此：

$$\frac{w_{ht}}{w_{yt}} \geq m_{t\epsilon} \qquad h = r, e \tag{7-33}$$

其中，$\epsilon > 0$，r, e 表示劳动力类型，h 仅为下标。上式说明只有当创新部门和最终产品部门之间的收入差距足够大时，劳动力才有动力进入创新部门。均衡时，m_t 不变，收入差距也不变，不同劳动力类型比例不再发生变动。对式(7-33)两边取等可以证明：

$$\Lambda_t = f(m_t) = \frac{\beta m_{t^c}}{\gamma(1-\eta)} \qquad (7\text{-}34)$$

市场均衡时，m_t、Λ_t 都固定不变，通过求解方程组式(7-32)和式(7-34)可以得到稳态的 $\tilde{m}$ 与 $\tilde{\Lambda}$。同时可得 $\tilde{\Psi} = \tau(1+R)(1-T)[\beta + \gamma\,\tilde{\Lambda}(1-\varepsilon)(1-\eta)] - \varphi$。

联立式(7-29)和式(7-30)，并带入稳态的 $\tilde{m}$、$\tilde{\Lambda}$、$\tilde{\Psi}$，得到：

$$\frac{K_{N,t+1}}{K_{Nt}} = 1+g = N[\beta + \gamma\,\tilde{\Lambda}(1-\eta)(1-\varepsilon)]J_Y^{\frac{\omega}{1-\gamma-\varphi}}\,\tilde{\Psi}^{\frac{\varphi}{1-\gamma-\varphi}}(\tilde{m})^{\frac{\gamma\eta-1-\gamma}{1-\gamma-\varphi}}$$

$$(7\text{-}35)$$

其中，$N = \dfrac{(1-\tau)(1-T)}{2+\rho}(\gamma\eta)^{\frac{\gamma}{1-\gamma-\varphi}}$。

(2) 多重内生性均衡

正如创新部门所假设的，θ_{1t}、θ_{2t}、Θ_t、σ_t 都会随着一国技术和经济的发展而发展。随着技术的发展，本国技术逐渐追赶上技术前沿，Θ_t 趋近于 1；随着收入水平的提高，一国的市场规模逐渐扩大，σ_t 逐渐增加；随着不同类型劳动力的报酬相对比例的改变，劳动力类型改变的可能性 θ_{1t}、θ_{2t} 也会发生变化。这些变量的变化，综合反映在 Λ_t 的变化上。这些假设也对应着式(7-34)得到的结论，Λ_t 是关于 m_t 的函数，且 Λ_t 随着 m_t 的提高而提高。为了简化分析，我们进一步假设：

$$\Lambda_t = f(m_t) = \begin{cases} \theta_{1t}\theta_{2t}\Xi_2 - \theta_{1t}(1-\theta_{2t})\Xi_1 & m_t < m^{c1} \\ \theta_{2t}\Xi_2 - (1-\theta_{2t})\Xi_1 & m^{c1} \le m_t \le m^{c2} \\ \theta_{2t}\Xi_2 & m_t > m^{c2} \end{cases} \qquad (7\text{-}36)$$

其中，$\Xi_1 = \mu_m(J_Y)^{\xi_{r1}}(J_R)^{\xi_{r2}}(1-\delta)(1-\Theta_t)$，

$\Xi_2 = \mu_n(J_Y)^{\xi_{e1}}(J_E)^{\xi_{e2}}(1-\delta)(\sigma_t-1)$。

由于 Λ_t 具有阶段性，可能存在多组 $\tilde{m}$ 与 $\tilde{\Lambda}$ 的解。因此，经济体可能存在多重均衡。

由式(7-31)可得，$m_{t+1} = \Phi(m_t, \Lambda_t)$。也就是说 m_t 通过直接作用于 m_{t+1} 以及通过 Λ_t 间接作用于 m_{t+1} 两种方式影响 m_{t+1} 的大小。为了更直观地理解多重内生性均衡，下面用图 7.6 来示意说明。

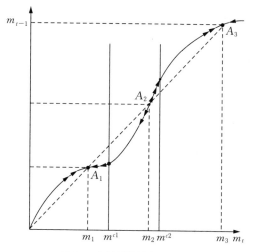

图 7.6 经济增长的多重均衡

从图中我们可以看出存在三个均衡点,分别为 A_1、A_2、A_3,对应的 $\tilde{m}$ 分别为 m_1、m_2、m_3。

(3)进一步分析:改革开放的三个阶段

在异质性劳动的假设下,劳动力和要素条件的适应性匹配是经济增长的关键。整理本部分模型的关键变量,不难发现以下关系:

$$\frac{K_t}{L_y}=\frac{K_t}{L}\times\frac{L}{L_y}=\frac{K_t}{L}\times\frac{1}{\delta+(1-\delta)(1-\theta_{1t})}=\frac{K_t}{L}\times a_1 \tag{7-37}$$

$$\frac{A_t}{L_r}=\frac{A_t}{K_t}\times\frac{K_t}{L}\times\frac{L}{L_r}=\frac{K_t}{L}\times\frac{A_t}{K_t}\times\frac{1}{(1-\theta_{2t})(1-\delta)\theta_{1t}}=\frac{K_t}{L}\times\frac{A_t}{K_t}\times a_2$$

$$\tag{7-38}$$

$$\frac{\sigma_t}{L_e}=\frac{\sigma_t}{K_t}\times\frac{K_t}{A_t}\times\frac{A_t}{L}\times\frac{L}{L_e}=\frac{K_t}{L}\times\frac{A_t}{K_t}\times\frac{\sigma_t}{A_t}\times\frac{1}{\theta_{2t}(1-\delta)\theta_{1t}}=\frac{K_t}{L}\times\frac{A_t}{K_t}\times\frac{\sigma_t}{A_t}\times a_3$$

$$\tag{7-39}$$

其中,K 为资本,此处不再区分资本类型,均衡时 a_1、a_2、a_3 都为常数。

根据多重内生性均衡的可能性以及异质性劳动和要素禀赋的匹配关系,可以获得改革开放以来的三个阶段。

第一阶段:生产性劳动与外引资本相匹配,以资本—劳动比为主的生产性劳动主导阶段。对应图 7.6 中 A_1 点和式(7-37)。由式(7-37)可得,随着资本的积累(K/L 加速上升),以资本—劳动比衡量的生产能力得到增强并发挥作用。增加劳动力可用资本的拥有量是要素禀赋的核心内涵(林毅夫,2013),也是提高劳动生产率的途径之一(蔡昉,2013)。生产性劳动与资本的结合过程中,劳动力无限供给特征延缓资本报酬递减现象的发生,从而使资本积累成为经济增长的主要引擎。世界银行的早期研究发现,在1978—1995年间的GDP增长中,物质资本积累的贡献率为37%。白重恩等的研究表明,在改革开放的很长时间里,中国资本回报率保持在很高的水平。而在劳动力无限供给特征消失的情况下,资本回报率则迅速下降(Bai et al.,2006;白重恩和张琼,2014)。这时随着要素条件中劳动红利减少、资本报酬递减,就需要技术边际报酬的纳入。

第二阶段:研发性劳动与前沿边界内的知识相匹配,以知识—研发比为主的研发性劳动主导的阶段。对应图7.6中A_2点和式(7-38)。由式(7-38)可得,在资本报酬递减的情况下(K/L增速放缓),知识相对于资本有了较快发展(A/K加速上升),以知识—研发比衡量的研发规模能力得到增强并发挥作用。值得注意的是,图7.6中A_2不是稳定的均衡点。这也说明当一个国家进入中等收入水平时,可能会出现两种结果,要么实现技术升级,逐渐成为发达国家;要么出现贫富差距悬殊、环境恶化甚至社会动荡等问题,导致经济发展徘徊不前甚至倒退。当知识存量的作用减弱,技术的边际报酬递减,就需要将认知的作用纳入,明确经济体系吸收新技术的方向,使技术能够配置在正确的方向上,最终提升研发质量,形成自主创新。

第三阶段:认知性劳动与市场规模相匹配,以市场—认知比衡量的认知性劳动主导阶段。对应图7.6中A_3点和式(7-39)。由式(7-39)可得,在技术报酬递减的情况下(A/K增速放缓),市场相对于知识有了较快发展(σ/A加速上升),以市场—认知比衡量的认知能力得到增强并发挥作用。在经济发展的不同阶段,经济增长的动力机制是不同的。在低收入阶段能够有效促进经济增长的动力因素在中等收入阶段很可能会失效,能否在中等收入阶段转换增长动力机制很可能是一个国家能否避开"中等收入陷阱"的关键(张德荣,2013)。随着人均GDP的提升,我国劳动力红利消失、资本规模报酬递减,继续按照要素禀赋理论的轨迹难以实现有效升级;按照动态能力理论发展何种技术或组织能力以适应当前需求也并不清晰。一方面,要素投入作为增长来源的相对重要性随时间变化,和经济发展阶段以及要素的性质密切相关(林毅夫和任若恩,2007)。收入提高后,低收入阶段的低成本劳动力禀赋,开始转变为庞大的具有购买力的市场规模。另一方面,收入的提高使得需求层次出现结构性提升,以往物质文化需要相对具体,而美好生活的需要则包括人们的主观价值判断和选择,千差万别(陈晋,2018)。只有借助中国已经形成的庞大市场规模,发挥企业家及其团队对市场需求的认知与捕捉功能,才能平行转换供给侧的结构条件,探索出中国特色道路(周密和盛玉雪,2018)。

第三节 实证检验

当考虑"政府作用内生、劳动异质性、创新二元化"等中国假设时,中国供给侧结构性改革的逻辑主线是通过异质性劳动与要素条件的适应性匹配,逐步适应供需地位的变化,实现从生产到消费的连通。本部分将以上述理论推导为基础,尝试运用面板数据检验这一逻辑主线,实证分析 40 年伟大历程中,异质性劳动与要素条件适应性匹配所形成的供给侧增长阶段。

一、变量选取与数据说明

1. 被解释变量

地区生产总值年增长率 $Growth$,采用上一年价格对实际生产总值进行调整后计算。

2. 解释变量

生产性劳动 L_y,按照严成樑(2012)的文献,以城镇就业人员数加乡村就业人口减去 R&D 全时人员当量和私营企业及个体就业人数衡量。

研发性劳动 L_r,按照严成樑(2012)的文献,以 R&D 全时人员当量衡量反映[1]。

认知性劳动 L_e,认知性劳动[2]反映企业家对需求和市场的认知力与判断力,是企业家精神的实质。目前对企业家精神的衡量主要有三类指标:一类是自我雇佣率;一类是私营企业数量;另一类比较常用的指标,以私营企业就业人数加个体企业就业人数反映(李宏彬等,2009)。本节采用常用指标进行衡量。

---

① 由于 1997 年前只有全国数据,无各省数据。同时观察发现 1998 年后各省全时人员当量占全国总量的比例变化幅度十分微小。因此根据全国总量以及各省比例折算得到 1997 年前各省数据,当年折算比例为后两年各省占全国比例的平均值。

② 在人类发展的不同阶段,认知性劳动的实现水平和解决机制存在较大差异。在古典-马克思工业时代,由于存在超额需求,重点解决的是生产多少的问题,以生产性劳动为主,认知性劳动很少。而在新古典工业时代,在一个信息不完全、市场割裂、交易成本高企的环境下,认知性劳动外生于价值决定过程,私人劳动对社会必要劳动的认知只能通过两方面来实现:一是自身通过社会调研、售后服务、同行竞争者与供应商信息采集等低端的认知性劳动来实现;二是交由渠道商等下游分销商来实现,从而在生产成本基础上增加营销成本等费用来间接弥补认知性劳动实现难度。当规模化生产通过分工不断拓展使用价值的量和质时,又将通过生产与消费的相分离进一步呈现出对交换价值认知的局限性。随着社会需求的饱和程度不断提高,价格反映真实需求的能力越来越弱。交换价值越来越需要从价格这种事后检验的外在形态还原成认知性劳动这种抽象本质。到底谁来实施这种认知性劳动呢?从新古典工业时代开始,认知性劳动通常由企业家来执行。如果企业家在生产什么的认知性劳动上判断错误,那么工人投入了辛劳的生产性劳动就会出现积压。

资本存量 K，数据来源于中国人力资本与劳动经济研究中心，采用由经合组织、美国劳工统计局和澳大利亚统计局提出的最新方法测算得到（Holzand and Sun，2018）。

知识存量 A，根据每年专利申请数表示每年新生产的知识，并采用永续盘存法构建知识存量。知识同物质一样，同样是一种资本，知识资本存量是知识生产的主要决定因素之一，然而知识资本的折旧却呈现与物质资本不一样的特点，本节采取最新印证过的观点，以 15% 作为知识存量的年折旧率（Kang and Dall'Erba，2015）[①]。

市场规模 MS，根据新经济地理学对市场潜力指标的界定，某一地区所面临的潜在的市场容量是一个空间加权平均值，与本地区和其他地区的收入成正比，与其他地区到该地区的距离成反比（Harris，1954），因此，某省的市场规模可表示为（黄玖立和李坤望，2006）：

$$MS_{it} = \sum_{j \neq i} \frac{Y_{jt}}{D_{ij}} + \frac{Y_{it}}{D_{ii}} \tag{7-40}$$

其中，Y 为地区生产总值，D 为省会城市间距离，$D_{ii} = \frac{2}{3}\sqrt{\frac{S_i}{\pi}}$ 表示省内距离，S 为 i 省陆地面积。

生产能力用资本—劳动比 $\ln K / \ln L_y$ 衡量，研发能力用知识—研发比 $\ln A / \ln L_r$ 衡量，认知能力用市场—认知比 $\ln MS / \ln L_e$ 衡量。

3. 控制变量

X 表示控制变量；Gov 表示政府支出，用政府财政支出占地区生产总值比重表示；$Open$ 表示经济开放度，用进出口总额占 GDP 比重衡量；$Transport$ 表示交通基础设施存量，用铁路里程、公路里程和内河航道里程衡量，为了使各省份在不同年份的交通基础设施存量之间具有可比性，此处加总三类之后再除以各省份的国土面积（刘生龙和胡鞍钢，2010）。$Information$ 表示信息基础设施存量，以人均邮电业务量反映。

4. 数据来源

采用中国 31 个省、自治区、直辖市 1978—2016 年的面板数据。数据主要来源于《中国统计年鉴》《中国科技统计年鉴》《中国劳动统计年鉴》《新中国成立六十年统计资料汇编》EPS 中国宏观经济数据库、土流网等。

---

① 由于知识的经济生命周期要短于物质资本，所以知识资本的年均折旧率通常要高于物质资本。目前学界采用较多的标准包括 15%、12% 和 10%。

二、基准模型设定与估计结果

以前文的理论分析结果为依据,以 t 期实际产出的增长率作为被解释变量,以 $t-1$ 期生产性劳动 L_y、研发性劳动 L_r、认知性劳动 L_e 以及三种劳动与要素条件所形成的匹配变量 $\ln K/\ln L_y$、$\ln A/\ln L_r$、$\ln MS/\ln L_e$ 作为核心解释变量,并加入其他控制变量,建立基准模型如下:

$$
\begin{aligned}
Growth_{it} = &\beta_1 \ln L_{y\,it-1} + \beta_2 \ln K_{it-1} + \beta_3 \ln K_{it-1}/\ln L_{y\,it-1} + \beta_4 \ln L_{r\,it-1} \\
&+ \beta_5 \ln A_{it-1} + \beta_6 \ln A_{it-1}/\ln L_{r\,it-1} + \beta_7 \ln L_{e\,it-1} + \beta_8 \ln MS_{it-1} \\
&+ \beta_9 \ln MS_{it-1}/\ln L_{e\,it-1} + X_{it-1}\gamma + C + u_i + \lambda_t + \varepsilon_{it}
\end{aligned}
\quad (7\text{-}41)
$$

下标 i 表示地区,t 表示年份,u_i 和 λ_t 分别表示不可观测的地区个体效应和时间效应,ε_{it} 为随机干扰项。这里采用引入时间虚拟变量的固定效应模型进行估计,能够剔除不随时间变化的地区固定因素和不随地区变化的宏观时间因素的影响[1]。统计性描述见表 7.2。

表 7.2　变量定义和描述性统计

变量名	变量定义	均　值	方　差	最小值	最大值
$Growth$	地区生产总值年增长率	0.136	0.069	-0.254	0.403
$\ln L_y$	生产性劳动(对数)	7.193	0.952	4.642	8.658
$\ln L_r$	研发性劳动(对数)	10.164	1.400	5.318	13.162
$\ln L_e$	认知性劳动(对数)	5.435	1.146	1.589	8.013
$\ln K$	资本存量(对数)	5.571	1.234	2.263	8.384
$\ln A$	知识存量(对数)	9.780	1.788	3.446	14.452
$\ln MS$	市场规模(对数)	5.205	1.053	2.276	7.504
$\ln K/\ln L_y$	生产能力	0.779	0.164	0.352	1.219
$\ln A/\ln L_r$	研发规模能力	0.958	0.076	0.579	1.143
$\ln MS/\ln L_e$	认知能力	0.980	0.194	0.610	1.796
$\ln Gov$	政府支出(对数)	-1.856	0.548	-3.012	0.297
$\ln Transport$	交通基础设施存量(对数)	8.270	1.057	5.181	10.260
$\ln Information$	信息基础设施存量(对数)	6.138	1.401	2.097	8.741
$\ln Open$	经济开放度(对数)	7.442	0.999	5.757	10.065

基准回归结果发现,当单独考察要素条件或三种劳动的作用时,这些变量对经济增长的影响各异。其中,生产性劳动对经济增长的影响并不显著,这可能与人口红利的逐渐消失有关(中国经济增长前沿课题组,2014),但由于 $\partial Growth/\partial \ln L_y = \beta_1 - \beta_3 \ln K/(\ln L_y)^2$,而 $\hat{\beta_3}$ 显著大于 0,故生产性劳动

---

[1]　由于 1992 年之前部分变量的数据难以获取,实证部分中除个别模型采用 1978—2016 年数据,其余模型主要采用 1993—2016 年的数据。其中采用 1978—2016 年可用的数据估计了基准模型,感兴趣的读者可联系作者索取估计结果。

(L_Y)对经济增长的影响随着资本存量(K)的提高而减弱。类似地,研发性劳动对经济增长的影响显著为正,且由于 $\hat{\beta_6}$ 大于 0,研发性劳动(L_r)对经济增长的影响亦随着知识存量(A)的提高而减弱。不同的是,单纯的认知性劳动并没有表现出对经济增长的积极影响,这可能说明私营与个体经济的力量尚未充分体现,但由于 $\hat{\beta_9}$ 显著小于 0,故认知性劳动(L_e)对经济增长的影响将随着市场规模(MS)的扩大而扩大。这说明经济增长是随报酬递增替代报酬递减的过程而逐渐实现的——当生产性劳动随着资本存量出现规模报酬递减,研发性劳动随知识存量出现规模报酬递减时,认知性劳动伴随市场规模呈现规模报酬递增态势。

表 7.3　基准回归结果

	(1)	(2)	(3)	(4)	(5)	(6)	(7)	(8)
$\ln L_y$	−0.049	−0.003	0.074 *	−0.069 **	0.004	−0.061 **	0.007	0.110 *
	(−1.59)	(−0.11)	(2.03)	(−2.04)	(0.10)	(−2.28)	(0.22)	(1.77)
$\ln L_r$	0.043 ***	0.045 ***	0.058 ***	0.111 ***	0.087 ***	0.042 ***	0.056 ***	0.015
	(3.65)	(3.69)	(4.17)	(3.77)	(2.79)	(3.70)	(4.27)	(0.32)
$\ln L_e$	−0.035 **	−0.046 ***	−0.021	−0.040 **	−0.011	−0.090 ***	−0.038	−0.019
	(−2.33)	(−2.78)	(−1.11)	(−2.37)	(−0.63)	(−4.07)	(−1.48)	(−0.68)
$\ln K$	−0.021	−0.088 **	−0.126 ***	−0.025	−0.051 *	−0.032	−0.054 *	−0.150 ***
	(−0.95)	(−2.44)	(−3.14)	(−1.15)	(−1.91)	(−1.45)	(−2.03)	(−2.93)
$\ln A$	−0.014	−0.008	−0.017	−0.072 ***	−0.051 *	−0.011	−0.023 **	0.023
	(−1.22)	(−0.67)	(−1.60)	(−3.72)	(−2.03)	(−1.03)	(−2.19)	(0.51)
$\ln MS$	0.012	0.017	−0.073 **	0.012	−0.074 **	0.070 **	−0.046	−0.080 **
	(0.57)	(0.88)	(−2.64)	(0.58)	(−2.37)	(2.47)	(−1.27)	(−2.17)
$\ln K/\ln L_y$		0.425 ***	0.505 **					0.685 **
		(3.02)	(2.57)					(2.12)
$\ln A/\ln L_r$				0.603 ***	0.277			−0.401
				(3.08)	(1.04)			(−0.88)
$\ln MS/\ln L_e$						−0.237 ***	−0.124 *	0.008
						(−3.86)	(−1.78)	(0.07)
$\ln Gov$			0.137 ***		0.144 ***		0.140 ***	0.135 ***
			(5.34)		(5.36)		(5.16)	(5.22)
$\ln Transport$			0.055 ***		0.053 ***		0.053 ***	0.057 ***
			(3.52)		(3.10)		(3.15)	(3.39)
$\ln Information$			0.021 ***		0.018 ***		0.020 ***	0.024 ***
			(4.10)		(3.19)		(3.87)	(4.10)
$\ln Open$			0.032 ***		0.027 ***		0.027 ***	0.031 ***
			(3.63)		(3.22)		(3.09)	(3.55)
_cons	0.436 **	0.105	−0.585	−0.071	−0.313	0.806 ***	0.098	−0.448
	(2.08)	(0.50)	(−1.68)	(−0.37)	(−1.04)	(3.93)	(0.25)	(−0.79)
R^2	0.144	0.155	0.359	0.154	0.346	0.158	0.348	0.361
N	713	713	713	713	713	713	713	713
F	12.50	11.08	21.83	10.68	14.05	10.41	15.04	23.31

注:括号内为回归系数的 t 值,* 、** 、*** 分别表示 10%、5%、1% 的显著性水平,下同。

三、进一步检验:门槛回归模型设定与估计结果

1. 基本门槛回归结果

在三种劳动进行总体回归的基础上,更重要的是关注三种劳动的演变与阶段转换关系,进一步借鉴汉森(Hansen,1999)面板门槛模型的基本思路,设定如下双重门槛面板回归模型:

$$\ln Growth_{it} = \beta_{31} \ln K_{it-1}/\ln L_{y\,it-1} I(pgdp_{it-1} \leqslant \xi_1)$$
$$+ \beta_{32} \ln K_{it-1}/\ln L_{y\,it-1} I(\xi_1 < pgdp_{it-1} \leqslant \xi_2)$$
$$+ \beta_{33} \ln K_{it-1}/\ln L_{y\,it-1} I(pgdp_{it-1} > \xi_2)$$
$$+ \eta \ln Z_{it-1} + C + u_i + \lambda_t + \varepsilon_{it} \tag{7-42}$$

$$\ln Growth_{it} = \beta_{61} \ln A_{it-1}/\ln L_{r\,it-1} I(pgdp_{it-1} \leqslant \xi_1)$$
$$+ \beta_{62} \ln A_{it-1}/\ln L_{r\,it-1} I(\xi_1 < pgdp_{it-1} \leqslant \xi_2)$$
$$+ \beta_{63} \ln A_{it-1}/\ln L_{r\,it-1} I(pgdp_{it-1} > \xi_2)$$
$$+ \eta \ln Z_{it-1} + C + u_i + \lambda_t + \varepsilon_{it} \tag{7-43}$$

$$\ln Growth_{it} = \beta_{91} \ln MS_{it-1}/\ln L_{e\,it-1} I(pgdp_{it-1} \leqslant \xi_1)$$
$$+ \beta_{92} \ln MS_{it-1}/\ln L_{e\,it-1} I(\xi_1 < pgdp_{it-1} \leqslant \xi_2)$$
$$+ \beta_{93} \ln MS_{it-1}/\ln L_{e\,it-1} I(pgdp_{it-1} > \xi_2)$$
$$+ \eta \ln Z_{it-1} + C + u_i + \lambda_t + \varepsilon_{it} \tag{7-44}$$

其中,i 表示地区,t 表示年份。被解释变量 $Growth$ 为地区生产总值年增长率,核心解释变量分别为 $\ln K/\ln L_y$、$\ln A/\ln L_r$、$\ln MS/\ln L_e$,即异质性劳动与相应要素条件相匹配的三种能力,$I(.)$ 为示性函数,$pgdp$ 表示人均地区生产总值为门槛变量[①],ξ 为门槛值,Z 为一系列影响经济增长的控制变量,u_i 和 λ_t 分别用来控制不可观测的地区固定效应和时间固定效应,ε_{it} 为满足独立同分布的随机干扰项。

采用 Bootstrap 自助法抽样 500 次确定门槛值,并根据 F 统计量对不同门槛模型进行检验发现,当解释变量滞后一期,人均地区生产总值在 3 306 元和 32 001 元左右(分别约为 509 美元和 4 923 美元)时,$\ln K/\ln L_y$、$\ln MS/\ln L_e$ 对经济增长的作用均发生显著的改变。人均地区生产总值在 3 755元和 30 087 元左右(分别约为 578 美元和 4 629 美元)时,$\ln A/\ln L_r$ 对经济增长的作用发生显著改变。

---

① 由于 $pgdp$ 一般随时间推移逐渐提高,故门槛变量 $pgdp$ 未进行价格调整并不影响解释变量参数的估计结果。

表 7.4 门槛值及门槛效应检验

核心解释变量		ln K/ln Ly		ln A/ln Lr		ln MS/ln Le	
门槛值 [95%CI]	Th-1	8 525 [8 060,8 788]	3 755 [3 591,3 888]	3 306 [3 137,3 515]	3 755 [3 591,3 888]	8 525 [8 060,8 788]	3 755 [3 591,3 888]
	Th-21	32 001 [29 180,33 043]	3 888 [3 755,4 070]	3 755 [3 402,3 888]	3 888 [3 755,4 070]	32 001 [29 601,33 043]	3 755 [3 591,3 888]
	Th-22	3 306 [2 938,3 515]	2 740 [2 662,4 911]	30 087 [28 300,31 499]	2 740 [2 662,4 446]	3 306 [2 938,3 515]	7 243 [6 932,7 477]
	Th-3	5 735 [5 321,5 817]	28 898 [28 661,30 087]	5 735 [5 295,5 871]	30 087 [25 639,31 499]	5 735 [5 340,5 871]	42 214 [40 818,43 415]
门槛效应 F 检验(P)	Single	49.10 (0.070)	78.23 (0.000)	50.51 (0.026)	99.28 (0.000)	42.22 (0.048)	64.92 (0.000)
	Double	54.88 (0.000)	10.29 (0.510)	57.307 (0.002)	9.61 (0.478)	40.56 (0.022)	5.97 (0.784)
	Triple	19.85 (0.998)	6.37 (0.610)	22.729 (0.998)	7.91 (0.530)	21.45 (0.990)	6.92 (0.842)
控制变量		Z_1	Z_2	Z_1	Z_2	Z_1	Z_2

注:Z_1 包括 ln Ly、ln Lr、ln Le、ln K、ln A、ln MS;Z_2 包括 ln Ly、ln Lr、ln Le、ln K、ln A、ln MS、ln Gov、ln Transport、ln Information、ln Open。

2. 考虑门槛值后的双门槛模型结果

考虑上述门槛值后,对于核心解释变量 $\ln K / \ln L_y$、$\ln A / \ln L_r$、$\ln MS / \ln L_e$ 分别建立双重门槛模型,采用双向固定效应和稳健标准误差的门槛模型回归结果如表 7.5.1—7.5.3 所示。$\ln K / \ln L_y\_k$,$k=1$,2,3 分别对应在两个门槛前后生产能力 $\ln K / \ln L_y$ 的系数 $(\beta_{31}$,β_{32},$\beta_{33})$,对 $\ln A / \ln L_r$、$\ln MS / \ln L_e$ 分别也是类似的释义。回归结果发现:随着人均地区生产总值的增大,在一定的门槛前后生产能力 $\ln K / \ln L_y$ 和研发能力 $\ln A / \ln L_r$ 对经济增长率的作用均保持显著为正,但都有所下降($\hat{\beta}_{31} > \hat{\beta}_{32} > \hat{\beta}_{33} > 0$,$\hat{\beta}_{61} > \hat{\beta}_{62} > \hat{\beta}_{63} > 0$),而 $\ln MS / \ln L_e$ 对经济增长的影响保持显著为负,但绝对值逐渐提高($0 > \hat{\beta}_{91} > \hat{\beta}_{92} > \hat{\beta}_{93}$),因此,随着人均 GDP 的提高,生产能力和研发能力对经济增长的作用将逐渐减小,但在一定的市场规模下认知性劳动对经济增长的作用将逐渐变大。

表 7.5.1　门槛回归结果一

	(1)	(2)	(3)	(4)	(5)
$\ln L_y$	−0.004 1	−0.004 9	0.013 4	0.042 0	0.068 4 **
	(−0.19)	(−0.24)	(0.51)	(1.44)	(2.06)
$\ln L_r$	0.034 1 ***	0.039 4 ***	0.043 0 ***	0.044 0 ***	0.042 6 ***
	(3.63)	(3.35)	(3.65)	(3.82)	(3.45)
$\ln L_e$	−0.028 8 *	−0.023 7	−0.011 2	−0.010 0	−0.011 8
	(−1.98)	(−1.41)	(−0.64)	(−0.62)	(−0.75)
$\ln K$	−0.070 5 *	−0.102 **	−0.102 ***	−0.097 1 **	−0.108 ***
	(−2.03)	(−2.74)	(−2.78)	(−2.60)	(−2.80)
$\ln A$	−0.005 97	−0.012 8	−0.020 0 *	−0.015 9	−0.016 6
	(−0.54)	(−1.17)	(−1.88)	(−1.62)	(−1.69)
$\ln MS$	0.035 1	0.020 4	−0.014 7	−0.057 4 **	−0.057 6 **
	(1.63)	(0.84)	(−0.61)	(−2.47)	(−2.28)
$\ln K / \ln L_y\_1$	0.500 ***	0.404 ***	0.425 **	0.431 **	0.514 ***
	(4.07)	(2.78)	(2.62)	(2.54)	(2.95)
$\ln K / \ln L_y\_2$	0.352 ***	0.277 *	0.302 *	0.272	0.366 **
	(2.88)	(1.88)	(1.82)	(1.57)	(2.05)
$\ln K / \ln L_y\_3$	0.276 **	0.221	0.253	0.247	0.345 *
	(2.26)	(1.46)	(1.47)	(1.38)	(1.87)
$\ln Gov$		0.156 ***	0.135 ***	0.125 ***	0.119 ***
		(6.08)	(5.43)	(5.17)	(4.81)
$\ln Transport$			0.066 0 ***	0.054 3 ***	0.048 4 **
			(4.40)	(2.95)	(2.58)
$\ln Information$				0.031 2 ***	0.032 1 ***
				(4.63)	(4.62)
$\ln Open$					0.020 5 **
					(2.35)
_cons	−0.019 9	0.569 ***	−0.024 5	−0.186	−0.479
	(−0.12)	(3.91)	(−0.11)	(−0.79)	(−1.62)
R^2	0.269	0.353	0.381	0.410	0.418
N	713	713	713	713	713
F	18.46	18.54	20.36	29.57	32.55

表 7.5.2　门槛回归结果二

	(6)	(7)	(8)	(9)	(10)
$\ln L_y$	−0.054 6**	−0.045 2*	−0.026 3	0.015 5	0.022 4
	(−2.31)	(−1.74)	(−0.92)	(0.52)	(0.72)
$\ln L_r$	0.083 5***	0.082 1***	0.074 4***	0.052 1**	0.060 1**
	(3.19)	(3.73)	(3.38)	(2.39)	(2.68)
$\ln L_e$	−0.028 2*	−0.023 0	−0.008 28	−0.004 97	−0.005 40
	(−1.95)	(−1.50)	(−0.52)	(−0.35)	(−0.37)
$\ln K$	−0.020 0	−0.065 1**	−0.058 9***	−0.055 2**	−0.053 3*
	(−0.80)	(−2.72)	(−2.54)	(−2.15)	(−1.99)
$\ln A$	−0.054 7***	−0.056 2***	−0.053 9***	−0.029 6	−0.039 2**
	(−2.82)	(−3.30)	(−3.17)	(−1.64)	(−2.15)
$\ln MS$	0.038 9	0.025 6	−0.010 4	−0.058 3**	−0.057 5**
	(1.63)	(1.06)	(−0.41)	(−2.27)	(−2.09)
$\ln A/\ln L_r\_1$	0.559***	0.497***	0.393*	0.205	0.286
	(2.80)	(2.79)	(2.01)	(1.05)	(1.47)
$\ln A/\ln L_r\_2$	0.456**	0.403**	0.300	0.085 0	0.170
	(2.36)	(2.34)	(1.59)	(0.45)	(0.90)
$\ln A/\ln L_r\_3$	0.387*	0.351*	0.252	0.058 2	0.146
	(1.96)	(1.98)	(1.31)	(0.30)	(0.76)
$\ln Gov$		0.165***	0.142***	0.133***	0.129***
		(7.23)	(6.33)	(6.20)	(5.87)
$\ln Transport$			0.066 1***	0.052 7**	0.048 1**
			(4.05)	(2.62)	(2.33)
$\ln Information$				0.035 2***	0.035 0***
				(4.61)	(4.54)
$\ln Open$					0.013 4
					(1.55)
_cons	−0.151	0.455**	−0.043 7	−0.068 1	−0.268
	(−0.76)	(2.69)	(−0.19)	(−0.31)	(−1.01)
R^2	0.272	0.367	0.395	0.431	0.434
N	713	713	713	713	713
F	17.75	20.22	23.65	34.07	32.43

表 7.5.3　门槛回归结果三

	(11)	(12)	(13)	(14)	(15)
$\ln L_y$	−0.046 9**	−0.036 5	−0.019 3	0.013 2	0.022 8
	(−2.28)	(−1.57)	(−0.73)	(0.48)	(0.82)
$\ln L_r$	0.034 4***	0.040 4***	0.043 9***	0.045 3***	0.044 1***
	(3.90)	(3.62)	(3.88)	(3.97)	(3.75)
$\ln L_e$	−0.081 6***	−0.057 6**	−0.036 7	−0.035 1	−0.037 7
	(−4.34)	(−2.72)	(−1.54)	(−1.43)	(−1.54)
$\ln K$	−0.029 5	−0.069 2***	−0.063 3***	−0.063 2**	−0.060 7**
	(−1.27)	(−3.07)	(−2.81)	(−2.61)	(−2.38)

续表

	(11)	(12)	(13)	(14)	(15)
$\ln A$	−0.007 87	−0.014 6	−0.022 4 **	−0.017 5 *	−0.018 8 *
	(−0.72)	(−1.37)	(−2.16)	(−1.81)	(−1.87)
$\ln MS$	0.090 6 ***	0.055 5 *	0.012 7	−0.029 2	−0.026 9
	(2.85)	(1.74)	(0.37)	(−0.88)	(−0.78)
$\ln MS/\ln L_e\_1$	−0.183 ***	−0.108 **	−0.077 3	−0.057 1	−0.074 3
	(−3.14)	(−2.07)	(−1.29)	(−0.90)	(−1.16)
$\ln MS/\ln L_e\_2$	−0.262 ***	−0.175 ***	−0.144 **	−0.146 *	−0.158 **
	(−3.57)	(−2.82)	(−2.16)	(−2.01)	(−2.15)
$\ln MS/\ln L_e\_3$	−0.324 ***	−0.223 ***	−0.186 ***	−0.168 **	−0.176 **
	(−4.25)	(−3.55)	(−2.76)	(−2.34)	(−2.43)
$\ln Gov$		0.161 ***	0.139 ***	0.130 ***	0.126 ***
		(6.38)	(5.61)	(5.34)	(5.05)
$\ln Transport$			0.065 7 ***	0.054 4 ***	0.049 7 **
			(4.14)	(2.85)	(2.63)
$\ln Information$				0.030 1 ***	0.030 5 ***
				(4.14)	(4.18)
$\ln Open$					0.014 2
					(1.61)
_cons	0.603 ***	1.017 ***	0.396	0.194	0.072 8
	(3.22)	(4.65)	(1.31)	(0.67)	(0.22)
R^2	0.250	0.339	0.366	0.394	0.397
N	713	713	713	713	713
F	18.18	15.38	15.22	21.44	22.90

3. 门槛值测算下中国经济增长的阶段划分

由于不同的滞后期数下门槛效应可能存在差异,为了保证模型的稳健性,将解释变量分别滞后两期和三期对面板门槛模型进行重新估计[①]。综合所有估计结果发现:

(1) 关于三阶段门槛值的确定。虽然三个核心变量面对的门槛值不完全一致,但双重门槛的结论十分稳健,不同滞后期下门槛值主体范围均分布在人均地区 GDP 为 3 600 元和 26 000 元(550 美元和 4 000 美元)附近。这两组数据分别符合世界银行分组标准中低收入国家和上中等收入国家的标准[②]。

---

① 估计结果未置于正文,感兴趣的读者可联系作者索取。

② 按世界银行分组标准,人均国民收入小于 976 美元为低收入国家;在 976~11 906 美元之间属于中等收入国家,其中,在 976~3 855 美元之间为下中等收入国家,介于 3 856~11 905 美元为上中等收入国家;超过 11 906 美元为高收入国家(World Bank, 2008)。

（2）关于三阶段的转换年份确定。根据实证测算的门槛值,结合全国人均地区生产总值的实际演变,可以将改革开放 40 年根据位于低收入阶段的 550 美元和位于上中等收入阶段的 4 000 美元为节点划分成三个阶段,如图 7.7 所示。1978—1993 年前后,收入处于 550 美元左右时,消费水平很低,正是农业社会向工业社会转型的阶段,需求规模扩大是要义;1994—2008 年前后,收入处于 4 000 美元时,经济发展处于稳定的工业化阶段,消费水平逐渐提高,对产品质量的需求开始提升为主诉求;2009 年前后至今,当收入处于 4 000~10 000 美元时,需求层次开始提升,同时伴随着移动互联网的快速发展,信息的共享使得需求侧信息开始互联互通,需求的市场势力开始提升,经济发展处于工业化向互联网社会转型的阶段,需求的结构性变化日益明显(周密等,2018)。日本经过 23 年高速增长,从 1974 年开始增速下降;韩国经过 33 年发展,从 1997 年开始增速下降;我国台湾地区经过 42 年发展,从 1995 年开始增速下降,与此同时,消费增长率下降,基本需求开始饱和。中国经过近 40 年的快速发展,经济增长也开始下降。

（3）关于三个阶段不同能力的变化特征。在 40 年的历程中,三种能力均贯穿始终,然而由于外部条件的约束与变化,特定阶段的特定能力更为突出。由于 $\hat{\beta}_{31} > \hat{\beta}_{32} > \hat{\beta}_{33} > 0$, $\hat{\beta}_{61} > \hat{\beta}_{62} > \hat{\beta}_{63} > 0$, $0 > \hat{\beta}_{91} > \hat{\beta}_{92} > \hat{\beta}_{93}$ 的结论亦稳健,故在三个阶段中,第一阶段是以生产能力为主,生产能力对经济增长率的作用保持显著为正,但有所下降;第二阶段以研发规模能力为主,研发规模能力对经济增长率的作用保持显著为正,但略有下降;第三阶段以认知能力为主,虽然认知能力影响目前为负,但是认知性劳动对经济增长的作用正在增强。由于考察的认知能力中认知性劳动以私营企业就业人数加个体就业人数反映,所以这说明当前认知性劳动的作用还未充分发挥,而在未来阶段,私营企业和个体户对市场规模的认知作用将发挥更大的作用。随着互联

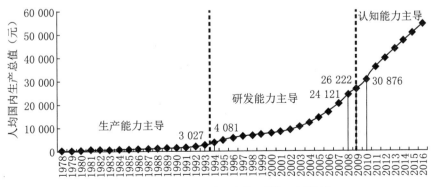

图 7.7　根据门槛模型对中国改革开放的三阶段划分

网时代的巨变,以 BAT 和独角兽企业①为特点的新兴企业通过对中国市场庞大需求的精准认知,正在取代以成本优势和效率优势为主的传统工业企业。比如,没有准确认知智能手机时代的高科技投入巨头诺基亚和摩托罗拉衰落了,而精准认知中国智能手机市场性价比需求的小米崛起了(周密和盛玉雪,2018)。

第四节　结论与讨论

对中国经济增长历程的理解,不能简单罗列成绩单或堆砌历史史实,而应该在总结发展历程的基础上对中国经济增长的实践进行理论概括。本部分将在阐释西方道路的内在特点基础上,提炼中国特色道路,尝试揭示"中国经济到底是追随西方经济的普遍轨迹还是根据自己独特的中国元素实现着平行增长"。

一、西方道路的特点:要素支配下的目标式增长道路

西方发达国家由低收入向高收入转换的实践,常常被称为广义"工业革命"的实现(刘霞辉,2006)。然而,从数量上看,只有少数国家完成了工业革命,大多数国家仍在长期的经济停滞中挣扎(李月和周密,2012)。在对这一过程进行解释的理论中,很多研究以早期进入高增长序列的欧美国家经验为依据,认为从低收入向高收入国家的转换过程是一个自然并且必然的历史演化过程。这一过程是以新古典框架为主,从劳动到资本再从资本到技术的要素结构两阶段升级道路。其中以要素禀赋理论为代表,强调资本积累的作用(林毅夫和陈斌开,2013),侧重从劳动到资本的升级过程;以动态能力理论和内生增长理论为代表,强调技术与学习的作用(Galor and Weil, 2000; Stokey, 2001),侧重从资本到技术的升级过程。然而上述理论均立足于需求相对稳定的成熟工业化条件,强调供给占主导的市场条件下供给侧依靠要素力量逐步解决"生产多少"和"怎么生产"的问题,如图 7.8 所示。

1. 要素禀赋理论

要素禀赋理论立足供给侧生产环节从劳动到资本的过程,重点解决生产多少的问题,有效地分析了供给侧生产环节从劳动向资本积累的过程(L→K)和后发国家在发展起点上如何发展的问题。该理论认为,经济结构内生

---

① 目前的独角兽企业大多成立于 2011 年、2012 年前后,在 2013 年、2014 年快速发育成长。

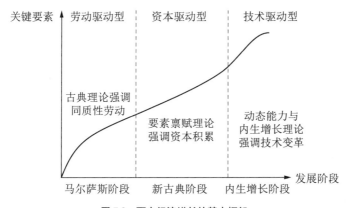

图 7.8　西方经济增长的基本框架

于要素禀赋，并倡导以新古典经济学的方法来研究经济结构及其变迁（林毅夫，2010）。但要素禀赋理论无法解决经济体系吸收新要素过程中从规模向效率转换的问题，其不足体现在：一方面，要素禀赋理论特别强调供给侧生产环节中资本积累的作用，没有清晰解释不同要素禀赋顺序升级中的转换过程，因此，要素禀赋理论用于东亚国家实践时，无法有效回答：当经济进入资本向全要素生产率转换的阶段且这一阶段无法自然实现时，应该通过何种具体力量实现转换（K→A）。例如，在中国实践中，随着资本投入与资本积累不断增大后，资金难以进入创新领域。2008 年以后的刺激性投资增加了基础设施和房地产投资在总投资中的比例，却减少了更有利于经济增长的"设备购置投资"的占比（白重恩和张琼，2014）。这一理论不可避免地容易陷入资本价值论。另一方面，要素禀赋理论认为结构性特征在很大程度上由各个发展中国家要素禀赋结构及其市场力量内生决定，而非旧结构主义所假设的那样，由权力分配或其他外生固有刚性因素所决定（林毅夫，2010），然而要素禀赋理论将禀赋内涵的理解局限在资本劳动比，只能够解决生产环节吸收新要素的成本问题，但是低成本向高效率转换的技术投入如何最终实现潜在产出增加仍缺乏细节上的解释，不可避免存在后发劣势问题。

2. 动态能力理论和内生增长理论

动态能力理论和内生增长理论立足供给侧生产环节从资本到技术的过程，重点解决怎么生产的问题，较好地解释了东亚实践中政府适度干预下技术的快速发展（K→A）。两个理论将经济增长核心落脚于研发能力的提升，解决的是全要素生产率 A 在供给侧的技术内涵，能够有效解决经济体系吸收新技术的强度。但动态能力和内生增长理论无法明确经济体系吸收新要素的精准方向，不足之处主要体现在：一方面，没有办法解决发展中国家在发展起点上如何形成技术的难题;另一方面,在没有解决技术供需如何对接的前提下,无法明确经济体系吸收新技术的方向,忽视了技术作为一种潜在生产力,如何转换成实际的生产力等核心问题。正因如此,动态能力或内生增长理论无法清晰阐释当中国的专利已经跃居世界第一,R&D已经跃居世界第二时,如何继续推进技术能力与技术实现[A→Y(D)]的衔接。面对当前从工业时代向互联网时代转换的时期,技术轨迹或范式出现巨变时,动态能力或内生增长理论无法对新方向下的技术升级进行有效指导,因而,何时进行技术能力构筑以及如何进行能力构筑等问题也没有得到很好的阐释。

二、中国道路的特色:劳动创造下的条件响应式增长道路

传统西方经济学中的要素禀赋理论、内生增长理论内生于西方的工业经济实践,总体反映了工业革命启动之后需求稳步提升条件下,供给主导的市场特征。中国近几十年的实践不仅浓缩了西方两三百年的工业革命历史,而且正在迈向互联网等数字化经济的变革时代。本章的框架以异质性劳动与要素之间的适应性匹配为重点,强调后发国家形成现代经济体系,需要根据不同的发展条件进行响应,至少经历三个不同的阶段。

(1)在落后的农业社会向工业社会转换的卢卡斯-索罗阶段,通过生产性劳动适配资本,提升生产能力。1978—1993年间,人均GDP处于较低的水平,经济总量小、起点低,中国处于农业社会向工业社会转型阶段。市场迫切需要提升消费者的收入,扩大市场规模,重点解决供给多不多的需求规模扩大问题。由于宏观层面存在大量基本需求[1],市场中供给占主导,供给侧通过生产性劳动选择外引资本,可以提升以资本—生产性劳动比衡量的生产能力,从而通过低成本的生产能力,不断扩大供给规模,破除需求侧低收入的制约,解决供给侧吸收要素的规模问题。

(2)在稳定的工业化索罗-罗默阶段,通过研发性劳动与前沿边界内的知识相匹配,提升研发规模能力。1994—2008年间,人均GDP逐渐提升,中国处于稳定的工业化上升阶段。市场开始关注需求质量,提升效率,这时虽然供给仍占主导,然而供给侧中生产端的竞争开始加剧,仅靠低成本和大规模无法满足市场需求,中国开始以西方技术为目标,以研发性劳动匹配外引知识与技术,以高效率的研发能力,提升研发规模能力,解决供给好不好的需

---

[1] 微观个人的消费以偏好为主,但随着居民收入的变化,会上升为不同时期宏观层面的需求层次特征,而这成为不同阶段划分的主要标准。西方漫长的资本主义发展过程,使阶段的概念模糊,因而从时间上具有同质特征。而中国用40年快速的工业化进程,呈现出特定的阶段特征,时间上的异质性更为明显。

求质量提升的困境,突破供给体系吸收新要素的效率问题。

(3) 在工业化向互联网社会转型的罗默-熊彼特阶段,通过市场规模与认知性劳动相匹配,提升认知能力。2009 年以后,中国经济开始进入中等收入阶段,如果按照正常的西方演进道路,中国将逐步加快向西方中高端服务业的转型。然而这一过程叠加了移动互联网和智能化技术等数字经济,互联网社会开始兴起。这一新的阶段中需求的变革开始加大,需求的灵活性增强,且由于大量基本消费品的饱和,需求相对于供给侧主导性开始增强。市场和市场潜力成为决定发明活动规模和方向的决定性力量(Freeman,1979)。这时精准地认知市场和市场潜力的方向,确保供给准不准的问题开始变得日益重要。这时以认知性劳动匹配市场规模所形成的认知能力开始发挥作用。快速对接市场需求的一系列变革开始形成,社交网络、共享经济、虚拟空间等新的需求不断形成,这才能有效解决需求逐渐占主导的条件下,供给体系吸收要素的方向问题。在人类发展的不同阶段,认知性劳动的实现水平和解决机制存在较大差异。在经济发展水平较低的时代,市场基本需求尚未满足的阶段时,对认知性劳动要求不高。从工业化时代开始,认知性劳动通常由企业家来执行。然而在一个信息不完全、市场割裂、交易成本高企的环境下,认知性劳动只能通过社会调研、售后服务、同行竞争者与供应商信息采集等低端的认知性劳动或者交由渠道商等下游分销商来实现,因而在工业化时代供需之间需要多级采购体系和分销体系等多级中介实现对接。随着移动互联网时代的到来,供需之间信息更加对称,供需之间去中介化趋势明显,认知性劳动对市场需求进行精准认知的成本大大降低。以企业家群体为核心的认知性劳动开始发挥突出作用。由于认知性劳动重点在于寻找市场方向,在市场方向尚未形成生产力且传统产业大范围萧条时,这一阶段经济增速会有所下降。一旦经济方向确定,在研发性劳动和生产性劳动的效率与规模推动下,经济增速才能再次企稳。这也是熊彼特坚持变革时代企业家精神十分重要的原因(Schumpeter,1939)。

以往单一供给侧的理论,只能解决供给方向既定条件下稳定的工业化时代中,成本降低或效率提升等生产环节问题。当面向需求方向或目标日益灵活的移动互联网时代,就需要有效衔接生产与消费全过程。正如施穆克勒(Schmookler)等提出的需求是创新方向的决定性因素(Freeman,1979)。生产全过程本质上是供需对接的过程:首先依靠人们心中的想象(in the minds of imaginative)改变科学、技术和市场之间的界面,满足市场需求;然后才是持续和长期的研发、实验、设计与生产。在不同的发展阶段,针对不同的外部条件,中国不同阶层的异质性劳动进行主动响应,最终走出了一条"异质性劳动创造"的平行增长道路。这条道路使得中国具备了现代经济体系所需要的三大完整的核心要素：实现供需对接的战略认知能力，加快认知实现的技术支撑能力，实现有效投资的生产保障能力。这三种能力有效解决供给体系吸收要素的方向、效率与规模问题，从而使中国真正具备了生产全过程的系统能力。从"物质要素的被动升级"转向"异质性劳动的主动创造"——这才是解释中国经济增长之谜的关键点。

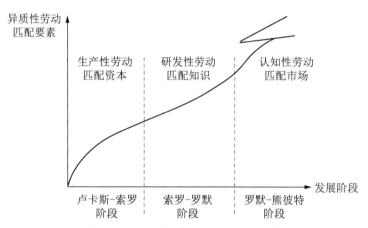

图 7.9　供给侧结构性改革中普通商品市场改革的推进路径

　　成为一个现代化的国家不仅是中国梦，也是仍占世界总人口 85％ 的发展中国家的共同梦想。长期以来发展中国家的知识分子总以为发达国家有一本"真经"帮助发达国家实现了现代化，把这本"真经"拿回发展中国家来虔诚地念，就能帮助发展中国家摆脱贫穷落后，实现现代化。但是，事实上这样的"真经"并不存在。以现代经济学为例，任何盛行一时的理论思潮总被后来的学说所扬弃（林毅夫，2010），因此，"中国实践才是检验中国社会科学真理的唯一标准"。那么，到底该以何种理论解释中国经济增长之谜并指导中国实践？

　　已有的西方经济学理论从多种角度诠释了稳定的工业化时代影响经济增长的关键因素。制度经济理论在本质与抽象高度上，无法解决具体实施问题。要素禀赋理论立足于生产环节的发展起点，虽然能够利用资本积累解决生产多少的规模扩大问题，但无法解决供给侧从资本向技术的跳跃，容易陷入高端价值链俘获困境；动态能力与内生增长理论，虽然能够利用技术能力解决怎么生产的效率提升问题，但却无法解决从供给侧的技术向满足需求的可交易产出的转换，主要面向稳定工业化时代条件下需求方向比较既定的国家需求，如安全、军事等，难以适应当前技术轨迹与范式高度不确定的移动互联网时代，无法解决经济体系吸收新要素的市场方向问题。

本章尝试吸收并融合上述三种理论的优势，提出中国改革开放以来波澜壮阔的历程，以异质性劳动为核心，以政府选择为保障，通过异质性劳动与不同要素禀赋相匹配形成了适合于特定阶段经济增长需要的有效能力。改革开放以来的伟大实践是回归劳动创造价值的过程。中国勤劳的生产者、研发者、企业家和政治家们在实践中不断吸收西方已有先进经验，并融合中国自身特点进行探索与创新。一方面，在生产环节，凡是有劳动能力的人都必须依靠劳动为生，不劳动者不得食（佐牧，1990）。随着大量农村劳动力的释放和持续的技术学习，生产者和研发者普遍获得相应的经济激励。不同类型的劳动，能够通过类型不同但却合理合法的方式获得改变命运的机会。另一方面，企业家和政治家发挥了应有的角色。随着民族品牌的逐步崛起，企业家群体正在形成。同时以中国共产党人为核心的政治领导阶层，在和时代一道前进的过程中，能够根据不同阶段的实施条件，激活不同的动力机制（周密等，2018），使得迄今为止，价格形成机制、产权激励机制、资源配置模式等外部条件的改革，都顺应一定经济发展阶段中的特殊制度需求。

所有能力的成长不是一蹴而就的，因此，不能在一个平面中看待中国经济，而要放入历史和时间阶段中，给予中国成长的时间。中国在改革开放以来的 40 年时间中经历了从农业社会向工业社会进而向互联网社会的转型，打造了现代经济体系所需要的从生产到消费顺畅衔接的生产能力、研发规模能力和认知能力的培养，解决了供给侧吸收新要素的规模、效率与方向的系统能力生成问题。

在这种现代经济体系框架下展望改革开放的推进逻辑，就会发现，中国改革开放的道路并不是"一步到位"的市场换技术道路。一步到位的"弯道超车"道路风险极高，市场换技术的复杂过程也难以短时完成，更无法真正实现从价值链低端向高端的跃迁。本章认为中国故事的核心是"三阶段"的市场换技术道路：第一阶段，在人均 GDP 很低的 1978—1993 年前后，面对农业社会向工业社会的转型，在供给规模亟须扩大的供给主导条件下，以生产性劳动叠加贸易部门的资本，提升资本—劳动比，满足需求规模扩大的需要，实现以劳动换资本；第二阶段，1994—2008 年前后，处于稳定的工业化时期，面对资本向技术转换中的技术规模难题，以研发性劳动叠加国外技术前沿边界内的知识，提升知识—研发比，实现以资本换技术规模，满足需求质量提升的需要；第三阶段，2009 年前后至今及未来，面对工业社会向互联网社会的转型中需求开始占主导的市场条件，以认知性劳动叠加逐渐形成的庞大市场规模，提升市场—认知比，逐步实现以市场规模认知换技术质量，满足需求结构变化的需要。

　　未来随着移动互联网时代和智能时代中信息成本的降低，如果能在庞大市场规模基础上，优先通过认知能力认知已经形成的庞大市场规模，明确市场需求是什么，解决生产与消费的对接，进而根据被认知的市场需求定向发展研发能力和生产能力，落实"怎么生产"和"生产多少"的生产环节，就能真正形成经济增长中的供需闭环，切实转换资源配置中供给侧的结构条件，使传统以高科技为主导的价值链高端俘获模式逐步转变为强大用户部门的副产品，变追随西方道路的"弯道超车"为中国特色道路的"换道超车"。

第八章　新时期的认知性劳动与
供给侧结构性改革路径

　　劳动异质性是供给侧结构性改革的根本动力,特别是新时期需求结构发生变化,原有"有限资源满足无限需求"的社会条件转变为"无限的供给寻找有限的需求",因此有益于寻找需求的认知性劳动就成为重中之重。本章将纳入认知约束等新假设条件,以新熊彼特多部门模型为基础,阐释在新的条件下,认知性劳动使得互联网开始影响供给侧经济增长,并从新古典范式和熊彼特范式比较出发,将认知性劳动对供给侧的资源配置优势进行理论探讨。

第一节　后工业化时代供给侧增长的特征化事实

　　后工业化时代实践中互联网逆势上升的特征化事实给予了最好的证据与答案。一方面,如图 8.1(a)所示,自 2001 年以来中国互联网用户人数与GDP 总量的增长趋势相一致。《中国互联网络发展状况统计报告》显示,截至 2018 年上半年,中国网民规模达 8.02 亿人,其中手机网民规模达 7.88 亿,占比为 98.2%。中国建成全球最大的第四代移动通信网络(4G),并逐渐成为 5G 的主导者。中国已经成为举世瞩目的互联网大国。另一方面,如图 8.1(b)所示,2011 年以后在中国经济增速陷入持续低迷状态下,互联网却俨然成为新时期的边缘革命(科斯,2013),实现了持续逆势增长,互联网用户人数增速超过国家 GDP 增速的 5 倍(曹磊,2016)。

　　当前互联网的硬件与软件在与传统经济融合的方面展现出了极强的渗透性(郑克群,2015)和冲击性(杰伦·拉尼尔,2014):一方面,移动端应用程序的渗透性大大加强,碎片化思维和线上线下相结合模式在多领域迅速推广(徐争荣,2015);另一方面,以互联网为代表的智能化、共享化、信息化的趋势正引发经济和社会的重大变化(王如玉等,2018),其创新是颠覆性的。这使

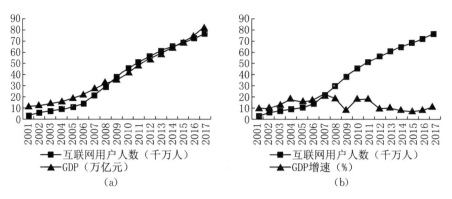

图 8.1　互联网水平与供给侧经济增长的特征事实

得互联网对传统业态形成剧烈冲击和毁灭性打击。传统工业时代引以为傲的中国品牌——格力、海尔、联想、万达等正面临着被意想不到的行业外互联网竞争对手冲击的压力,以 BAT[①] 为代表的新一代互联网企业已经崛起。

互联网正在为我国经济增长注入新动能,但是互联网理论却远远滞后于实践,从而使得理论无法发挥对互联网实践的引领与指导作用。围绕"互联网对经济增长的影响"这一关键命题,本章提出"互联网是经济增长中新的资源配置机制"的基本观点,尝试摆脱新古典范式的思想圈囿,以劳动价值论和熊彼特范式为基础,在"认知约束、劳动异质、创新效应"等新假设下,构建新熊彼特多部门模型,从理论与实证上阐释:互联网时代的资源配置面临"以有限认知应对无限信息"的认知约束。在这种条件下,互联网对经济质量改善的关键在于对创新部门异质性劳动资源的优化配置。互联网通过配置创新部门的认知性劳动和研发性劳动,加速供给侧对需求侧信息的认知选择与认知实现,推动创新生成,最终促进经济增长。互联网对经济增长的实质性贡献是优化资源配置过程,使资源配置目标从工业时代加大供需的数量均衡,转向互联网时代实现供需的结构统一;资源配置环节从价格机制的事后出清,转向互联网机制的事前认知;资源配置对象从以物为核心的被动要素,转向以人为核心的主动劳动。这三大转向将加快供需一体化过程,明显减弱工业经济条件下资源配置的过剩风险,从根本上提高经济体系质量。当前互联网对传统业态的颠覆式冲击,已经彰显出互联网机制的资源配置优势,具有时代的先进性和前瞻性。未来中国经济高质量发展,需要改变新古典范式下的单一生产质量偏向型道路传统,充分重视熊彼特范式下认知性劳动引导的

①　BAT 为业界对中国互联网领域三大巨头——百度、阿里巴巴、腾讯的简称。

创新生成模式,形成以"认知质量为引领,研发质量为支撑"的复合式发展路径。

第二节　后工业化时代互联网影响供给侧增长的相关研究

后工业化时代互联网对供给侧增长的研究始于 20 世纪 90 年代初期。很多研究明确了互联网对经济增长的正相关关系(Sichel,1999;Oliner and Sichel,2000;Kenny,2003;Oliner et al.,2007;Choi and Yi,2009;Andrés et al.,2010;MacDougald,2011)。极少数研究认为,特定时间段内互联网对经济增长产生负面作用(Maurseth and Botolf,2018)。本部分将围绕"互联网对经济增长的影响"这一主题,从影响的发生条件、作用机制和形成效应三大方面进行研究综述,以期提炼理论建模的关键假设和拓展方向。

一、互联网的基本含义

正如蒸汽机从产生到普及大约用了 50 年的时间一样,互联网从诞生至今也近半个世纪[①]。5 年之前,连马化腾这样的网络精英对互联网发展之神速也始料未及(马化腾,2015);而今天,互联网已经成为社会和业界追捧的热词,其蓬勃发展的前景无可争议。在我国经济整体低迷的态势下,互联网的增速超过国家 GDP 增速的 5 倍(曹磊,2016)。与此同时,一些传统的业态开始被颠覆:报纸等城市的主要传媒渠道迅速萎缩;大型百货公司等城市主流商业形态出现倒闭潮;商铺等城市投资的经典选择逐渐贬值;传统工业时代引以为傲的中国品牌——格力、海尔、联想、万达等正面临着被意想不到的行业外互联网竞争对手冲击的压力;以 BAT 为代表的新一代互联网企业开始崛起[②]。那么互联网到底是什么呢? 为什么互联网能够实现传奇式增长? 为什么它有如此巨大的威力,使曾经被奉为经典的工业化和城市化法则一夜之间被改写呢?

当前对上述问题的认识存在很大争论,主要有五种不同的观点。

---

① 互联网诞生于 1969 年,到 1995 年形成以个人计算机为主的第一代互联网,2008 年开始形成以移动互联为主的第二代互联网。本章不加特殊说明的互联网都是指(移动)互联网。

② 中国互联网络信息中心(CNNIC)发布的"十二五"中国互联网发展十大亮点指出:"十二五"期间,中国互联网企业市值规模迅速扩大。互联网相关上市企业 328 家,市值规模达 7.85 万亿元,相当于中国股市总市值的 25.6%。阿里巴巴、腾讯、百度、京东 4 家上市公司进入全球互联网公司 10 强;华为、蚂蚁金服、小米等非上市公司也进入全球前 20 强(中国网信网,2015 年 10 月 29 日)。

第一种是技术论。互联网是一个全球范围内使用的计算机网络通信协议——传输控制协议/网际协议。这一协议使操作网络之间可以通过共同的语言使用各种本地协议。技术论指出了互联网的技术基础和原理,更强调对数据拥堵、数据应用、终端或应用基础设施(杨志强,2009)等技术问题的关注。互联网起源于技术,但其发展却远超于技术,如果仅限于技术认识论,就很难解释为什么大量传统企业采用互联网方式后仍然难逃被颠覆的厄运。

第二种是工具论。互联网是促进生产力发展、推动生产方式改变和改善生活的现代化工具(吴基传,2015)。然而越来越多的研究认为工具论过于狭隘,不能只从实用主义的角度、以自我为中心做取舍(马化腾,2015)。互联网如果是生产工具,那么应该像蒸汽机一样带来效率的迅速提升,而当前只有10%左右提高了生产效率,90%则是通过去中介化规避的中间成本(李善友,2014)。

第三种是平台论。基于互联网各种应用发展的企业,它们的核心特点均是搭建平台、免费服务和增值收费,即免费为用户提供基础服务,不收取任何费用,聚拢人气和流量之后再提供增值的产品。如早期的四大应用:邮箱、即时通信、搜索和电子商务,对应的公司分别为网易、腾讯、谷歌、百度、阿里巴巴。而平台并不是互联网所独有的特征,商场等也都属于平台。互联网平台经济是实践中企业经营的命题,不是一种经济学解释,更难以成为政府决策的抓手。

第四种是思维论。互联网思维包括三个层次:互联网精神、互联网理念、互联网经济等(李海舰,2014)。思维论的核心是用户思维,而这一思维并不是互联网所独有的。很多传统工业企业也具备这种以用户为主的思维。总体而言,思维说更适用于社会学和管理学,难以构成一个边界清晰的经济学概念。

第五种是产业论。将互联网视为特定产业形态,涵盖电子商务、B2B、网上零售B2C、内容消费、网络视频、数字音乐、数字阅读、游戏、移动芯片主导集成电路产业、移动智能终端移动、移动操作系统、移动应用发展等诸多类型(于扬,2014;洪京一,2015)。然而这种认识无法解释互联网已经渗透到所有产业的现象,也难以区分互联网与其他产业的边界。

上述五种不同认识均有一定道理,但却无法对纷繁复杂的现象进行本质的归纳,也缺乏经济学意义上的认识突破,让人很难把握互联网内在的运动规律,从而无法为日新月异的互联网实践大潮提供有效理论指导。那么互联网到底是什么呢?

二、后工业时代供给侧的变化：是信息约束还是认知约束？

在工业时代，供给侧的企业只能根据有限的信息进行有限的决策，因此，信息约束和认知约束始终难以得到解决（何大安，2018）。互联网时代对此的改变首先是从打破信息约束开始的。李广乾（2017）认为信息是"互联网＋"的本质属性。信息规模从有限信息转向无限信息，使得信息约束得以突破，集中表现在两大方面：第一，信息的产生源头从单一主体转向多主体。物质流与信息流开始统一（张永林，2016），而且时间、空间与信息实现统一，每个行为主体都是信息的生产者、媒介和消费者（张永林，2014）；第二，信息的传递方式从单向转向散射状。信息的互联互通，具有较强的互存性或外部性（朱彤，2001）。这将实现信息的多点快速传播、瞬间交流互动，信息被循环不断地"制造—传播—再制造"并以"散射状"形式交叉互动地辐射开来（徐汉明，2018），从而使信息规模真正表现为爆炸级。

信息规模的爆炸级增长使得对信息的挖掘日益重要，认知约束被放松。现代经济学已经开始将"认知"作为内生变量来研究，并从人的有限计算能力、感知、意志、记忆和自控能力等方面研究了认知形成及其约束（何大安，2018）。而移动互联网、大数据与人工智能的结合趋势正是用机器学习逐渐替代人脑的认知功能，从而使互联网不仅是人类手的延长，更是人类脑的扩展增容（何明升，2016）。从这个意义上看，人类社会已经开始从"人与信息对话"进入到"人与数据对话"，并在未来会过渡到"数据与数据对话"（何大安，2018）。如果进入"数据与数据对话"的时代，一切都可由数据解构或人工智能主宰。在完全信息下，大数据思维将取代只依据部分信息进行因果思维的情形，认知约束将被全面突破。研究者不需要有预设的分析假设，也不需要依赖逻辑判断和推论，而是可以通过数据高概率地获取正确的认知（何大安，2018），从而提高经济预测和政策反应的时效性与准确性（刘涛雄和徐晓飞，2015）。

三、互联网影响经济增长的作用机制

何大安（2018）前瞻性地提出互联网应用扩张正在导致资源配置机制发生变动，经济运行中已出现互联网资源配置机制，可通过对这个机制的分析来创新经济学资源配置理论和产业组织理论。那么互联网到底通过何种机制来实质性影响经济增长呢？已有西方文献主要从生产部门、交易部门和创新部门等侧重点进行单部门研究。

从生产部门来看，侧重在广义生产函数框架下，从互联网对资本、知识等生产要素配置角度进行考察,通常分为两种机制。第一种是资本深化机制。互联网使得产品的价格出现了明显的下降,推动了与互联网相关联的资本深化过程。在这类研究中,重点研究互联网作为一种硬技术或物质资本对经济增长的影响(Harb,2017)。奥里纳和西切尔(Oliner and Sichel,2000)认为这种资本深化在美国生产率提升中发挥了很大的作用。韦尔芬斯和佩雷特(Welfens and Perret,2014)测算互联网的资本深化机制的贡献在 2%～5%之间。西切尔(Sichel,1999)提出 1996—1999 年互联网资本深化机制的贡献约为 1.1%。第二种是知识溢出机制(Welfens and Perret,2014)。根据内生增长理论的启示,互联网在经济增长中发挥着知识扩展的作用,形成知识溢出机制(Choi and Yi,2009)。这种机制认为通过商业重组和信息扩散,将会促进溢出机制(IMF,2001)。科莱基亚和施赖尔(Colecchia and Schreyer,2001)的研究认为与互联网相联系的资本深化过程在欧洲和日本的作用小于美国;信息技术的扩散率同样在欧洲更慢一些(Gust and Marquez,2004)。

从交易部门来看,侧重在市场促进框架下,从交易成本降低、供需对接、市场环境培育等角度考察影响机制,主要分为三种:第一种,守门员机制。互联网通过降低搜索成本和进入成本,影响经济增长,如 B2B、B2C、B2G 的产生。比如考察互联网通过降低贸易阻碍等交易环节影响经济增长(Meijers,2014)。第二种,网络外部性机制。这种机制常常被称为网络外部性(network externalities)。这种机制认为,互联网通过降低库存持有成本,减少中间商,实现供给方与消费者的直接对接(DePrince and Ford,1999),降低供给方和消费者之间信息交流的固定成本和可变成本(Castellacci and Tveito,2018)。据测算,互联网只有 10%是通过降低成本的方式提高生产效率,90%是通过去中介化规避中间环节实现的(李善友,2014)。第三种,市场环境优化机制。互联网将提高经济透明度,减少腐败,优化营商环境(Vinod,1999)。

从创新部门来看,侧重全要素生产率提升机制。安东诺普洛斯和萨凯拉里斯(Antonopoulos and Sakellaris,2009)认为全要素生产率的增长是互联网促进经济增长的主要机制。互联网对经济增长的影响并不是线性的,而是存在复杂的变量之间的相互关系(Dutta and Roy,2004)。在全要素生产率机制的非线性影响中,包括考察互联网通过技术复杂度作用于经济增长(Lapatinas,2019);互联网通过 R&D 费用作用于经济增长(Choi and Yi,2009);互联网通过优等生和研究生等高端人力资本影响创新,进而影响经济增长的机制(Jiméneza et al.,2014)等等。

而国内在这方面的研究较为分散,更侧重互联网通过供需关系(谢康等,

2016),微观企业(罗珉和李亮宇,2015),市场发展(施炳展,2016),产业变革与经济形态(江小涓,2017)等不同作用机制影响经济增长。

四、互联网影响经济增长的形成效应

多数研究采用新古典索洛增长模型及其扩展为主体,对互联网的增长效应进行定量研究(Pohjola,2000)。早期对互联网变量的选取以技术或宽带等表示的资本品为主。随着互联网能够使企业、消费者分享和交流大量的信息,越来越多的研究使用互联网的上网人数这一指标来体现。2017 年世界银行开始采用"互联网使用人数占全国人口的比重"作为世界发展指数的重要标准。

在以资本品为导向的增长效应测算中,模型化互联网影响时采取的主要思路是对资本这一变量进行异质化,分为:计算机硬件资本、计算机软件资本、交流资本与其他资本等(Oline and Sichel,2000)。安东诺普洛斯和萨凯拉里斯(Antonopoulos and Sakellaris,2009)测算出 1996—2003 年,信息与通信技术投资占总增长率的 0.75%。西切尔(Sichel,1999)认为美国自 20 世纪 80 年代开始投入大量资金用于信息技术,然而在 1980—1992 年间,计算机硬件只贡献了经济增长的 0.2%,直到 1996—1998 年,这种贡献增加到 0.35%。在 1996—1999 年间,计算机硬件对经济增长贡献了 0.63%,计算机软件贡献了 0.32%,计算机交流设备贡献了 0.15%。加总这些影响后,1974—1990 年、1991—1995 年和 1996—1999 年间,信息与通信技术资本在经济增长中分别贡献了 0.49%、0.57%和 1.1%(Oliner and Sichel,2000)。也有些研究认为,1995—2000 年,互联网每年在生产分配中节约的总成本达 1 000 亿~2 300 亿元,五年间节省的成本平均每年带来 0.2%~0.4%的增长(Litan et al.,2001)。如果新电脑的数量增加 1%,GDP 将增加 0.015 7%;如果互联网成本指数上升 1%,GDP 将下降 0.048 1%(Jiménteza,2014)。此外,OECD 国家 1996—2007 的研究表明,宽带普及率每提高 10%,人均 GDP 的年增长率就提高 0.9%~1.5%。

在以上网人数为导向的增长效应测算中,崔昌圭和李明勋(Choi and Yi,2009)测算出当互联网用户比例增加 1%时,经济增长率将增加 0.05%。希门尼扎等(Jiménteza et al.,2014)测算出随着手机用户增加 1%,GDP 将增长 0.040 2%。布特克雷特等(Buttkereit et al.,2009)认为,家庭互联网接入增加 10%,GDP 增长在 0.1%到 1.4%之间。世界银行通过 120 个国家的比较,提出互联网连接提高 10%,将带来 2%的经济增长(World Bank,2012),希门尼扎等(Jiménteza et al.,2014)的测算结果与之较为接近。此外,随着互联网使

用人数增加,与经济增长相关的其他指标也会增长,如互联网使用人数增加10%,FDI的流入将增长2%以上(Choi,2003);每百人中互联网使用人数每增加10%,服务贸易将增加0.23%～0.42%(Choi,2010)。

五、文献述评

已有文献为本章主题提供了丰富的文献资料、方法借鉴和研究基础。总体来看,这些研究体现了较为明显的新古典工业经济范式特点。本章将在劳动价值论和熊彼特范式下对已有研究进行拓展与再思考。

第一,互联网对经济增长影响的发生条件中,信息约束的突破并不意味着认知约束同步突破,而是主要面临"有限认知应对无限信息"的认知约束。

在新古典范式下,资源、技术、偏好等特定数据背景条件是既定的,无所不知的罗宾斯式理性经济人通过数据计算就可以使经济实现均衡。在信息充分条件下,数据即隐含着经济结论——只要信息完全,研究者不需要有预设的分析假设,也不需要依赖逻辑判断和推论,就可以通过数据高概率地获取正确的认知,因此,"数据与数据的对话"最终将取代"人与数据的对话"。然而熊彼特市场理论假定,市场参与人知识有限,聪明程度不一,存在着领导者与追随者的差别。经济增长过程不是罗宾斯式的理性计算过程,而是具有独特判断力与想象力的企业家进行动态认知的过程。信息规模的无限扩大,虽然意味着可计算的数据增加,但是并不意味着认知约束的同步突破,反而会由于信息的无限增加,更需要依赖于人的想象力、判断力等认知过程进行灵感激活、逻辑判断和非连续推论,最终发现市场机会与发展方向,因此,互联网体现的不是以数据为核心的工具革命,而是以人为核心的决策革命。互联网、大数据和智能化取代企业家的"数据与数据对话的时代"是一种理论想象,企业家与科学家不可取代,"人与数据对话的时代"将成为互联网时代的常态。本章将尝试从两方面明确"有限认知应对无限信息"的发生条件:一方面在家庭部门中,使消费偏好可以通过互联网充分传递,这一设计体现信息约束的突破;另一方面从创新部门增加企业家认知性劳动这一新变量,来体现供给侧如何突破认知约束这一关键条件。

第二,互联网对经济增长影响的作用机制不应以资本等物的属性为主,而应体现异质性劳动的人的属性。

在新古典范式下,经济决策是给定目标—手段范式下的选择过程,因此,与资本、技术、成本等生产资源的"物的属性"相关的选择机制是互联网机制的核心。比如,已有文献将资本深化机制、知识溢出机制、守门员机制等作为关注的重点,并引导后续定量实证沿着资本异质性的方向发展。在这一范式下,不断降低成本或提高技术水平是满足这种稀缺性选择的关键。然而除了成本降低等生产性功能外,经济中已经出现的互联网资源配置机制如何主导经济增长并没有进行深入的理论探讨与实证分析(何大安,2018)。在熊彼特范式下,经济决策并不是给定目标—手段下稀缺资源的选择过程,而是依赖于企业家的认知、判断目标和手段本身(张维迎,2018)。市场的优越性不是解决资源的稀缺性问题,而是激励企业家不断改进和优化资源配置,加速供需对接,更好地发挥市场发现与市场实现的功能。同时劳动价值论提出活劳动是商品价值的唯一源泉。一定量的活劳动投入是商品价值形成的实体基础。只是随着时代的发展,这种劳动的形态出现了拓展与异质,已从简单的生产性劳动,不断走向复杂化和丰富化。本章融合劳动价值论和熊彼特范式,更加重视互联网背后异质性劳动在经济增长中的独特作用。将在理论模型中纳入企业家认知性劳动的认知选择机制和科学家研发性劳动的认知实现机制等两大机制的作用过程,可以在供给前就更好地解决"生产什么"和"怎么生产"等资源配置难题,从而相比工业经济范式下依靠事后出清的价格机制,具有更好的降低过剩风险的资源配置优势。

第三,互联网对经济增长影响的形成效应不仅是增长效应,更重要的是创新效应。

新古典范式下,经济是一种静态均衡过程,生产与扩大再生产伴随着经济的始终。最大化下的均衡与稳定是经济的典型特征。正因如此,在互联网对经济增长影响效应研究中,主要是在传统新古典索罗模型基础上的定量研究,观测互联网对经济增长影响程度的增长效应是重点。然而在熊彼特范式下,经济是一个连续演变的竞争过程,市场通过企业家不断发现盈利机会,市场的基本特征是变化。这些变化是由企业家的创新产生的,因此经济增长不单单是利润最大化导向下的目标式增长,而是不断发现信息、激发创新的过程。本章将在创新部门设计中,以提高创新生成的创新概率体现这种创新效应,并在实证中加以定量检验。

第三节　理论模型

本节融合劳动价值论和熊彼特范式的思想理念,将上部分提炼的"认知约束、劳动异质、创新效应"等新假设纳入四部门新熊彼特模型,系统诠释互联网资源配置机制影响供给侧经济增长的内在机理。

一、理论模型的设计

（一）家庭部门

在互联网不发达阶段，能够帮助供给侧理解需求侧的信息是有限的，面临着明显的信息约束。需求侧的消费者只是产品的被动接受者，偏好很难完全显示。互联网的出现使得信息约束开始被打破。消费者不仅是产品的被动接受者，而且成为积极的消费者，通过口碑、评价、粉丝群等多元化形式，借助互联互通的网络平台充分表达与传递偏好。基于以上互联网实践，模型假定互联网下消费偏好更好地被传递，使得信息约束突破，从而改善代表性个体的福利水平，此时居民消费效用函数由互联网程度与消费共同决定，公式如下所示：

$$U = \frac{(S^{\xi} c)^{1-\theta}}{1-\theta} \tag{8-1}$$

家庭的约束方程为：

$$\dot{a} = (r_t - n) a_t + w_t - c_t \tag{8-2}$$

构建汉密尔顿函数：

$$\hat{H} = \frac{(S^{\xi} c)^{1-\theta}}{1-\theta} + \mu_t \left[(r_t - n) a_t + w_t - c_t \right] \tag{8-3}$$

FOC：

$$\widehat{H_c} = S^{\xi(1-\theta)} c^{-\theta} - \mu_t = 0 \tag{8-4}$$

$$\widehat{H_a} = \mu_t (r_t - n) = - \dot{\mu}_t + (\rho - n) \mu_t \tag{8-5}$$

横截面条件：

$$\lim_{t \to \infty} \left[\exp(-\rho - n) t \mu_t a_t \right] = 0 \tag{8-6}$$

由一阶条件可得：

$$\frac{\dot{\mu}_t}{\mu_t} = \rho - r_t = \rho - r_t \tag{8-7}$$

$$\frac{\dot{\mu}_t}{\mu_t} = \frac{-\theta c^{-\theta-1} S^{\xi(1-\theta)} \dot{c} + \xi(1-\theta) S^{\xi(1-\theta)-1} c^{-\theta} \dot{S}}{S^{\xi(1-\theta)} c^{-\theta}} = -\theta \frac{\dot{c}}{c} + \xi(1-\theta) \frac{\dot{S}}{S} \tag{8-8}$$

假设互联网的发展是外生给定的，其增长率可表示为 $g(S)$，故可得：

$$\frac{\dot{c}}{c}=\frac{1}{\theta}\left[r_t-\rho+\xi(1-\theta)g(\mathrm{S})\right] \tag{8-9}$$

(二) 创新部门

资源配置的实质是使供给和需求更好地实现方向对接和数量均衡。在需求基本相对确定的条件下,供给侧通过生产性劳动生产出与需求数量相一致的产品即可,然而在需求出现结构性变化时,需要首先选择市场认为正确的产品类型,保证产品能够被需要。这种工作通常由企业家来进行[①]。熊彼特式的创新者是企业家。已有关于企业家精神的内涵分为熊彼特、柯兹纳和奈特三种类型(Yang and Andersson,2018),其中熊彼特的企业家精神强调创新和变革,柯兹纳强调企业家的警觉和市场发现,奈特强调企业家主观的判断与决策。本节融合上述三种观点,将企业家对前景的预判与认知作为关键含义。企业家对未注意到的机会的警觉,使他能与众所周知的机会的常规性重复性工作分离开来(柯兹纳,2013),带有明显的主观性,并对已有的传统进行变革与创新(Yang and Andersson,2018)。

在以往工业化社会中,由于信息表达与传递的不完全性,企业家对需求侧信息的认知受到明显制约。大多数时候只能通过后验式价格的高低来理解与认知需求。随着互联网时代下人们加工和处理数据的手段和获取信息的途径完全改变,互联网、大数据、云计算和人工智能等的深度融合为解决这种计算提供了可能性(何大安,2018)。这种可能性在新古典范式下是数据革命,即智慧大脑针对特定事件所形成的要不要选择以及怎样选择的认知,完全是以大数据分析为依据的,它不夹带任何主观判断的成分;智慧大脑的认知形成过程是对大数据的分析过程,这种以大数据分析为前提的简洁而科学的认知形成过程,是不需要附加任何给定条件约束的(何大安,2018)。而在熊彼特范式下,最智慧的大脑不是机器,而是包含着主观判断成分的人脑。凡是能从现有数据中计算出的决策,都不是企业家决策(张维迎,2019)。随着数据的丰富,以企业家为主体的人脑可以借助互联网下的大数据分析对市场需求进行更好的提前认知和精准认知。

本部分以罗默(Romer,1990)以及阿吉翁和豪伊特(Aghion and Howitt,1998)模型为基础,将创新视为企业家正确认知方向基础上的定向研发积累

---

① 如果企业家在生产什么的认知性劳动上判断错误,那么工人投入了辛劳的生产性劳动就会出现积压,因此,"消费者是主体意识极强的人,他拥有买与不买的绝对自由,商品拥有者想让他购买并非易事,他几乎不考虑商品是由谁怎么制造的,而只看是否能够满足他的需要。要摸透他的心思,让他慷慨解囊。就是说,要使私人劳动转化为社会劳动,使价值真实地形成,如果我们回溯产品生产过程就会发现,这件工作,在任何企业里都是由企业家完成的"(周密和刘霞辉,2018)。

(周密等,2018)。在这一基本认识下,将互联网对创新资源的配置分解为两个重要的步骤:一是创新的可能性。互联网通过认知选择机制,更好地配置企业家认知性劳动(周密等,2018),提前保障新产品和新技术是可被商业化或被市场所需求的。哈耶克认为企业家精神是一种与知识相联系的需求发现机制(哈耶克,1989)。正是依靠企业家的警觉,才能应对不完全的知识世界(柯兹纳,2013)。这种警觉与发现正是认知性劳动的核心。比如苹果手机是乔布斯对人类社交需求的精准认知,华为是任正非对于通信设备与技术发展的前瞻性认识和判断,阿里巴巴是马云对互联网电子商务的远见卓识等。而诺基亚、摩托罗拉、柯达胶卷等在最后一刻技术都是十分先进的,之所以失败就在于对市场前景认知不准确或有偏差。二是创新的可实现性。互联网通过认知实现机制,更好地配置科学家研发性劳动,创新得以技术实现,最终形成能满足需求的新技术或新产品。此外,由于中国与西方发达国家的发展阶段不同,作为后发追赶大国,中国是以欧美先进国家为标杆进行赶超的发展,因此,在垂直创新思想基础上(严成樑,2012),创新的可能性是企业家在一定创新投入和已有技术边界约束下的结果。不妨假定存在认知选择机制,在一定的研发投入和技术边界下通过配置企业家认知性劳动精准认知消费者需求,从而促进创新生成,提高创新的可能性,创新部门的创新可能性为:

$$\mu = \phi(L_R/A'_{it}) = \lambda E \left(\frac{L_R}{A'_{it}}\right)^{\sigma} S^{\tau} \tag{8-10}$$

其中,$0 < \sigma < 1$,λ 为反映创新部门生产力的参数,E 为认知性劳动 L_E 与总劳动 L 的比值 L_E/L,L_R 为研发性劳动,A'_{it} 为潜在生产率或者技术前沿,S 为代表互联网水平的变量。由于人均 GDP 与总生产力参数 A_t 成比例,因此,经济增长率与 A_t 成比例,增长率方程为:

$$g_t = \frac{A_t - A_{t-1}}{A_{t-1}} \tag{8-11}$$

在此情况下,总增长率不再是随机的,因为好坏情况总是相互抵消。进一步引入技术水平差距 A'/A_{it-1},A' 代表技术前沿。引进先进的技术水平会受到各部门研发性劳动的制约,倘若该部门不存在研发性劳动,即使存在先进的技术也难以有效运用,故可得创新的变化方程为:

$$A_{it} = \begin{cases} \gamma A_{it-1} + \dfrac{L_R}{L}\left[1 - e^{\eta\left(1 - \frac{A'}{A_{it-1}}\right)}\right]A' & \text{可能性为 } \mu \\ A_{it-1} + \dfrac{L_R}{L}\left[1 - e^{\eta\left(1 - \frac{A'}{A_{it-1}}\right)}\right]A' & \text{可能性为 } 1 - \mu \end{cases} \tag{8-12}$$

其中 $\eta>0$，$\gamma>1$，γ 代表上一期创新实现程度的参数。当消费偏好被认知性劳动准确发现，即 μ 一定时，假定 $\gamma=g(L_R)=1+\pi S'L_R^\nu$，研发性劳动和互联网结合将决定创新可实现性 γ，即存在认知实现机制，更好地实现创新。

根据大数据法则，每一期各部门创新的可能性为 μ，那么经济系统的平均生产力参数 A_t 可以被表示为：

$$A_t=\mu A_{1t}+(1-\mu)A_{2t} \tag{8-13}$$

其中，A_{1t} 是 t 期各部门创新实现情况下的平均生产力参数，$A_{1t}=\gamma A_{t-1}$，$\gamma>1$；A_{2t} 是 t 期各部门创新无法实现情况下的平均生产力参数，$A_{2t}=A_{t-1}$。那么：

$$A_t=\mu\gamma A_{t-1}+(1-\mu)A_{t-1}+\frac{L_R}{L}\left[1-e^{\eta\left(1-\frac{A'}{A_{t-1}}\right)}\right]A' \tag{8-14}$$

由此可以得到：

$$g_A=\frac{A_t-A_{t-1}}{A_{t-1}}=\mu(\gamma-1)+\frac{L_R}{L}\left[1-e^{\eta\left(1-\frac{A'}{A_{t-1}}\right)}\right]\frac{A'}{A_{t-1}} \tag{8-15}$$

将 μ 的值代入上式，得到创新增长率决定方程：

$$g_A=\lambda E\left(\frac{L_R}{A_t'}\right)^\sigma(\gamma-1)+\frac{L_R}{L}\left[1-e^{\eta\left(1-\frac{A'}{A_{t-1}}\right)}\right]\frac{A'}{A_{t-1}} \tag{8-16}$$

假设 A' 和 A_{t-1} 的比为 Θ，则可得创新增长率为：

$$g_A=\lambda E\left(\frac{L_R}{A_t'}\right)^\sigma(\gamma-1)+\frac{L_R}{L}\left[1-e^{\eta(1-\Theta)}\right]\Theta \tag{8-17}$$

(三) 中间产品部门

假设一个中间产品需要耗费 1 个单位的 Y 来生产（庄子银，2007），那么发现中间产品收益的现值 V_t 为：

$$V_t=\int_t^\infty (P_{it}-1)X_{it}e^{-r(s-t)}ds \tag{8-18}$$

由于 $X_{it}=\alpha^{\frac{2}{1-\alpha}}(A_{it}L_Y)$，故可得中间产品的价格 P_{it} 为：

$$P_{it}=\alpha(A_{it}L_Y)^{1-\alpha}\alpha^{-2}(A_{it}L_Y)^{\alpha-1}=\frac{1}{\alpha} \tag{8-19}$$

可得中间产品生产在时间 t 的净现值为：

$$V_t=\left(\frac{1}{\alpha}-1\right)A_{it}L_Y\alpha^{\frac{2}{1-\alpha}}\int_t^\infty e^{-r(s-t)}ds \tag{8-20}$$

（四）最终产品部门

传统工业生产是以生产性劳动为重点的最终产品数量的生产。根据罗默(1990)等人的思想，考虑到经济体的多个部门，假定中间产品是$[0，1]$区间内的集合，那么最终产品生产函数为：

$$Y_t = L_y^{1-\alpha} \int_0^1 A_{it}^{1-\alpha} X_{it}^{\alpha} di \tag{8-21}$$

其中，$0 < \alpha < 1$，L_Y 是生产性劳动力投入，A_{it} 为反映中间产品质量的生产率参数，由于随机性，在任一时点生产率参数依据中间产品的不同而不同，X_{it} 为中间产品 i 在 t 时刻的流量。

由中间产品生产的最终产品的产出决定方程为：

$$Y_{it} = (A_{it} L_Y)^{1-\alpha} X_{it}^{\alpha} \tag{8-22}$$

$$\max \{ L_{Yt}^{1-\alpha} \int_0^1 A_{it}^{1-\alpha} X_{it}^{\alpha} di - w_t L_{Yt} - \int_0^1 P_{it} X_{it} di \} \tag{8-23}$$

其中 Y_{it} 代表第 i 个中间产品的产值，p_{it} 代表中间产品的价格，w_t 代表工资水平，由一阶条件可得：

$$p_{it} = \frac{\partial Y_{it}}{\partial X_{it}} = \alpha (A_{it} L_y)^{1-\alpha} X_t^{\alpha-1} \tag{8-24}$$

$$w_t = \frac{\partial Y_{it}}{\partial L_{Yt}} = (1-\alpha) L_{Yt}^{-\alpha} \int_0^1 A_{it}^{1-\alpha} X_{it}^{\alpha} di \tag{8-25}$$

中间产品生产者的利润最大化问题为：

$$\max \{ \prod_{it} = p_{it} X_{it} - X_{it} \} \tag{8-26}$$

此时 $\frac{\partial \prod it}{\partial X_{it}} = 0$，得到 $\alpha^2 (A_t L_Y)^{1-\alpha} X_{it}^{\alpha-1} = 1$，进而得到均衡量：

$$X_{it}^* = \alpha^{\frac{2}{1-\alpha}} (A_{it} L_Y) \tag{8-27}$$

并进一步得到均衡利润：

$$\prod_{it}^* = \pi (A_{it} L_Y), \ \pi = \alpha (1-\alpha)^{\frac{1+\alpha}{1-\alpha}} \tag{8-28}$$

总生产率参数为 A_t，总生产率参数是所有生产力的未加权的平均值：

$$A_t = \int_0^1 A_{it} di \tag{8-29}$$

将均衡解代入最终产品生产函数，得到：

$$Y_t = L_Y^{1-\alpha} \int_0^1 A_{it}^{1-\alpha} X_{it}^\alpha di = L_Y^{1-\alpha} \int_0^1 A_{it} \left[\alpha^{\frac{2}{1-\alpha}} (A_{it} L_Y) \right]^\alpha di = \alpha^{\frac{2}{1-\alpha}} A_t L_Y$$

$$(8\text{-}30)$$

二、均衡求解

根据罗默（Romer，1990），假设 R&D 部门完全竞争，从而有如下的无套利条件：$P_A \dot{A} = w L_R$。进一步根据罗默（Romer，1990），R&D 部门生产知识的价格等于中间产品生产部门垄断利润的贴现值，即 $P_A = V_t$。假定在最终产品部门工作和 R&D 部门工作可获得相同工资，即 $w_Y = w_R$。故无套利条件可表示为：

$$\left(\frac{1}{\alpha} - 1 \right) A_t L_Y \alpha^{\frac{2}{1-\alpha}} \int_t^\infty e^{-r(s-t)} ds \{ \mu(\gamma-1) + [1 - e^{\eta(1-\Theta)}] \Theta \} A_{t-1} = w L_R$$

$$(8\text{-}31)$$

由 $w_t = (1-\alpha) L_{Yt}^{-\alpha} \int_0^1 A_{it}^{1-\alpha} X_{it}^\alpha di$，$X_{it} = \alpha^{\frac{2}{1-\alpha}} (A_{it} L_Y)$，联立两个方程可得：

$$w_t = (1-\alpha) L_{Yt}^{-\alpha} \int_0^1 A_{it}^{1-\alpha} \left[\alpha^{\frac{2}{1-\alpha}} (A_{it} L_{Yt}) \right]^\alpha di = (1-\alpha) \alpha^{\frac{2\alpha}{1-\alpha}} A_t \quad (8\text{-}32)$$

故无套利条件可表示为：

$$\left(\frac{1}{\alpha} - 1 \right) A_t L_Y \alpha^{\frac{2}{1-\alpha}} \int_t^\infty e^{-r(s-t)} ds \{ \mu(\gamma-1) + [1 - e^{\eta(1-\Theta)}] \Theta \} A_{t-1}$$
$$= (1-\alpha) \alpha^{\frac{2\alpha}{1-\alpha}} A_t L_R \qquad (8\text{-}33)$$

可得市场利率水平：

$$r = \alpha \frac{L_Y}{L_R} \left\{ \lambda E \left(\frac{L_R}{A_t'} \right)^\sigma S^\tau (\gamma-1) + \frac{L_R}{L} [1 - e^{\eta(1-\Theta)}] \Theta \right\} A_{t-1} \qquad (8\text{-}34)$$

其中 $\gamma > 1$，$\Theta = \dfrac{A'}{A_{t-1}}$。

在均衡时，经济增长率与创新增长率和消费增长率相同，故可得：

$$g_Y = \alpha \frac{1}{\theta} L_Y \frac{A_{t-1}}{L_R} \left\{ \lambda \frac{L_E}{L} \left(\frac{L_R}{A_t'} \right)^\sigma \pi S^\tau (\gamma-1) + \frac{L_R}{L} [1 - e^{\eta(1-\Theta)}] \Theta \right\}$$
$$- \frac{\rho}{\theta} + \frac{\xi(1-\theta) g(S)}{\theta} \qquad (8\text{-}35)$$

第四节 认知性劳动与研发性劳动对供给侧的影响机制检验

根据前文的理论推导,本节运用中国 2001—2015 年的省级面板数据对互联网影响供给侧经济增长的机制与效应进行实证分析,重点观察互联网通过配置认知性劳动和研发性劳动促进创新效应并影响经济增长的内在过程。

一、模型、变量与描述性统计

基于上述理论模型框架,首先考察互联网的创新效应,将知识生产函数模型设定为:

$$\dot{A}_t = \alpha_0 + \alpha_1 A_{t-1} + \alpha_2 lr_t + \alpha_3 le_t + \alpha_4 inter_t + \alpha_5 distance_t$$
$$+ \alpha_6 lrdistance_t + \varepsilon_t \tag{8-36}$$

其中 $\dot{A}_t$ 代表第 t 期的知识生产数量,A_{t-1} 代表第 $t-1$ 期的知识存量,lr_t 代表第 t 期的研发性劳动,le_t 代表第 t 期的认知性劳动,$internet_t$ 代表第 t 期的互联网水平,$distance_t$ 代表第 t 期距离技术前沿的技术差距水平。

进一步基于式(8-36)构建关于互联网对经济增长影响的基准模型,如下:

$$\Delta Y_{it} = \beta_0 + \beta_1 lr_{it} + \beta_2 le_{it} + \beta_3 ly_{it} + \beta_4 A_{i,\,t-1} + \beta_5 distance_{it} + \beta_6 inter_{it}$$
$$+ \beta_7 sq\_inter_{it} + \epsilon_{it} \tag{8-37}$$

主要解释变量的设定如下:

(1) 经济增长。使用人均实际 GDP 的变化量 ΔY_{it} 表示经济增长(Spilimbergo and Che,2012),其中 Y_{it} 为按照 1985 年价格水平计算的人均实际 GDP。

(2) lr_{it} 代表科学家的研发性劳动,采用 R&D 人员(从事基础研究、应用研究和试验发展三类科技活动的人员)占总就业人口的比率(%)来衡量(严成樑,2012)。

(3) le_{it} 代表企业家的认知性劳动。认知性劳动是指对市场需求方向、对象、内容、数量等需求函数关键因素的敏锐把握,正确认知商业化应用的方向(周密等,2018)。当社会环境是信息完全的知识世界时,依靠生产性劳动就能解决成本的降低和效率的改进;而当社会环境变化为不完全不确定的世界时,这正是米塞斯式的人的行动需要展现的地方,因此,认知性劳动是企业家精神的内核。在对企业家精神的测算中,主要包括三种测算方式:第一种是自我雇佣率,但是这一指标无法反映企业家的规模与创新、风险程度;第二种是私营企业的数量,但最初企业通常很小,因而这一指标无法反映企业规模的大小(Glaeser,2010);第三种是用个体和私营企业所雇佣的工人数占总就业人口的比率(%)来表示(李宏彬,2009;周密等,2018)。基于概念内涵,本节实证采用第三种指标方式衡量。

(4)互联网水平。文章使用互联网人数占总人数的比重(%)来代表各地区的互联网发展水平,并加入互联网的二次方项以综合考虑互联网对经济增长的非线性影响。

主要控制变量的设定如下:

(1)ly_{it}代表普通工人的生产性劳动,借鉴严成樑(2012)通过总就业人数减去研发性劳动人数来代表当前经济活动中的生产性劳动,单位为百万。

(2)知识存量。使用滞后一期的专利申请量$stock_{i,t-1}$来代表知识存量$A_{i,t-1}$,单位为万件。

(3)技术结构。考虑技术前沿距离对经济增长的影响,使用$distance = pgdp\_frontier/pgdp$来代表与技术前沿的差距(周密等,2018)。

样本选择2001—2015年31个省份的面板数据,使用的数据主要根据《中国统计年鉴》《中国科技统计年鉴》和各省份的统计年鉴等统计资料整理计算所得。表8.1给出了主要变量的定义性描述和统计特性。

表8.1　主要变量的描述性统计

变　量	变量解释	均　值	标准差	最小值	最大值
ΔY_{it}	人均实际GDP的变化量	752.58	463.21	86.67	2 368.00
lr_{it}	研发性劳动占比	0.31	0.38	0.02	2.13
le_{it}	认知性劳动占比	21.54	12.84	3.93	80.24
$inter_{it}$	互联网水平	24.93	19.23	0.53	75.86
$stock_{i,t-1}$	知识存量	9.94	20.29	0.01	190.00
$distance_{it}$	距离技术前沿的差距	3.84	1.93	1.00	11.25
$inc_{i,t}$	知识创新增量	3.27	6.44	0.002	50.45
ly_{it}	生产性劳动	0.24	0.17	0.01	0.66

二、实证分析结果

1. 互联网对经济增长的影响:创新效应的检验

本节首先就互联网对经济增长影响的创新效应进行测算。如表8.2所示,互联网所对应的系数显著为正,这表明互联网能够促进经济增长中创新部门的新知识生成,具有正向的创新效应。本节使用互联网上网人数占总人数的比重来表示互联网水平,从第(1)列的结果来看互联网水平的系数为0.01,这表明互联网上网人数占总人数的比重每增加1%,知识创新增加量会提高100(0.01×10 000=100)件。根据第(2)列GMM方法以及通过对互联网进行滞后一期作工具变量的回归分析可以发现,互联网对知识创新增量的影响变化虽然存在一些波动,但是其系数稳定在0.02,整体而言互联网水平的提高有利于促进知识增量的提高,能够有效促进我国的创新生成,具有明显的创新效应。

表8.2 互联网对知识创新的影响分析

被解释变量	(1) FE	(2) GMM	(3) 稳健性检验
	inc	inc	inc
l.inc	1.20 ***	1.21 ***	1.21 ***
	(23.85)	(36.31)	(36.22)
lr	2.29 **	1.91 ***	1.81 ***
	(2.54)	(3.64)	(3.42)
le	0.03 *	0.03 **	0.03 **
	(1.84)	(2.45)	(2.16)
inter	0.01	0.02 ***	
	(1.45)	(3.38)	
distance	0.12	−0.14 *	−0.16 **
	(1.03)	(−1.89)	(−2.09)
l.stock	−0.07 ***	−0.07 ***	−0.07 ***
	(−4.99)	(−7.13)	(−6.99)
lr×dis	3.13 **	5.86 ***	6.67 ***
	(2.00)	(4.04)	(4.52)
l.inter			0.02 ***
			(3.57)
_cons	−1.24 **	−0.32	−0.13
	(−2.04)	(−0.67)	(−0.25)
N	434	434	434

2. 互联网对经济增长的影响:资源配置机制的检验

本部分将重点检验中国互联网发展是否通过企业家的认知选择机制和科学家的认知实现机制对经济增长进行影响。如表8.3所示,第(1)—(2)列表示互联网对经济增长直接影响效应的回归结果。本部分考虑互联网对经济增长的非线性影响,在实证中加入了互联网的平方项。结果显示,互联网的一次项系数在5%的水平下显著为正,互联网水平的二次项系数显著为负。这表明互联网水平对经济增长的影响效应呈现倒U形的曲线关系。一个可能的解释是:互联网发展初期,互联网的快速发展能够极大地提高经济增长的速度;随着互联网的逐渐成熟与完善,信息的公开化与透明化,使得创新难度更大,对经济增长速度的提升作用达到最大化之后边际增速下降并以一种低水平的方式正向影响经济增长的速度。第(2)列在加入解释变量知识存量之后,互联网水平的一次方项系数和二次方项系数依然显著并且变化不大。总体而言,随着互联网水平的发展,互联网对经济增长速度的提升呈现倒 U 形的变化趋势。

　　表 8.3 的第(4)—(8)列加入了互联网与认知性劳动、研发性劳动的交叉项进一步研究互联网通过不同资源配置机制影响经济增长的回归结果。第(3)列显示,互联网与企业家认知性劳动的交叉系数为 0.19 并且在 5% 的水平下显著为正。这表明互联网能够配置企业家认知性劳动,正确识别消费者的偏好,促进经济的快速增长。该回归结果中技术前沿差距的系数显著为负,但研发性劳动和技术前沿差距的交叉项显著为正。这表明技术前沿差距本身并不会促进地区的经济增长,反而会由于“马太效应”对经济增长产生负向的影响,但是技术前沿差距和研发性劳动结合后,通过研发性劳动的定向努力,缩小与先进地区的技术差距,才能正向促进经济增长。第(4)列进一步考虑了互联网与研发性劳动的交叉项,从回归结果可以发现该系数为 38.09,在 1% 的水平下显著。这说明互联网的发展能够提高研发性劳动的效率水平,加快偏好实现与满足,促进经济增长水平。第(5)列和第(6)列依次考虑了技术距离前沿对认知性劳动和生产性劳动的影响后,发现互联网水平对经济增长依然表现出显著的倒 U 形的影响。互联网通过研发性劳动表现出对经济增长在 1% 的水平下显著的正向促进影响,其系数为 26.69。互联网水平通过认知性劳动表现出对经济增长的不显著的正向促进影响,其系数为0.08。这说明,当与西方存在一定技术差距,存在明确的技术边界可参考时,研发性劳动将占主导。由于存在技术边界可参考,这一阶段并不需要企业家过多的方向探索与认知,可以通过技术模仿进行研发性劳动的定向推进,从而实现经济增长。以中国改革开放的实践为例,很长一段时间,我国以学习和模仿西方产品、技术为主,此时对研发性劳动重要性的共识明显强于认知性劳动。表 8.3 的第(7)—(8)列依次加入知识存量的滞后一期作为解释变量并且加入知识存量与互联网的交叉项,回归结果显示,第(7)列的 $l.stock$ 的系数是 1.58 且显著为正。这表明知识存量的累积能够促进经济增长。在加入互联网与知识存量的交叉项之后,其系数为 1.67,这表明互联网的发展能够间接地促进知识存量对经济增长的正向影响。

　　表 8.3 第(1)—(8)列给出了两个有意义的回归结果:第一,在一般情况下,互联网对经济增长存在着正向的促进作用,具有明显的增长效应;同时还

会通过配置企业家认知性劳动和研发性劳动占比等两大机制产生促进经济增长的效应,从而验证了互联网将通过企业家的认知选择机制和科学家的认知实现机制,影响经济增长的资源配置过程。第二,当考虑技术差距的情况下,研发性劳动与互联网水平的交叉项对经济增长表现出显著的正向影响;而企业家认知性劳动与互联网交叉项的系数总体上表现出不显著的正向影响。这说明存在可参考的外部技术边界时,市场认知已经较为明确,即已经完成了 0→1 的过程,只要通过研发性劳动定向模仿实现 1→N 的过程即可,因此,研发性劳动就可以通过技术差距获得正效应($lr \times distance$ 为正)且能够通过互联网实现需求满足($lr \times inter$ 为正);而企业家的认知性劳动发挥不充分,在中国表现不显著。未来随着我国技术日益接近西方的技术前沿,在没有外部可参照边界时,就更需要依靠本土企业家认知 0→1 的过程,因此未来更好地发挥我国本土企业家的认知性劳动的引领作用,将成为下一阶段前进的重要方向。

表 8.3　互联网对经济增长的影响分析

被解释变量	(1) $dpgdp$	(2) $dpgdp$	(3) $dpgdp$	(4) $dpgdp$	(5) $dpgdp$	(6) $dpgdp$	(7) $dpgdp$	(8) $dpgdp$
$l.dpgdp$	0.57*** (17.08)	0.56*** (16.54)	0.42*** (11.28)	0.40*** (10.52)	0.38*** (9.95)	0.36*** (9.36)	0.35*** (8.89)	0.35*** (8.91)
lr	104.43** (2.54)	74.19* (1.76)	54.92 (0.71)	−152.45* (−1.82)	−167.21** (−2.02)	−180.97** (−2.20)	−211.48** (−2.43)	−219.48** (−2.43)
le	5.51*** (4.10)	4.24*** (2.91)	4.97** (2.38)	8.84*** (4.06)	9.15*** (4.27)	9.09*** (4.28)	8.62*** (4.04)	8.67*** (4.06)
ly	130.47*** (7.80)	108.95*** (5.65)	208.91*** (7.65)	212.61*** (7.68)	210.33*** (7.72)	212.14*** (7.85)	193.46*** (6.58)	190.06*** (5.97)
$distance$	−61.48*** (−5.47)	−71.48*** (−6.06)	−62.51*** (−4.67)	−36.85*** (−2.62)	−46.38*** (−3.30)	−52.99*** (−3.75)	−62.42*** (−3.84)	−63.03*** (−3.79)
$inter$	2.95** (2.01)	3.54** (2.39)	7.00*** (3.21)	13.35*** (5.66)	13.14*** (5.71)	12.81*** (5.62)	12.53*** (5.45)	12.69*** (5.51)
$inter\^2$	−0.09*** (−3.94)	−0.10*** (−4.30)	−0.12*** (−3.49)	−0.21*** (−5.55)	−0.20*** (−5.55)	−0.19*** (−5.37)	−0.20*** (−5.50)	−0.20*** (−5.43)
$l.stock$		1.24** (2.10)					1.58* (1.72)	1.67 (1.18)
$le \times inter$			0.19** (2.04)	−0.07 (−0.65)	0.08 (0.69)	0.09 (0.78)	0.05 (0.43)	0.07 (0.59)
$lr \times dis$			1 269.38*** (5.94)	2 149.03*** (8.52)	1 303.52*** (3.65)	890.65** (2.34)	900.27** (2.35)	878.22** (2.29)
$lr \times inter$				38.09*** (6.69)	26.69*** (4.17)	24.64*** (3.88)	22.28*** (3.45)	23.98*** (3.38)

续表

被解释变量	(1) $dpgdp$	(2) $dpgdp$	(3) $dpgdp$	(4) $dpgdp$	(5) $dpgdp$	(6) $dpgdp$	(7) $dpgdp$	(8) $dpgdp$
$le \times dis$					8.81 *** (2.95)	8.81 *** (2.97)	8.32 *** (2.78)	8.77 *** (2.89)
$ly \times dis$						247.29 ** (2.53)	233.28 ** (2.36)	235.60 ** (2.37)
$l.stock \times inter$								−0.02 (−0.34)
_cons	137.80 (1.63)	256.92 *** (2.62)	48.29 (0.45)	−143.61 (−1.27)	−85.83 (−0.77)	−40.27 (−0.36)	67.59 (0.48)	75.14 (0.51)
N	434	434	434	434	434	434	434	434

3. 不同互联网水平下两种机制对经济增长的影响检验

本节使用门槛模型来检验不同互联网水平下,以企业家认知性劳动为核心的认知选择机制和以科学家研发性劳动为核心的认知实现机制是如何影响经济增长的。模型设定如式(8-38)所示:

$$\Delta Y_{it} = \beta_i + \theta' x_{it} + \beta_1 d_{it} I(inter \leqslant \gamma_1) + \beta_2 d_{it} I(\gamma_1 < inter \leqslant \gamma_2)$$
$$+ \beta_2 d_{it} I(inter \geqslant \gamma_2) + \eta_{it} \tag{8-38}$$

(1) 不同互联网水平下认知选择机制对经济增长的影响检验

首先需要确定门槛的个数,以便确定模型的形式。通过对单一门槛、双重门槛以及三重门槛进行检验,得到的 F 值和 P 值如表 8.4 所示。从表 8.4 中可以发现,单一门槛和双重门槛检验的效果显著,三重门槛检验的 P 值不显著,且 F 值过小,因此采用双重门槛模型,并且两个门槛值分别是 9.148 和 50.103(表 8.5)。

表 8.4 门槛效果检验

			临界值		
	F 值	P 值	1%	5%	10%
单一门槛检验	62.716	0.000	23.497	13.231	10.317
双重门槛检验	40.150	0.000	14.701	7.221	4.266
三重门槛检验	9.479	0.183	20.172	15.877	12.321

基于表 8.5 的两个门槛值,将互联网的水平分为低等水平(inter ≤ 9.148)、中等水平(9.148 < inter ≤ 50.103)和高等水平(inter > 50.103)三种类型。

表 8.5　门槛值估计结果

	估计值	95％置信区间
门槛值 1	9.148	[9.086，9.595]
门槛值 2	50.103	[50.041，51.578]

本节重点考察在低、中、高三种不同的互联网水平下,企业家认知性劳动的认知选择机制对经济增长的影响。从表 8.6 的结果来看,低互联网水平下,企业家认知性劳动的系数不显著且为负。这可能是由于在初期互联网发展阶段,低水平的互联网发展还仅仅局限于网络技术的开发,无法通过互联互通的信息约束突破,影响企业家对需求的认知,进而影响到经济增长。中互联网水平下,企业家认知性劳动的系数在 1％的水平下显著为正。这表明随着互联网的快速发展后,互联网能够更好地配置企业家认知性劳动,更精准地认知市场,使得认知性劳动能够正向促进经济增长。

表 8.6　模型的参数估计结果

	(1) fe dpgdp	(2) fe_robust dpgdp
lr	1 039.92***	1 039.92***
	(10.41)	(5.36)
ly	41.14	41.14
	(1.00)	(0.63)
$distance$	−92.87***	−92.87***
	(−6.77)	(−3.40)
$lr \times distance$	1 127.61***	1 127.61*
	(4.11)	(1.86)
$le \times distance$	4.71*	4.71
	(1.94)	(1.15)
$le \times d_1$	−1.83	−1.83
	(−0.77)	(−0.44)
$le \times d_2$	8.45***	8.45**
	(5.08)	(2.33)
$le \times d_3$	1.54	1.54
	(0.93)	(0.45)
_cons	641.80***	641.80**
	(5.44)	(2.53)
N	465	465

(2) 不同互联网水平下认知实现机制对经济增长的影响检验

进一步考察互联网的不同门槛值下,认知实现机制如何影响经济增长。

表 8.7 显示,门槛模型通过了单一门槛检验、双重门槛检验和三重门槛检验,这表明互联网水平存在着三个门槛值,分别是 9.148、22.75 和 50.103(表 8.8)。

表 8.7　门槛效果检验

	F 值	P 值	临界值		
			1%	5%	10%
单一门槛检验	77.209	0.000	36.258	24.322	15.220
双重门槛检验	47.144	0.000	21.397	9.509	6.039
三重门槛检验	16.761	0.000	10.685	7.460	5.263

基于表 8.8 的三个门槛值,模型将互联网水平分为低等水平(inter≤9.148)、初中等水平(9.148<inter≤22.75)、中等水平(22.75<inter≤50.103)和高等水平(inter>50.103)四种类型。

表 8.8　门槛值估计结果

	估计值	95% 置信区间
门槛值 1	9.148	[9.086, 10.214]
门槛值 2	22.75	[14.393, 31.723]
门槛值 3	50.103	[49.873, 51.578]

表 8.9 显示,低等互联网水平下,研发性劳动的系数不显著且为负。这意味着低的互联网水平不能提高研发性劳动的效率,进而无法促进经济增长水平。在初中等、中等和高等互联网水平下,$lr \times d_2$、$lr \times d_3$ 和 $lr \times d_4$ 的系数在 1% 的水平下显著为正。这表明随着互联网的逐步快速发展,互联网能够提高研发性劳动的资源配置效率并促进经济增长。

表 8.9　模型的参数估计结果

	(1) fe $dpgdp$	(2) fe_robust $dpgdp$
le	6.09***	6.09*
	(3.95)	(1.78)
ly	2.69	2.69
	(0.07)	(0.04)
$distance$	−101.73***	−101.73***
	(−8.16)	(−3.66)
$lr \times distance$	1 231.80***	1 231.80**
	(4.65)	(2.42)

续表

	(1) fe $dpgdp$	(2) fe_robust $dpgdp$
$le \times distance$	5.27**	5.27
	(2.23)	(1.54)
$lr \times d_1$	−85.73	−85.73
	(−0.41)	(−0.26)
$lr \times d_2$	743.78***	743.78***
	(4.58)	(3.79)
$lr \times d_3$	1 075.65***	1 075.65***
	(9.59)	(6.03)
$lr \times d_4$	781.90***	781.90***
	(8.38)	(4.05)
_cons	828.39***	828.39***
	(7.37)	(3.37)
N	465	465

（3）不同互联网水平下认知选择机制与认知实现机制的影响关系分析

图 8.2 中的横轴代表互联网的发展水平,纵轴代表认知选择机制和认知实现机制分别对经济增长的影响系数大小。从上文中可以看出,两种劳动衡量的机制存在共同的门槛值,即 9.148 和 50.103。在图 8.2(a)中,将两个机制下的门槛值以及两种劳动对经济增长的影响合成在一起,可以通过二者随着互联网门槛值变化的情况进一步分析其对经济增长的影响。图 8.2(a)显示,不同互联网发展阶段下,两种劳动对经济增长的影响存在显著特点——认知性劳动的认知发现机制只有中间的发展阶段才显著。低水平互联网阶段时,认知性劳动难以发挥需求发现作用,此时研发性劳动也不易发挥作用;然而一旦认知性劳动能够发挥认知选择机制的作用,研发性劳动就可以大规模地发挥认知实现机制的作用,产生放大效应或乘数效应,从而使经济增长的主要部分体现为研发性劳动的影响部分。这可能也正是新古典范式极其容易

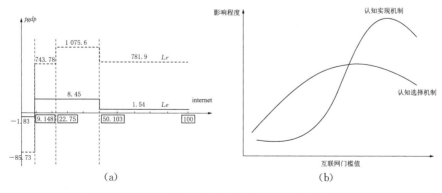

图 8.2　不同互联网水平下两种机制对经济增长影响的关系示意图

将互联网视为技术、研发等经济增长物的属性的重要原因。为使这种关系更为清晰,建立图 8.2(b)的示意图。

第五节　中国供给侧结构性改革的路径选择: 两种范式的比较

那么互联网对经济增长的实质性贡献到底是什么呢? 为什么它能够提高经济质量? 本节将从新古典范式和熊彼特范式的比较入手,突出互联网对经济增长的实质性贡献是作为一种资源配置新机制,互联网将优化资源配置过程,使资源配置目标从供需数量对接转向供需方向—内容统一;资源配置环节从事后转向事前,资源配置对象从被动的要素转向主动的劳动,从而有效摆脱工业经济中市场出清滞后与过剩的困境,加速供需一体化,从根本上改善经济质量,如表 8.10 所示。

表 8.10　新古典与熊彼特范式下对中国经济高质量发展的路径理解比较

内　容	新古典范式	熊彼特范式
适用的阶段	没有创新时的经济体系稳定阶段	存在创新与变革的阶段
约束条件	有限的资源应对无限的需求,面临成本约束	有限的认知应对无限的信息,面临认知约束
资源配置目标	供需数量的均衡	供需方向—内容的对接
资源配置环节	事后	事前
资源配置对象	以物为主的要素	以人为主的劳动
对互联网所处阶段的认识	稳定的工业化阶段,是第五次工业革命	处在潜在变革的阶段,工业革命正在结束,互联网革命已经开启
对互联网发展趋势的认识	工具革命	决策革命
互联网下经济高质量发展的内涵	● 互联网重点解决"多不多"的问题,即以什么需求价格生产多少产品 ● 经济质量的核心是增长。互联网是一种要素升级与技术升级,通过降低成本或提高技术,增加供需数量,促进增长	● 互联网重点解决"好不好"的问题,即在什么需求方向上怎么生产被需要的产品 ● 经济质量的核心是创新。互联网是资源配置机制,配置创新部门企业家认知性劳动和科学家研发性劳动,促进供需方向和内容等供需结构的对接,加快创新生成,进而促进增长
互联网下经济高质量发展的路径	生产质量或研发质量的单一路径	认知质量和研发质量的复合路径
互联网下经济高质量发展的措施	资本主导劳动,进一步加大互联网投资规模或互联网技术的开发	劳动主导资本,以人力资本结构优化为导向,激活企业家的精神,激励科学家对技术方向与轨道的探索

1. 新古典范式下互联网促进经济高质量发展的路径：生产质量或研发质量的单一逻辑

（1）资源配置目标是加大供需的数量均衡。新古典范式是理解经济的有用起点。它表明在没有创新的情况下经济体系是如何运行的（张维迎，2019）。工业化开启了机器生产的经济稳定时代。在这一发展阶段，市场总体以基本消费品和耐用消费品的生产为主导，生产方向、技术轨迹和技术范式已经较为明确。基本需求大量存在，经济运行体系相对稳定，供给侧面临的主要是消费者收入预算限制下的"能不能买"的难题。只要生产成本足够低或者技术提高后使得价格足够低，产品就是被需要的。在这个意义上，只要市场的产品足够多，解决了"多不多"的问题，生产出来的产品就可以根据价格进行出清，因此，新古典范式下经济质量的核心是数量增长，只有在有限的资源条件下进行生产与扩大再生产，即解决"以什么价格生产多少产品"，才能满足总量无限大的基本需求。"量的均衡"毫无疑问地成为供给侧的主要任务。

（2）资源配置环节是价格机制的事后出清。由于需求较为稳定，当商品的效用排序与价格排序能够统一起来时，通过价格就能认知需求侧的偏好与效用，价格机制作为信息的量化载体，此时能够很好地发挥信息传递、认知选择和市场激励的作用。一方面，供给侧的企业根据价格的高低波动，动态调整企业的供给数量和供给能力；另一方面，价格在量上的特性，促使企业为了满足更高利润，开始追求以更小的成本和更大的规模进行生产。同时通过偏好的引入，在消费者理论与生产函数理论的结构性对称上，完成了价格在供需平衡中的交点作用，价格成为了消费者和生产者之间关系的中介（周密和刘霞辉，2018），以工程师的对称美完成了资源的有效配置（柳欣，2006）。

（3）资源配置对象是以物为主的被动要素。新古典范式强调资源、技术、偏好既定条件下，通过生产部门的资本、劳动、技术等生产要素的数据计算进行决策，实现产出最大化。因此，在这种思路下，互联网作为一种重要要素或技术将改善生产质量，具体包含两方面：第一，要素升级，即以知识、技术、信息等高要素替代劳动、资本等低端要素，进一步提高资本—劳动比，最大可能地降低生产成本，增加供给数量。比如，很多研究将互联网作为突破成本约束的重要手段，认为互联网显著降低了固定成本和可变成本，因而提高了生产效率。第二，技术升级，即以科技研发为核心，最大可能地提高技术水平，降低产品价格，最终促使需求侧能够更多地购买。在这种思路下，互联网下经济高质量发展的措施仍然是资本主导劳动式的政策措施，即进一步提高生产质量，加大互联网投资规模或进一步提高研发质量，促进互联网技术的开发。

2. 熊彼特范式下互联网影响经济高质量发展的路径：认知质量和研发质量的双重逻辑

（1）资源配置目标是实现供需的结构统一。熊彼特范式揭示的是经济存在重大变革或创新阶段的情形。在这一阶段随着收入提高，市场的产品足够多、足够丰富，基本需求开始饱和。需求的品种日益多元化且逐渐从有形的物质需求转变为无形的服务需求。供给侧面临的是产品足够丰富下的"愿不愿买"的难题。这时需求总量的扩大就不是供给侧的主要任务了。精准定位需求方向，准确捕捉灵敏变化的需求内容就更加重要。正因如此，熊彼特范式下经济质量的核心是创新，即在什么新方向上如何生产被需要的产品。"生产什么"和"怎么生产"开始变得比"生产多少"更为重要，资源配置的目标就需要从供需数量均衡转向供需方向——内容统一。

（2）资源配置环节是互联网机制的事前认知。随着需求的多元化、非物质化，效用变得不可比较，无差异曲线无法进行有效转换（Peter，1976）。一个外生于生产环节的固定价格排序就很难再清晰地反映真实需求信息。当不能够从简洁的量的外在关系或价格比例上直接观察到需求信息时，就需要通过认知性劳动的判断力和想象力，提前将显示性偏好精准转化成真实需求，并通过研发性劳动满足真实需求的技术参数。生产就不是在交换后的价格环节被检验，而是在生产之前或之时的事前环节就应该被决定了（周密和刘霞辉，2018），当前对互联网购物轨迹的模拟与预判、网上预售制等都是在生产之前即可确定生产方向和生产数量的表现。正如柯兹纳对当代价格理论的抱怨——价格理论实际上排除了企业家精神，企业家角色在价格运动过程的市场决定中的作用没有被认识到，应该重新规划价格理论，以重新允许企业家的作用回到它公正合法的位置，它对市场的运作极为关键（柯兹纳，2013）。此外需要说明的是，互联网配置资源机制并不排斥价格机制。在互联网时代，价格机制的信息传递和认知选择功能大大衰减，但是定向激励功能等依然存在。互联网机制是在新的时代条件下对价格机制的优化，而不是非此即彼的对立。因此，本章在保持价格机制基础上，将互联网配置资源机制容纳到已有的熊彼特创新模型分析框架。

（3）资源配置对象是以人为主的主动劳动。熊彼特范式下互联网资源配置的意义在于强调以有限的认知应对无限的信息，依靠企业家的判断力、洞察力与警觉等认知发现机会并依靠科学家的研发性劳动实现机会。理解互联网并不是强调资本或技术属性，而是强调人的劳动能动性和异质性，不同的劳动发挥着互补作用。互联网对经济质量改善的内涵是重点解决"好不好"的问题,即在什么新需求方向上怎么生产被需求的产品。其路径是将认知质量和研发质量有效结合,其中认知选择机制是引领,解决 0→1 的过程;认知实现机制是定向放大,解决 1→N 的过程,二者相辅相成。互联网新机制下经济质量提高的主要措施是强调劳动主导资本,以人力资本结构优化为导向,激活企业家的精神,提高认知质量,并且在明确科学家技术方向前提下加大对科学家的引导与激励,提高科研质量。

第六节 结论与讨论

互联网对经济增长到底意味着什么?本章认为互联网是一种资源配置的新机制。互联网通过认知选择机制配置认知性劳动,使企业家更好地发现偏好和认知需求;互联网通过认知实现机制配置研发性劳动,使科学家在正确的认知选择指导下实现定向研发,最终更好地促进经济增长。

互联网对经济增长的实质性贡献是优化资源配置。以往工业革命解决的是"以什么价格生产多少产品"的生产质量提升传统,实现生产与消费的数量对接。而互联网革命则是解决"在什么方向上怎么生产被需求的产品"的认知质量和研发质量提升。互联网通过对创新部门异质性劳动资源的有效配置,使需求端的偏好信息更好地被供给端认知,真正实现供需事前精准对接(Sawhney et al., 2010),加快供需一体化的过程。这使得资源配置目标从数量对接转向方向—内容统一;资源配置环节从事后转向事前,资源配置对象从被动的要素转向主动的劳动,能够摆脱工业经济中市场出清滞后的困境,具有时代的先进性。

未来中国经济高质量发展的实现路径是改变工业时代价格引导下的成本降低或技术提升的新古典思维惯性,充分重视新时代劳动价值论和熊彼特范式的意义,理解互联网时代精准认知引导下的创新生成模式,形成"以认知质量为引领,研发质量为支撑"的复合式发展路径,使政策导向从事后的价格激励转向事前的认知激励和事中的研发激励。这将使传统单纯以规模主导的生产质量偏向型道路平行转向为认知质量引领—研发质量定向扩大的复合型道路,从而使跨越或缩短技术周期进行换道超车具有了理论可能性。

第九章　供给侧结构性改革的调控方式与配套体系

面对从超额需求到饱和需求的结构性变化,传统从总需求入手的财政—货币相机决策体系也需要动态调整,那么到底供给侧结构性改革该怎么改? 政策的调控方式和配套体系究竟如何协同推进? 本章在承接前文系统阐释的"五问"和借鉴国外经验的基础上,将顺中国供给侧结构性改革的政策脉络与调控路径,从收入结构均衡化、部门结构协同化、供需结构适配化、劳动结构层次化、治理结构现代化的"五化"角度凝炼新时期中国供给侧结构性改革调控体系重构的政策建议。

第一节　国外供给侧结构性改革调控方式与配套体系的借鉴与启示

在面临经济增速放缓等困境时,美、日、德、英等资本主义国家均尝试通过结构性改革政策进行经济调整,但是就政策的侧重点和力度而言,出于适应本国国情目的而制定的调控方式和配套体系各有千秋,政策组合下的施政效果也并不相同,有必要进行系统梳理,获得具有借鉴意义的结构性改革政策经验。总体来看,西方结构性改革政策主要呈现如下特点。

一、西方结构性改革具有系统性,政策实施具有适时顺势的特点

从西方国家结构性改革历程来看,改革并非一蹴而就,往往要经历十年甚至几十年的过程。有些政策由于时滞效应在一届政府任期内通常难以立竿见影,需要采取分阶段逐步落实的方法。同时结构性改革的具体调控方式和配套措施是一个有机系统,以里根政府改革为例,20 世纪 80 年代美国经济面临"滞涨"、劳动生产率较低、国际竞争力下降等问题。基于这些问题,里根政府决定采取结构性改革政策走出困局。政策调控对象以企业为主,综合

运用减税、行政干预、市场化等政策工具推进结构性改革。减税作为里根政府改革的一大特色,里根政府希望通过减税来调整企业的投资结构,借助低税率使企业有更多的资本扩大生产、雇佣劳动力、改善就业市场。同时较长的改革历程并不意味着改革计划一成不变,结构性改革是灵活调整的改革,里根政府适时顺势调整改革步幅、出台新政策以适应新形势、新变革、新产业、新情况。里根政府迫于财政赤字的压力在其第二任期内便对减税政策作出了及时调整。

其后,由于经济形势的转变,美国政府推进结构性改革的侧重点和具体内容也都发生了与之相适应的转变。例如与里根改革倡导放松政府管制的产业政策不同,面对经济危机,小布什与奥巴马增加了对部分产业的干预程度。同时由于经济危机的周期性,小布什政府后期改革和奥巴马政府改革的侧重点也存在不同,小布什的政策更偏向于金融部门改革,而奥巴马的政策更偏向于产品部门改革和配套的医疗体系改革。

二、西方结构性改革调控政策涉及多部门结构的调整

从西方国家结构性改革的对象来看,结构性改革并非单一部门内部的改革,而是涉及不同部门内部和部门之间的综合性改革,其政策涉及金融、贸易、产品、劳动力等部门内部和部门之间的关系,如表 9.1 所示。

从西方结构性改革的侧重点来看,产品部门是结构性改革的主要对象。西方国家主要通过价格管制、企业并购重组、行政干预、补贴和罚款等手段推动产品部门的改革。20 世纪 70 年代日本中曾根康弘政府的改革综合运用价格管制、行政干预、破产清算等多种政策工具进行调控。而德国和英国在产品部门的改革都采取减税和放松政府管制等调控手段。

在金融部门,西方结构性改革主要利用利率、信贷限制、公开市场操作等工具来达到利率控制、信用监管、防范系统风险、确保金融部门稳定等目的。在撒切尔执政时期,英国金融部门的调控主要采取立法和推动市场化进程等方式,促进金融业自由化发展。尽管在里根政府时期,产品部门是改革的主要落脚点,但从改革内容来看,里根政府还在金融部门、劳动力部门等多方面进行了创造性变革和相应配套(李栋,2012)。在金融部门,金融管制以松紧结合为主,运用公开市场操作、准备金率和利率等手段对金融部门进行调控,在 1979—1982 年主要通过控制 M1 的增速来控制通胀和名义 GDP 增长,利用融资工具将调控传导至产品部门。而小布什政府在金融部门的改革则主要是利用量化宽松政策工具来拯救濒临破产的金融机构,同时加大对金融业的监督和干预,削减投机活动,通过帮助金融机构出售问题资产、再融资重组和接受政府注资等方式实现去杠杆。

在贸易部门,西方结构性改革主要通过关税、外商直接投资、贸易协定等政策工具,达到降低关税、减少 FDI 壁垒、实现贸易便利化、提高竞争力等目的。例如日本小泉政府通过设立便捷的外贸管理条例促进通商和贸易自由化。英国撒切尔政府采取取消外汇管制、减少外资限制、建立自由港和外资局等方式吸引外资(谢重娜和于华金,2016)。美国里根政府在结构性改革中也出台若干贸易保护措施,在钢铁和纺织等领域建立贸易壁垒,为美国国内产业提供有利的发展环境(党倩娜,2016)。

对于劳动力部门,西方结构性改革主要通过增加人力资本投入、实行雇佣解雇管制、建立就业创业制度和社会保障制度等方式增加教育和培训、降低就业创业壁垒、提高参与度和生产率。里根政府通过对就业创业制度、社会保障和福利制度进行改革提高劳动力市场流动性,并先后通过了《岗位培训伙伴关系法》和《社会保障法》修订案。小布什政府则通过实行更加严格的移民政策吸引高素质人才,降低失业率,同时搭配普惠式的医疗保险改善工人健康状况(周云,2005)。德国对劳动力部门改革主要表现为对失业保险和救济制度进行了改革,同时推出诸多鼓励就业政策,采取了推行强制再就业、提高退休年龄等措施。

除金融、贸易、产品和劳动力部门外,西方结构性改革还涉及财政改革、制度改革以及基础设施建设。在财政部门,西方结构性改革政策实施的主要内容是拓宽税基、消除低效税收支出、提高税款征收透明度、打击骗税和逃税等。例如美国在 20 世纪 80 年代初期面临财政赤字增长 63% 的压力,在减税的大背景下,里根政府还出台了一系列增税法案应对赤字。制度改革主要通过反腐反官僚、提高司法效率、保护产权等方式提高制度质量。而基础设施建设则是缓冲经济下行、促进就业、提高经济增长率的有效手段,大量的基建项目也有利于资金向产品部门集聚。

从西方结构性改革政策实施结果来看,大部分政策在经历一定时滞后效果显著,对缓解经济中出现的问题或危机、提高就业、增加经济稳定性起到了重要作用。以英国为例,撒切尔政府通过推行结构性改革,经济取得了显著改善:实际 GDP 增长率从 1982 年的 -2.2% 大幅回升至 1988 年的 5.7%;搭配紧缩的货币政策,通货膨胀率从 1980 年的 18% 迅速回落至 1986 年的 3.4%。值得关注的是,虽然结构性改革所涉及的改革部门大致相同,但是不同国家之间,同一国家在不同的发展时期,改革政策实施的侧重点和具体内容都有所不同。不同的历史背景和经济社会条件对决策者调控工具的选择产生了较大影响。这给予中国供给侧结构性改革重要启示,即推动供给侧结构性改革需要立足本国国情,结合本国经济的现实背景和具体情况选取改革侧重点,对于重点领域和关键部门的调整需综合运用多种政策工具,注重协调各个部门间的关系,通过精准施策来实现经济发展。

表 9.1　西方结构性改革政策总结和借鉴

改革部门	政策背景	政策内容	政策工具	传导机制和影响
金融	通胀和周期波动	控制利率、监管信用、防范系统性风险、促进资本市场发展、确保金融稳定等	利率、信贷限制、公开市场操作、信息披露管制等	减少国内信贷限制,加快未来盈利能力和偿付能力,加速外商直接投资的流入
财政	财政赤字主权债务	拓宽税基、消除低效税收支出、提高税款征收透明度和效率、打击骗税和逃税等	税制、预算管理、财政体制等	私有化和自由化是经济转型的必要非充分条件,财政改革是转型经济发展必不可少的条件
贸易	经济低迷	降低关税和减少当前账户限制、减少 FDI 壁垒、实施贸易便利化措施等	关税、外商直接投资、贸易协定等	降低价格,促使价格自由化,提高竞争力,促进经济增长
产品	经济低迷	放松管制、促进竞争、完善产品市场法规、放松价格控制、实施高效破产程序等	价格管制、企业并购重组、行政干预、补贴和罚款、破产制度	减少交易成本,削弱服务业的进入障碍
劳动力	失业	增加教育和培训、减少低参与率群体的障碍、减少就业创业壁垒、提高参与度和生产率等	人力资本投入、雇佣解雇管制、就业创业制度、社会保障制度等	宽松的劳动力市场环境,完善企业的进入退出机制
制度改革	腐败和经济低迷	反腐反官僚、提高司法效率、进行市民建设、保护产权等	产权制度、反腐体系等法律系统	改进规则制度的质量,促进投资,激发企业家创新创业活力
基础设施	经济低迷	提高公共设施投资质量、提高项目审批效率、促进公共设施项目中使用合理的分析方法等	公共资本、交通邮电信息等基础设施	基础设施建设可以通过缓冲经济下行,促进就业,作为资产也可以提高经济增长率,同时有助于区域趋同

资料来源:作者总结。

三、产业结构调整是西方结构性改革的重点,积极推进产业的弃旧立新

在西方结构性改革过程中,产业结构调整是各国结构性改革的重点。各国都将淘汰落后产业,发展新兴产业作为改善供给问题的重要抓手。以日本中曾根康弘政府改革为例,政府综合运用价格管制、企业并购重组、行政干预、补贴和罚款、破产制度等政策工具对产业结构进行调控。对低效率的萧条产业如平电炉、炼铝、合成纤维、造船、石油化工等去产能,制定"特安法",设立了"特定产业信用基金",从法律和财政层面指导企业处理过剩设备,关停低效工厂,建立产业联盟来调整生产规模和价格机制,并制定了节能目标

以提高资源使用效率,鼓励劳动密集型制造业向海外转移,降低企业生产成本,以缓解产能过剩问题。同时对高附加值、高科技产业如电子信息、核能发电、航空运输、生物工程、汽车制造等推出提供开发补贴、增加政策性融资、实施特别折旧、建设筑波科学城等政策来积极推动产业发展,培育新的经济增长点。德国同样重视产业结构的调整,施罗德执政时期要求扩大高附加值部门的有效供给,增加科研投入和经费投入。而在钢铁、船舶和纺织等产能过剩部门,政府用减少补贴来倒逼压缩产量,进而对人员和设备形成退出机制,将有实力的企业保存下来,提高行业集中度(任泽平,2016)。

西方国家所实施的调控政策对我国产业结构调整具有重要的借鉴意义。为解决我国部分传统产业供过于求,新兴产业的高端供给不能满足社会需求等结构错配问题。"去产能"被列为"三去一降一补"的结构性改革任务之首。但在改革过程中,部分国企作为当地重要产业龙头和政绩表现大户,即便存在高能耗、生产线冗余、产能过剩等问题,政府还是"狠不下心"裁撤其享受的优惠政策,调整其庞大的生产体量,关闭其低效率的下属子公司,产能去化流于形式。从日、德等国家的改革实践可知,消灭"僵尸企业"和培育新兴产业必须全力以赴,故在后续配套措施推进中有必要对需要去产能的单位在资金、组织、制度等方面进行重新调整,以适应新阶段的改革目标。

四、西方结构性改革强调供需联动,是与需求管理政策并行的改革

供给侧结构性改革的重点是从供给端对经济进行调整,但改革并非仅从供给端入手,单一的供给或需求调节手段往往难以实现政策目标,真正的改革是供需联动的改革(刘世佳和曲阳阳,2021)。西方结构性改革也部分地体现出供需联动的特征。例如日本安倍晋三政府改革时的"新旧三支箭"政策,就是将需求侧改革作为供给侧改革的基础,先以多种调控方式拉动国内与国际投资需求总量,再匹配合适的供给侧政策(田正和武鹏,2019)。美国奥巴马政府同样借助减税、扩大基建等方式积极扩大内需。在2009年奥巴马政府推出的经济复苏方案中,有35%的预算用于减税、65%的预算用于政府投资(苏京春和王琰,2019)。其中政府投资主要用于提高能源效率、提升家庭住宅越冬防寒性能、提高政府的建筑能效、改善公共交通和高速公路等(Rosen and Hanemann,2014),大量的基建项目也有利于资金向产品部门集聚,推动产品部门的改革。

西方结构性改革对供求联动的重视为我国推进供给侧结构性改革提供了一定经验。其实,早在我国提出供给侧结构性改革之初,中央便关注到供给与需求的适配问题。中央财经领导小组第十一次会议首次提出"在适度扩大总需求的同时,着力加强供给侧结构性改革"。2017年习近平在十八届中

央政治局第三十八次集体学习时对供给和需求之间的关系进行了系统阐述：
"推进供给侧结构性改革，要用好需求侧管理这个重要工具，使供给侧改革和
需求侧管理相辅相成、相得益彰，为供给侧结构性改革提供良好环境和条
件。"党的十九届五中全会提出要加快构建以国内大循环为主体、国内国际双
循环相互促进的新发展格局，具体做法就是坚持扩大内需这个战略基点，加
快培育完整内需体系，把实施扩大内需战略同深化供给侧结构性改革有机结
合起来。形成强大国内市场是构建新发展格局的重要支撑须提升供给体系
对国内需求的适配性，形成需求牵引供给、供给创造需求的更高水平动态平
衡。可见，将供给侧与需求侧相结合的改革才是符合中国国情的改革道路。

五、西方结构性改革中的政策配套体系较为多元化

西方国家结构性改革除对产品、金融、劳动力、贸易等部门进行主要调控
以外，还将行政服务、鼓励创新、创造有利于改革的营商环境等措施作为配套
体系融入调控过程中（莫开伟，2013）。从具体内容来看，第一，行政服务改革
主要通过调整组织人事、缩减行政成本、改进政府绩效、提高政府服务能力水
平等方面推进。里根政府为了简化行政管理和提高政策有效性，通过了《日
常文书工作缩减法》《平等公正法》《规章灵活性法案》等法案。小布什政府则
在全国范围内推广电子政府等方式有效提高了政府服务能力。日本在中曾
根康弘执政时期便开始推行行政改革，一系列政策上的限制性壁垒被取消，
施政阻碍被打通。第二，鼓励创新政策在各国结构性改革政策体系中都居于
重要地位。西方各国在推进结构性改革的过程中都将创新视为促进经济发
展的关键。美国从里根时期便推出《国家合作研究法案》《技术创新法案》《国
家竞争力技术转让法》等法案，到奥巴马时期出台美国第一部以国家战略为
定位的创新战略，并发布了《先进制造业战略计划》《国家制造业创新网络：初
步设想》等专题报告和创新计划，同时政府通过加大研发投入持续推进新技
术和新产品的创造，国家创新战略涵盖了新能源汽车、信息技术、生物燃料等
多个朝阳产业。日本在中曾根康弘执政时期便推出更加完备的科研保障制
度，建设更高端的实验基础设施，为多学科联动创新和国际合作研究搭建平
台。其后政府也注重创新制度体系的构建，改善创新环境（谢世清和许弘毅，
2017）。德国作为传统工业国家，大力促进产研结合和技术转让，持续推进对
创新的体制机制建设，使德国制造成为德国智造（杨丽君和邵军，2016）。第
三，创造有利于改革的营商环境。日本小泉政府通过在全国多个市町村设立
结构改革特区，实施新规，发挥地方政府和民间企业的创新精神来搞活经济，
还通过体制机制的改革鼓励日本企业引进国外先进技术并研究吸收，形成拥
有自主知识产权的技术。安倍晋三政府也致力于从根本上优化营商环境，通

过制定更加全面完备的法律制度体系为结构性改革提供良好的营商环境（崔健，2019）。从西方国家的结构性改革配套体系实施效果来看，中国推进供给侧结构性改革同样需要完备的配套体系，其中行政服务、科研创新、人力组织等应是我国改革的重点。

第二节　中国供给侧结构性改革的调控方式与配套体系

自2015年供给侧结构性改革提出之后，从中央到地方，出台的有关调控经济的思路一脉相承，就是牢牢把握供给侧结构性改革这条主线。本部分通过对中国已有供给侧结构性改革政策的梳理和分析，形成对中国供给侧结构性改革政策脉络的整体把握，为重构中国供给侧结构性改革调控体系的政策建议奠定基础。

一、供给侧结构性改革政策的基本情况

本节从已发布的政策①中筛选出供给侧结构性改革的政策文本，基本情况如图9.1至9.4所示。图9.1表明中央和地方政府均积极应用政策工具，但从发文级别的角度，中央高于地方；从发文数量来看，地方远远多于中央。图9.2表明不同地方政策条文数量有一定差异，其中以工业经济为主体的省份应用供给侧结构性政策工具的数量明显多于其他省份。图9.3和图9.4为中央和地方政策条文的基本构成情况。中央政策条文中部门规章占比最高，其次是行业规定；地方政策条文中地方工作文件占比最高为56％，其次是地方规范性工作文件，占比为24％。

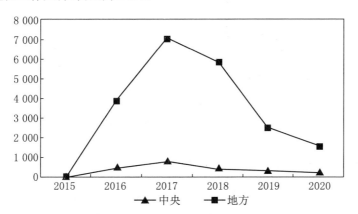

图9.1　中央和地方供给侧结构性改革政策条文数

① 政策搜集的时间范围为2015年1月1日至2020年12月31日。

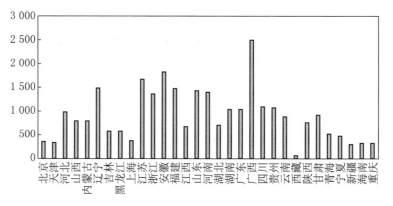

图9.2　各省供给侧结构性改革政策条文数

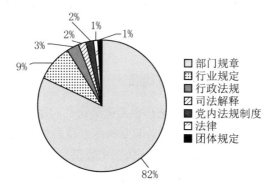

图9.3　中央政策条文基本构成

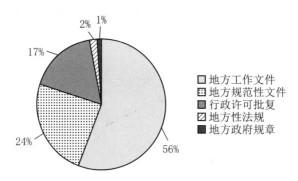

图9.4　地方政策条文基本构成

二、中国供给侧结构性改革的调控方式

1. 综合利用政府和市场手段，注重有效市场和有为政府的结合

在推进供给侧结构性改革的过程中，政府转变职能对落实"三去一降一补"任务起到了重要作用。去产能方面，政府更多运用市场化、法治化手段化解过剩产能，设置专项奖补资金用于支持"僵尸企业"的职工安置、资产清理、

转型转产、技术改造、境外转移等,完善退出机制,持续引导产业转型升级。去库存方面,实行地方政府主体责任,不断完善房地产市场健康发展的长效机制和购租并举的住房制度,改革过程强调以市场为主满足多层次需求,以政府为主提供基本保障。在去杠杆方面,政府不断推进资产证券化,支持市场化法治化债转股,发展多层次资本市场,加大股权融资力度。降成本方面,政府对于降低制度性交易成本起到了重要作用。针对长期存在的重审批、轻监管、弱服务问题,政府持续深化"放管服"改革,加快转变政府职能,减少微观管理、直接干预,注重加强宏观调控、市场监管和公共服务,并通过实施减税降费政策降低企业成本。"补短板"则更为综合,政府主要集中力量补公共服务、基础设施、环保生态、科技创新等方面的短板。

2. 政策制定和实施具有针对性和连续性

自 2015 年习近平在中央经济工作会议上正式提出了"三去一降一补"的总任务,供给侧结构性改革便始终围绕着五大任务扎实推进,而后提出的"破""立""降"以及"巩固、增强、提升、畅通"八字方针也都是五大任务的延续和发展,并服务于五大任务的持续推进。

从政策的推进脉络来看,中央文件多次强调要以供给侧结构性改革作为经济发展的主线,这条主线是适应和引领经济发展新常态的重大创新,也是服务构建新发展格局的现实要求。2010 年开始,持续了 30 多年的高速经济增长开始放缓,同时长期实施的需求侧管理政策开始失效(吴敬琏,2016)。针对经济增长出现的新情况与新问题,中央对经济形势进行了全新研判,即 2013 年的三期叠加;2014 年的新常态;2015 年的供给侧结构性改革;2016 年供给侧结构性改革措施的落地与实施;2017 年成为供给侧结构性改革的深化之年,2017 年底,党的十九大报告进一步指出"必须坚持质量第一,效益优先,以供给侧结构性改革为主线,推动经济发展质量变革、效率变革、动力变革,提高全要素生产率"(习近平,2017);2018 年为保持持续推进供给侧结构性改革的定力,中央提出"巩固、增强、提升、畅通"的八字方针;2019 年强调要在深化供给侧结构性改革上持续用力,改革的重心逐步转向去杠杆和防风险;2020 年以来,中央逐步提出要将扩大内需战略同深化供给侧结构性改革有机结合,提升供给体系对国内需求的适配性,构建以国内大循环为主体、国内国际双循环相互促进的新发展格局;2021 年提出全面实施供给侧结构性改革。2023 年中央经济工作会议强调必须坚持深化供给侧结构性改革和着力扩大有效需求协同发力。

3. 以产品部门的调控为主,重视实体经济发展

中国供给侧结构性改革虽然是涉及多部门的系统性改革,但重点始终是

围绕动力不足、增长过缓、产能过剩等供给侧新利润、新财富、新价值的生成与增长问题，以产品市场为核心进行重点调控，把发展经济的着力点放在价值创造动力和实体产业经济上，强调实体经济发展和产品部门结构调整。2016年习近平在江西调研考察时提出，推进供给侧结构性改革，既要做强做大优势产业、培育壮大新兴产业、加快改造传统产业、发展现代服务业，又主动淘汰落后产能。这明确了改革的发力点在产业与产品部门。2016年中央经济工作会议提出下一步工作重点除了要继续推进"三去一降一补"外，还要着力振兴实体经济，扩大高质量产品和服务供给，促进房地产市场平稳健康发展等任务。实体经济和房地产市场在供给侧结构性改革中的重要性被再次突出。在党的十九大报告中明确指出："建设现代化经济体系，必须把发展经济的着力点放在实体经济上，把提高供给体系质量作为主攻方向，显著增强我国经济质量优势。"这进一步肯定了实体经济的重要地位。在2019年中央政治局会议上习近平强调："把防范化解金融风险和服务实体经济更好结合起来，坚定做好去杠杆工作，把握好力度和节奏，协调好各项政策出台时机。要通过机制创新，提高金融服务实体经济的能力和意愿。"这为调整金融部门与产品部门两部门间关系阐明了思路。2020年中央财经委员会第七次会议指出："努力重塑新的产业链，全面加大科技创新和进口替代力度，这是深化供给侧结构性改革的重点，也是实现高质量发展的关键。"党的十九届六中全会报告提出："全面实施供给侧结构性改革，推进去产能、去库存、去杠杆、降成本、补短板，落实巩固、增强、提升、畅通要求，推进制造强国建设，加快发展现代产业体系，壮大实体经济，发展数字经济。"可见，深化供给侧结构性改革的重点依然落在了产品部门。因此，可以明确地看出中国供给侧结构性改革是以产品部门的调控为主，强调对金融、数字经济等部门的改革具有服务实体经济发展的特点。

三、中国供给侧结构性改革的配套体系

就供给侧结构性改革的政策配套体系而言，从提升供给动力、质量和效率的角度出发，行政服务、人力组织、创新创业环境等均是中国改革的重点。由于从2016年至今，多数配套体系方面的政策具有延续性，故不以时间顺序列出，下面将具体内容作一概括。

在行政服务方面，政府致力于改善营商环境、激发企业活力和消费者潜力。通过完善产权保护制度和推进社会诚信体系建设等举措，在制度上、政策上营造宽松的市场经营和投资环境，鼓励和支持各种所有制企业创新发展，借助政府的特殊身份作为信息发布的权威平台适时发声，破除信息壁垒，

提高实体市场和金融市场的透明度,保护各种所有制企业和个人的产权和合法利益,提高了企业的投资信心,鼓励了个人消费(马晓河等,2017)。部分区域、行业、事项适时简政放权,削减不必要的行政事务审批手续,取消一批行政许可事项,对工商登记、注册资本等商事制度进行全面改革,允许地方进行差别化探索,发挥基层首创精神。推行"互联网＋政务服务"一站式举措,政府服务效率得到了提升,群众办事更加便利。

在人力组织方面,政府增加了教育支出,在保证教育质量的基础上扩大高校专科、本科和研究生招生人数,在国家急需专业扩充本土高素质人才梯队,借助有竞争力的薪酬福利引进海外对口人才,发挥引进人才对本土人才的集聚效应和传帮带作用。在职业教育层次,以技校为主体,以成人大学、培训公司为依托,增加开展各类职业技能培训的频次,提升就业平台的设施建设、设备投入、师资队伍建设,发挥技术人才输送作用,提高劳动者素质。同时以高校为主阵地带动应届毕业生就业,以社招平台为职业信息交互场所带动社会二次就业,采取云端宣讲会、线下双选会、硕博人才专场招聘会等丰富多样的方式为劳动力市场注入流动性。

在鼓励科研创新方面,政府优化了科技投入的结构,适度向民生领域、关键核心技术、共性技术、高新产业发展倾斜,加大了孵化器、众创空间等实体创业项目和互联网创新平台的投入及补贴力度,加大了企业增值税中研发费用加计扣除的范围和优惠力度,给予符合条件的科创企业在房屋水电、税收商费、小额贷款等项目的补贴或减免,同时作为企业和高校之间的纽带,进一步完善政策,促进产学研一体化,增加对科研成果转化的奖励。设立并以市场化方式运行产业发展基金,为创业创新企业提供低息贷款、信用担保等,并探索采用参股等形式扶持核心技术攻关企业发展,帮助企业转型。

第三节　中国供给侧结构性改革的政策建议

上一节对中国供给侧结构性改革的调控方式与配套体系进行系统梳理和阐述。本部分根据全书论证供给侧结构性改革的理论逻辑和思路,从收入结构均衡化、部门结构协同化、供需结构适配化、劳动结构层次化、治理结构现代化的"五化"角度对中国供给侧结构性改革调控体系重构提出政策建议。

一、推动收入结构均衡化,加快实现共同富裕

供给侧结构性改革的根本目的是提高社会生产力水平,落实好以人民为

中心的发展思想(习近平,2016)。只有加快推动收入结构均衡化,让更多居民有购买力,才能确保供给侧结构性改革的全面推进,从而在更好地满足人民对美好生活需要的同时,加快实现共同富裕。

(一) 提高城乡居民的整体收入水平,实现收入均衡

1. 打破城乡二元结构,实现城乡融合发展

着力解决好城乡融合发展不平衡问题,实现城乡之间资源要素的平等交换和均衡配置。改变农村要素单向流出的现状,通过完善城乡融合发展的体制机制,调整要素配置结构,积极促进各类要素更多流向农村。

第一,从流动选择、居留意愿和迁移意愿等角度分层次优化人口流动。加强城乡人口的流动选择,进一步打破城乡人口流动的制度壁垒,在交通基础设施建设、就业门槛、多元培训等方面加强布局,提高人口的流动性。提高城乡人口的居留意愿,通过城市经济、社会、文化、制度等包容性的提升,优化人文社会环境,增强人口长时间居留意愿。深化户籍迁移意愿,针对城乡二元户籍制度使农民工难以在城市落户,不能享受与城市居民同等社会福利的问题,深化户籍制度改革和大城市积分制度改革,弱化地域的圈围作用,按照对城市贡献、纳税情况、劳动分工等多种因素优化人口流动,使有意愿、有条件的农村流动人口可以在城市落户定居。对于农村人口大量外流,致使农业农村发展缺乏人力资源支持的问题,要以开设农民教育辅导机构等方式逐步提升农民的专业知识和实用技能。增强农村吸引人才的能力,创新农村人才引进制度,培养一批真正理解"三农"、致力于服务"三农"的高级人才,从而破除农村发展所需的人才制约。

第二,在资本流动方面,应加大对城乡融合发展的资金投入,对农业农村发展过程中出现的资金不足、融资困难等问题给予一定支持。正确引导资金流向,使城市中存在的富余资金流向农村,提高资金的周转率和利用水平。推进现代农村金融制度建设,加强农村中绿色金融、数字金融等新兴领域的建设和投入,实现资金在城乡融合发展中的合理流动。

第三,在土地利用方面,进一步健全城乡土地利用制度,实现城乡间土地资源的合理配置,建立规范的征地补偿机制和土地增值收益分配机制。为解决农村土地分散化造成规模化经营难以实现以及非农产业发展土地供给不足等问题,需继续深化农村土地制度改革,提高土地的利用效率,通过土地经营权的整合,实现土地的规模化经营,促进农村农业发展,增加农民的土地财产收入。

第四,在公共资源方面,构建均衡化的公共服务格局,加快对农民和非本地户籍人口的公共服务保障。一方面,推动城市公共服务向农村延伸,均衡

城乡教育、医疗、养老、基础设施等公共资源配置，建立城乡一体、人人共享的公共服务体系；另一方面，加强公共服务资源的公平公正性，加大力度消除非本地户籍人口不能享有与户籍人口同等待遇的排斥性体制，主动为流动人口提供与城市居民同等质量的公共服务，提高公共服务的覆盖面，营造更加包容开放的城市环境，使所有居民都能公平享受城市建设和经济发展的成果。

2. 鼓励创业就业，增加整体居民收入

第一，分类培育市场主体，扩大就业容量，提高居民工资收入和经营收入。一方面，要稳定市场主体的存量，以持续优化营商环境、落实减税降费等各项政策来激发市场主体的活力，积极引导企业合理扩大生产规模，增加就业岗位。在产业引导政策上，对不同产业进行分类支持和筛选，不仅重视纳税等盈利性指标，也需要重视用工人数等就业指标，使得就业大但盈利能力较弱的企业也受到重视。同时要注重政策的连续性，避免政策波动对市场主体预期带来的不利影响（王春元和方齐云，2014）。另一方面，强调市场主体的增量。鼓励创新创业，优化创新创业环境，降低创新创业成本，加大创新创业信息分享，组织开展创业培训，提升创业人员的创业能力。以创新创业带动城乡居民有效就业、切实增收。第二，提高居民整体收入必须切实提高农民收入，要结合农村实际调整农业结构，盘活农村资源，因地制宜发展高效农业、特色农业、观光农业，提升农村经济效益。帮助农民拓宽农产品销售渠道，适当提高农产品销售价格，切实保证农民收益。第三，鼓励和支持多渠道灵活就业，健全灵活就业保障机制，推动就业服务建设，搭建更多的优质就业服务平台。积极发展新的就业形态，发挥数字经济对增加就业的积极作用，推动网络零售、线上娱乐等行业的发展，创造更多的灵活就业岗位。第四，针对高校毕业生、退役军人等重点就业群体，开展职业技能培训，提升就业者的综合素质，化解就业结构性矛盾。要推动劳动就业培训中心和公共实训基地建设，鼓励各类院校、培训机构、企业等组织机构针对就业人员开展专业技能培训，并给予相应培训补贴，提高劳动者就业竞争力。

3. 提高居民财产性收入，拓展居民增收渠道

长期以来，我国居民财产性收入占总收入的比重极低，在一定的引导下具有较大的成长性和上升空间。因此，增加居民财产性收入是实现居民增收有效渠道。第一，对于我国现存的居民财产性收入来源单一，投资回报率低等问题（郭威，2021），要通过健全多层次资产市场，完善现代金融体系的方式解决。深化资本市场改革，加强资本市场的市场化建设和制度性建设。一方面，要创新更多兼顾安全和盈利的理财产品，拓展金融投资渠道，优化投资者投资回报机制，从而保障居民金融理财产品选择和交易渠道的多样化。另一

方面,资本市场应加强对数字技术的使用。借助大数据、云计算等方式提高市场监管效率和市场交易透明度,切实保护投资者的合法权益。第二,推进居民财产性收入保障体系建设,完善财产收入的法律法规,为居民参与理财投资,增加财产收入提供法律保障。完善相关税收制度,通过财产性收入税收减免或优惠政策降低中低收入者的税收负担。第三,要进一步提高居民的金融素质,加大对金融知识教育的普及力度,鼓励交易所、券商、银行等专业金融机构开展面向大众的金融培训,提高居民参与金融理财投资的积极性,使财产性收入的增加成为居民增收的有效途径。

(二) 优化收入分配结构,构建协调配套的分配制度安排

1. 完善初次分配制度,建立缩小收入差距的长效机制

在初次分配中提高劳动收入占比,健全工资决定和正常增长机制,完善市场决定各类生产要素报酬的运行机制。第一,基于劳动报酬是居民收入主要来源这一客观事实,进一步提高劳动所得在初次分配中的占比,使居民收入结构更加公平合理。通过稳定市场主体,扩大就业容量来拓展居民获得劳动报酬的空间,落实劳动者、工会、企业等多方参与的工资协商制度,加强对劳动收入的保护力度。第二,坚持劳动、资本、土地、数据等多种生产要素共同参与的初次分配制度,实现各生产要素报酬由市场决定、按贡献分配,形成对提高居民收入水平的有力支撑。第三,要深化工资制度改革,推行差异化薪酬分配制度,促使企业建立规范的薪酬调查和信息发布制度,加强对高收入行业监管,抑制非市场因素获利行为,增加居民的工资性收入(张来明和李建伟,2021)。

2. 完善再分配调节机制,提高再分配政策的精准性和有效性

再分配制度不仅是提高低收入人群收入、提升居民整体收入水平的重要抓手,更是进一步缩小群体间收入差距,促进共同富裕的有效手段。政府应继续完善税收、社会保障和转移支付等制度,提高再分配政策的调节精确、调节力度和有效性。第一,推进税收体系改革,重点是改革直接税收制度,有效发挥直接税在优化分配格局中的重要作用。要继续完善个人所得税制度,进一步降低中低收入群体的所得税负担,适当提高高收入群体所得税率,加强对高收入群体的税收调控。扎实推进房地产税制度的落实,适时开征房产税和遗产税。第二,进一步健全社会保障体系,根据市场条件变化适当放宽参保条件,扩大社保覆盖人群。拓宽社保基金的筹资渠道,建立社保基金投资运营制度,完善社保的动态调整机制,提高社会保障水平。要统筹推进城乡社会救助体系建设,完善最低生活保障制度,发挥社保的兜底作用(习近平,2017)。第三,利用政府转移支付这一重要手段,增加财政支出对民生的侧重

力度,使财政支出多向经济困难群体倾斜。在进行转移支付过程中要突出重点,更多聚焦于教育、医疗、住房等民生领域,着力解决基本公共服务供给在质量和空间等方面的供给失衡问题。

3. 推动三次分配发展,发挥慈善的调节作用

随着慈善事业发展,其对收入分配的正面调节作用日益凸显,政府应充分发挥第三次分配作用,切实使三次分配成为再分配的有益补充(刘鹤,2019)。一方面,构建志愿慈善的正向激励机制。大力弘扬公益慈善精神,培育互帮互助、同舟共济的慈善环境,积极组织开展自主慈善活动,鼓励有条件的个人、企业参与公益慈善事业。落实公益慈善税收优惠减免政策,对慈善行为给予必要奖励。另一方面,培育发展公益性慈善组织加强对慈善组织的统一监督管理,逐步提高公益慈善组织的运行效率和服务能力,切实发挥慈善在扶贫济困、调节分配等方面的积极作用,使之成为不断缩小收入差距的有力支撑。此外,适应数字经济的发展,探索慈善事业的自组织模式和众筹模式,支持网络慈善平台建设,对慈善组织的创新模式进行有效引导和监管。

(三) 加快收入流动的速度,增强不同阶层的收入流动性

1. 促进教育公平,增强居民代际收入流动

教育是提高居民收入的重要途径,也是增强代际流动性的重要手段。要通过优化教育的区域布局、完善国民教育体系、公平配置教育资源、增加公共教育支出来实现教育起点和过程的公平,促使更多低收入家庭可以通过接受教育有机会向更高的收入阶层流动。第一,针对教育领域长期存在的城乡及区域差异,加大教育资源的统筹力度,合理配置教育资源,通过向农村地区和落后地区的政策倾斜,保证低收入阶层子女能够享受同等的教育资源。着力推进奖学金、助学金和学生贷款体系建设,保证低收入家庭子女顺利完成学业,有更多机会实现社会阶层的提升。第二,进一步加大对公共教育领域的投入力度,贯彻落实教育公平的重点在于解决好低收入家庭和农民工子女的入学问题,要以政府补贴的方式鼓励和支持民办学校的发展。促进职业教育和大学教育平衡发展,针对希望提前就业和增强技能学习需求的家庭,提供职业教育机会,加大职业教育基础设施建设,提高贫困落后地区办学条件,为学生提供均等化的师资力量、教学设施,使低收入阶层子女享受同等的教育质量和服务。针对需要大学教育的需求,保持高考的公平公正性,增加通过高考提高教育水平的机会。第三,要巩固教育辅导领域改革成果,避免学生过度参与课余辅导增加低收入阶层的教育负担。同时要结合具体情况出台相应政策措施,加大公益性教育知识传播,提高低收入阶层父母对子女教育的重视程度和能力水平,使父母可以花费部分时间用于下一代的培养和教

育上。

2. 保障就业创业公平，防止居民收入阶层固化

要建立公平竞争的就业创业环境，避免非竞争因素的干扰，使求职者在就业过程中无论家庭背景优劣，均能享有公平的就业机会和发展权利。第一，进一步加强对劳动力市场的监管力度，提高就业市场的透明度。完善就业信息服务体系，建立公开透明的就业信息交流平台，减轻劳动力市场信息不对称程度。可以从公务员筛选入手，减少和消除就业过程中的地域、性别、家庭背景等方面的歧视，保障就业机会公平。第二，保障就业过程公平，避免一些非竞争因素对招聘的干扰。打破以往利用金钱、人际关系等不公平手段为子女谋职业的局面，降低父母对子女职业选择的影响，使子女工作类型、薪资水平与父母掌握的社会资源脱钩，切实提高居民代际收入的流动性。第三，要为创业者营造公平的创业环境，以实际政策出台实施确保创业者享有均等的发展机会。加强对创业者的补贴，完善金融体系建设，为创业提供多渠道的融资途径。针对创业人群开设创业知识技能培训服务，引导创业者制订科学的创业计划，使部分低收入群体可以通过创业进入中等收入行列。

3. 依靠土地政策调控，降低阶层收入差距

明确土地政策的导向，农民等低收入群体在没有形成与城市居民相一致的人力资本价值之前，或在农村产业实体支撑不足的情况下，过早以土地变现或一次性补偿等方式实现一体化的做法事实上剥夺了他们的收入流动保障，可能形成大量无技能、无工作、无土地的"三无"农民，从而使中国的城乡改革和阶层固化陷入无法逆转的困境，因此，需要对农民土地进行分类配套推进，在农民择教和择业等两项改革尚无成效之前，应侧重于使用权和收益权流转与分享体制的改革，而不应过度运用所有权一次性流转的制度。同时针对目前我国代际收入传递明显问题，政府要进一步健全和完善房地产税征收机制，通过对高收入者征收高额税金，有效限制高收入群体的"炒房"行为，实现高收入阶层经济收入向下流动。有计划适时地开征遗产税，发挥其在高收入阶层家庭遗产继承中的调节作用，有效控制高收入家庭的财富聚集和传递，从而降低不同阶层的收入差距，避免出现社会的两极分化。

（四）完善基本公共服务体系，发挥多种政策的协同作用

1. 推动税收制度改革，发挥税收对收入分配的调节作用

继续深化不同税种的税制改革，优化税制结构。第一，优化个人所得税制度。针对不同收入群体制定差异化税收抵扣项目，减轻中低收入者的个人所得税负担，适当提升高收入者的所得税率，合理调节过高收入，增强个人所得税对收入分配的调节作用。第二，健全财产税收制度。一方面，针对部分

城市房地产价格居高不下,使得部分投资房地产的人群获取高额收益,造成群体收入差距扩大的问题,要稳步推进房地产税改革。另一方面,适时开征遗产税、赠与税,有效控制财富差的代际传递,促进收入分配的代际公平。第三,优化增值税、消费税等间接税的税率设定,对于居民生活必需品应降低税率,减轻消费者的税收负担;对于具有奢侈品属性的商品,应适当提高税率,增强间接税的累进性,真正发挥间接税在促进收入公平分配的作用。第四,要全面加强征税的监管力度、执法力度,打击偷税漏税行为。借助数字技术实现纳税对象收支与信息的电子化,有效管理征收的各个环节,提高税收透明度,切实强化税收对缩小收入差距的积极作用。

2. 完善社会保障制度,强化社保对收入分配的支撑作用

社会保障制度是调节收入差距的重要手段。第一,要建成全覆盖、保基本、多层次、可持续的城乡居民的社会保障体系,降低居民收入在流动中的风险和不确定性。鼓励未参加社会保险的群体参保,扩大社会保险的覆盖面。第二,完善最低生活保障制度,加强对低保对象的审核,避免错保、漏保现象的发生。完善最低生活保障标准动态调整机制,确保保障资金足额按时发放,保证贫困群体的基本生活需要。第三,完善基本医疗与养老保险制度,一方面政府应根据自身财政情况适当提高和保持养老保险的发放水平,保证养老保险金的定期及时发放,从而降低中低收入家庭的养老负担;另一方面,完善医疗保险制度,增加医疗保险的费用分档,针对低收入人群、贫困人群,发挥医保的基本功能,减少医疗保险缴费金额,并适当提高补助金额和报销比例,减轻就医负担。第四,大力宣传工伤保险和失业保险制度,鼓励更多的劳动人口和高劳动风险人群参保,发挥保险公司在意外伤害等领域的保险宣传,进一步提高失业保险、工伤保险的覆盖率,缓解劳动者因工伤、意外事件或失业所造成的收入损失,减轻劳动者的生活压力。

3. 建立工资增长机制,保障工资增长水平

第一,完善最低工资标准制度,提高最低工资水平。设立专门的最低工资标准评估机构,根据不同地区的经济发展水平、不同行业、不同岗位的特色情况,组织专家和专业机构设立差异化的最低工资。劳动保障部门要做好实行最低工资标准企业的备案工作,加强对企业的监管,确保最低工资标准能够得到落实。第二,在保障区域经济增长和企业经济增长的基础上,完善企业、工会及政府多方参与的工资协商机制,强化企业工会设立的独立性。工会应以工资集体协商为着力点,加强与企业的协商沟通,切实维护会员的工资利益和基本权利。政府应充分发挥参与工资协商的重要作用,为工会与企业搭建谈判平台,帮助双方解决分歧,并对谈判结果的实施与执行进行有效

监督。第三,工资增长要通过保护劳动者合法权益得到实现。因此,应积极推进劳资关系的相关法律建设,加强监督与执法力度,畅通劳动者表达诉求和维护权益的通道,切实保障劳动者的合法权益。

二、推动部门结构高端化,多角度实现产业优化升级

(一) 多元部门间调控政策建议

1. 产品、金融两部门协同调控,遏制脱实向虚

当前资本市场热度不减,资金"脱实向虚"现象仍时有发生,核心对策是加快实体经济转型升级,配合行政手段引导金融回归服务实体经济的本质,提高金融服务供给能力和水平。第一,继续扩大对产品部门,特别是对制造业企业的减税降费,切实降低企业的生产成本。在全球经济低迷,国内经济双循环体系结构性调整的后疫情时代,减轻实体企业的税费负担不仅有助于引导生产要素向实体经济聚集,促进企业提高生产率、扩大实体投资规模和转型升级,还能有效防范化解潜在金融风险,提高经济运行的质量和效率。第二,发挥金融政策的导向作用,着力加强点对点的精准服务能力。当前金融服务专业化、精细化水平仍不能与产品部门的需求完全契合,需要发展多层次差异化的资本市场来扩大优质资本有效供给,强化资本对实业的支撑作用。要将看不见的手和看得见的手相结合,处理好政府与市场的关系,既要借助市场的调节能力增强实体经济和金融业的经济活力和创新能力,又要通过政府干预和调控打通虚实部门间的资本壁垒,全面、均衡地实现实体经济的振兴。第三,强化金融监管和融资主体治理,及时遏制金融风险,矫正不合理的资产交易行为。当前仍存在对利率缺乏敏感性和贷款门槛较低的国有企业涉足金融、房地产、土地市场的投机行为,扭曲了金融资源的配置,应进一步加强对信贷、股票、债券、基金和汇率市场的监管,规范金融市场资产登记制度势在必行。

2. 贸易、产品、金融三部门联动调控,形成优势互补

随着国际分工的细化与流转,贸易部门也成为供给侧结构性改革上的重要环节和部门,一国外贸已经成为该国融入全球价值链的"供给侧代表"(霍伟东等,2018)。中国要实现"六稳"中的"稳外贸",须将贸易部门和产品部门、金融部门进行联动调控,发挥各自的优势。第一,秉持工匠精神,提高产品供给品质和效率。具备高附加值的出口产品需要挖掘并占领国际市场的中高端需求,这就对国内产品部门的差异化产品供给能力提出了更高的要求,德国和日本的工匠精神为产品质量提供了重要保障,同时还要提高自动化生产的普及率,外贸商品对时效性的重视需要产品部门提高生产效率。第

二,金融支持体系中,外贸优先。开拓海外市场须有强有力的资金支持,金融机构应在核验外贸企业资质的基础上扩大对其的融资规模,拓宽融资渠道,促进贸易部门持续健康发展。第三,加快发展跨境电商贸易,特别是数字化贸易,创新供给模式。跨境电商、海外仓、市场采购等新型贸易业态需要更加创新的供给模式,如海关报关、检疫的通关模式,仓储物流的可视化操作等等,加快打造外贸产业链、生态链。第四,加快服务贸易发展,扩大服务业对外开放。例如信息技术、中医药、汉语言文学、设计等优势服务产业鼓励离岸出口,外资外技鼓励进口,结合"一带一路"倡议探索多边合作和旅游产业发展。

3. 加强区域部门调整,缩小南北经济差距

我国区域发展不平衡问题在南北经济差距方面体现得尤为明显,但北方即使处于转型阵痛之中,也应顶住压力坚守改革成果,同时采取以下方式缩小与南方的经济差距。第一,摒弃旧产能,挖掘新动力,实现新旧动能转换。加强对新产业、新方向的调研和考察,通过市场化引导、政府调节等方式,引导市场加快新产业的投入,寻找新的增长点。充分发挥地区优势,打造区域品牌。以农产品为例,政府牵头引导以系统化方式运作,提高产品质量,作为乡土品牌借助直播带货等方式推广寻找销路,突出生态、绿色、优质等特点,在推进供给侧结构性改革的同时促进乡村振兴和精准扶贫。第二,加强南北合作,促进高新技术产业发展。一方面适当承接南方转移产业,以南北协作的方式共建共享"新经济",避免盲目跟风、战略趋同和聚焦"短平快"项目(邓忠奇等,2020)。另一方面,在数字经济浪潮下,高度重视北方的消费外流等趋势,加快对本土工业和服务业的发展,特别是发展与"互联网＋"、5G、人工智能有关联的新兴产业或前沿产业来增强核心竞争力。第三,促进当地金融、劳动力、技术要素活跃度,提高全要素生产率。通过对这些部门进行结构性改革,打通经济循环阻碍,帮助当地实体经济取得长足的发展。

(二) 多元部门内调控政策建议

1. 优化产业结构,提升供给质量

当前中国已进入改革的深水期,在此阶段推进供给侧结构性改革,关键是要着眼于解决供需适配问题,加快构建占据微笑曲线两端的新兴产业体系。第一,优化供给结构,健全清退机制。中国已经开展了多轮去产能措施,但仍存在少数增长空间有限的企业尾大不掉,或者是此前不属于去化产业但近年来产能过剩的企业。对此,政府要继续加强企业及行业间的兼并重组,一方面撤销对这类企业的财政补贴,提高技术和环保要求迫使企业主动退市,另一方面持之以恒为破产企业的不良资产处置及失业人员安置提供解决路径。第二,保证供给安全,减轻政府偿债压力。政府要对地方债总体情况

有所把控,考量与企业进行债务重组的权责,调整债务期限结构,在银行下调的准备金率和基准利率背景下发行低利率债券,从而达到优化债务利率的目的。第三,围绕新经济发展趋势,发展具有高附加值的产业。数字经济方兴未艾,信息化技术为制造业和服务业持续赋能,应集中力量发展先进制造业产业集群,带动工业发展水平提档升级,结合"一带一路"倡议等外交政策,在满足内需的基础上扩大我国产品和设备在海外市场的影响力。同时积极培育服务业优质供给,实现生产性服务业向专业化和价值链高端延伸,生活性服务业向精细和高品质升级(赵丽娜和吕擎,2016),在国内国际双循环背景下,提高供给结构对需求变化的适应性和灵活性(习近平,2016)。

2. 提升创新部门,实现创新驱动发展

创新是供给侧结构性改革的根本动力,要着力提高创新主体能力,提高科技自立自强的能力,优化创新环境,加速技术的扩散,真正发挥创新部门对经济发展的驱动作用。第一,强化创新主体研发能力的提高,推动关键共性技术的突破。进一步巩固企业在技术创新中的主体地位,健全以企业为主导、高校和科研机构为协同的技术创新体系,探索实现产学研深度融合的创新模式与保障机制。同时政府应积极发挥对创新资源的配置和协调作用,构建关键共性技术的融资支持,加大贷款贴息、后补助、配套资金的力度,吸引银行等金融机构支持关键共性技术研发活动。第二,进一步优化创新环境。一方面,要加强创新基础设施建设,提高对科学实验室等创新基建的资金投入,建立企业、高校等多元主体共同参与的创新基建投资模式。另一方面,加强知识产权保护力度,激发创新主体活力,扩大知识产权保护范围。要进一步健全知识产权法律法规体系,提高对知识产权侵权行为的打击力度,切实为创新主体提供优质的创新环境。第三,完善技术转移和扩散机制。要支持技术中介服务行业发展,打破创新链上各主体之间的界限,消除技术扩散和成果转化的组织障碍。重点支持综合性、多功能技术中介组织的发展与壮大,提高技术中介的运作效率,以人、财、物等各类资源内部协调配置的方式降低交易成本,加速技术扩散和成果转化。

3. 强化住房市场调控,保障经济健康发展

住房市场调控的目标是使住房逐渐从投资品属性回归为消费品属性,不断深化住房市场供给侧结构性改革是我国经济成功转型和健康发展的前提。2020年以来,国家对房地产市场的调控力度逐渐升级,针对房地产企业的"三道红线"以及针对银行类金融机构涉房贷款的"五档管理"等调控文件和政策相继出台,住房市场降温明显但也出现了一些问题,在进一步强化住房调控中应注意:第一,保持住房改革的定力,坚持"房住不炒"的定位,转变"房

价上升就打压,房价下降就刺激"的短期应急式调控思路,调控过程中要注重防范和化解金融风险,做到"稳中有降",避免集中的调控政策对房地产企业和金融机构产生过度冲击,进而引发整个金融系统的动荡甚至危机。第二,调控政策的制定要因地制宜、因城施策。人口的流动使得住房市场逐渐走向区域分化,部分一、二线城市的住房市场需求仍十分旺盛,房价仍存在上升空间,而一些三、四线城市由于人口流出、土地供应过量,房价下跌压力巨大。在调控过程中政策制定者应结合城市自身市场特点制定适宜的调控政策以防房价的大涨大跌。第三,对住房市场的调控最终目的是解决好人民的住房问题,要实施租购并举,继续扩大保障性租赁房的供给,进一步完善住房供给和保障体系。

4. 对外贸易革新助推新发展格局构建

对外贸易作为连接国内外市场的桥梁,是承载两个市场商品和要素流通的重要载体。在构建以国内大循环为主体、国内国际双循环相互促进的新发展格局中贸易部门起到关键的枢纽作用。我国对外贸易长期存在劳动资源密集型产品和低技术产品的出口占比较高、中高技术产品出口竞争力弱、高新技术产品对外依赖度大,部分关键零部件产品和高端设备依赖进口、产品贸易与服务贸易不协调等问题。因此,推动外贸结构的优化升级,充分发挥贸易部门对国内外市场中要素流动的承载和畅通功能,需给予相应的政策支持。第一,要以创新促进对外贸易发展,通过对外贸体制的创新优化贸易环境,降低外贸成本;通过外贸发展模式的创新提高出口对国际市场需求的适应性和灵活性;通过技术创新带动国内制造业转型升级,提升出口产品品质、品牌知名度和产品附加值。第二,要提高技术、知识密集型产业的比重,提升产业创新发展能力,进一步完善产业链、创新链和价值链协同发展的体制机制,培育一批新技术、新能源、新材料等新型产业集群,增强贸易部门发展的产业支撑力。同时要提升服务业发展水平,放宽服务行业准入限制,扩大服务业对外开放领域,提升新兴服务业出口能力,从而改变我国产品出口与服务出口不协调的现状。第三,要提高对外贸易的数字化发展水平,数字技术发展深刻改变了国际贸易的交易方式和支付方式,提升了对外贸易中商品和服务的可交易性和效率。因此,要把握数字经济发展的契机,加强数字贸易所需的基础设施建设,创新贸易监管模式、提升贸易效率,完善跨境支付的服务体系,为贸易数字化发展提供良好的制度环境。

5. 深化金融部门改革,促进经济和金融良性循环

金融是国民经济的血脉。推进金融供给侧结构性改革,一是为了更好地服务实体经济的发展,二是为了有效防范化解金融部门可能发生的系统性风

险。金融部门结构失衡无疑成为制约经济与金融健康发展的主要障碍。这突出表现在:金融供给配置的失衡,金融资金过多投向房地产等资产性行业,对于制造业的支持力度不够;金融供给方式的失衡,以债券、股票等为代表的直接融资占比低,以贷款为代表的间接融资占比高,融资方式单一;金融获取主体的失衡,大量金融资源流向国有企业或规模大的企业,中小企业面临的融资问题愈发突出等。因此,深化金融部门的改革:第一,要提升金融部门服务实体经济发展的意愿和能力(郭威和盛继明,2021)。通过建立多层次的融资担保制度,完善我国政策性金融体系,有效发挥政策性金融机构对实体经济发展的引导作用,比如设立产业发展基金支持重点行业发展。第二,要丰富融资路径,增加金融服务方式。根据融资主体的差异性建设多层次的资本市场,创新直接融资工具,推动金融资源向中小企业倾斜,缓解中小企业融资问题。第三,要支持金融科技应用,鼓励金融部门利用互联网、大数据、云计算等数字技术发展金融技术,使金融供给在金融科技的支持下可以更加精准匹配企业的金融需求,从而降低企业获取资金的交易成本,提升金融服务效率。第四,要加强对金融部门的监管力度,提高金融部门防范化解风险的能力。健全金融监管有关法律法规,运用数字技术加强金融监管,规范金融市场交易行为,严厉整治干扰金融市场秩序的行为。落实金融部门防范风险的主体责任,优化金融部门内部结构,提高对风险的应对能力和处置水平。

三、推动数字经济发展,实现供求结构的精准适配化

数字经济助推供给侧结构性改革在于通过数字化技术手段能够更好地实现对需求的定位、分类和识别等。工业经济不同于农业经济的关键点在于,解决了供给侧的规模扩大和效率提升问题,因此,工业经济的主要抓手是供给侧的投资。数字经济不同于工业经济的关键点在于,通过数字化实现了信息的精准识别、有效提取与重新分类等,使需求不仅能够精准被识别,更可以使供需对接的过程更加精准,供需之间的适配意义开始凸显。下面从数字消费、数字企业、数字平台、数字生态四个方面探索供求结构精准适配化的相关政策建议。

(一) 支持数字消费,推动消费需求全面升级

1. 推进新型基础设施建设,为数字消费提供基本保障

新型基础设施建设不足,服务能力不高是制约我国数字消费发展的重大阻碍。着力提高新型基础设施的建设能力,增强数字消费基础设施和服务保障能力是支撑数字消费稳步发展的基础。一方面,统筹好互联网、物联网、数

据中心、人工智能等数字基础设施建设与布局,根据消费半径、消费特点、消费需求等形成全方位支撑数字消费的新基建体系,强调基建体系紧密为消费服务的特色。加强对传统消费基础设施的数字化改造,完善物流体系的信息化建设,提高消费品配送的通达性。另一方面,构建新基建的均衡发展机制。当下,城乡之间以及发达地区和落后地区之间基建水平差异明显,同时农村地区和落后地区的需求市场将是下一轮消费升级的重点领域。因此,应着力加大对农村地区和落后地区的基建投入,补齐数字基础设施建设的短板,扩大网络覆盖度范围,提高互联网使用率和联通率。加快农村地区和落后地区物流建设,为当地发展电商经济和直播经济提供基建支撑,实现数字消费水平的整体提升。

2. 建立数字消费制度,推动数字消费健康发展

数字经济下的新型消费派生出各式各样的消费产品、消费形态和消费服务,深刻改变了消费者的消费行为和消费习惯。相关制度规则的制定要顺应消费升级的大势,以数字消费健康发展为导向,打造可持续的消费模式。一方面,加强消费市场诚信体系建设,严厉打击销售假冒伪劣产品和提供虚假服务的行为,保障数字消费环境清新。以大型平台型企业和数字金融企业的信用评级为基础,建立线上供给的信用评级制度,实现信息共享,为消费者的消费行为提供决策参考。加强网络安全建设,提高网络购物的安全性,为消费者的购物提供保障。另一方面,鼓励消费者养成健康的线上消费习惯。通过社会宣传、网络教育等方式引导消费者适度消费,树立科学的网络消费观念。反对过度负债消费和超前消费,防止数字消费异化,推动数字消费的有序发展,逐步实现消费升级。

3. 完善数字消费监管机制,营造安全有序的消费环境

与传统线下消费相比,数字消费更具隐性化,销售方和消费者间的信息不对称问题更加突出,提供虚假信息、泄露消费者个人信息等问题时有发生,严重侵害了消费者利益,亟须健全数字消费相关监管机制,为数字消费提供安全有序的环境和秩序。要以数字技术赋能监管的各个环节,创新对数字消费监管方式,充分利用大数据、云计算等数字技术,有效监督线上交易的数据收集、存储、使用等行为,强化数据安全和隐私保护,对违法违规和侵害消费者行为给予严厉的惩处力打击,在"3·15"等大型活动中增设数字消费维权专栏等,维护数字消费秩序,打造安全有序的线上消费环境。

(二) 推进企业数字化转型,有效对接客户需求

通过数字化转型推动企业在采购、生产、销售、管理等环节的数据互通,不仅有利于降低企业的运营成本,还可以方便企业使用数字技术获取市场需

求信息,精准定位产品受众,有效调配内部资源,提高生产的智能化、柔性化水平,从而实现企业产出供给与客户消费需求的有效对接,加快供给侧结构性改革在微观企业层面的落实。

1. 划分企业数字化阶段,逐步实现企业数字化转型

推进企业数字化转型不能毕其功于一役,应在正确地认识企业数字化转型的基础上,科学划分数字化转型的不同阶段,实行分类管理。只有建立企业数字化转型效果的定期评估机制,科学指导企业数字化投入,才能保障企业数字化转型的循序渐进,构建起企业数字化转型的长效运行机制。在数字化转型的初期,主要是企业内部数字化,要以数字技术赋能生产经营各环节,提高企业内部数字化应用水平与效率。当数字化发展达到一定规模,企业会对数据收集、处理和应用提出更高要求,第二阶段要突出升级数字化平台和改善应用系统环境的重要性,使企业能够通过数据分析实现对部分业务数据的深度分析,更好地指导企业的业务决策。第三阶段主要是建立企业内部与外部的连接,企业要进一步加强数字化平台应用及硬件提升,提高企业通过数据分析把握客户需求的能力,建立对接需求的响应机制。通过数字技术提高对客户需求识别的准确性,提高企业的运行效率。当企业数字化进入成熟阶段,主要强调企业深度提升数字治理能力,推动企业组织架构、生产模式、业务流程等全方位的转变(孙育平,2021)。

2. 强化企业顶层设计,以系统性思维推进供给侧的数字化转型

虽然企业推进数字化转型的具体安排千差万别,但转型所涉及的主要模块具有共性。企业数字化转型是一项系统性工程,主要由设施数字化、业务数字化、要素数字化和决策数据化等模块构成。企业应通过顶层设计和制度安排,推进企业数字化的系统性变革。第一,企业应借助大数据、云计算、物联网等数字信息技术,瞄准技术前沿,构建面向市场的数字化硬件平台,加快供需对接和适配,推动硬件设施系统、接口、协议的标准化,实现设施数字化。第二,要推动各生产要素转化为数据对象,形成企业要素数据平台,对数据资源应该采取集中存储、统筹处理和有效利用的管理模式,实现要素数字化。第三,提高企业生产、研发、销售等业务流程的数字化运作水平,实现各环节的数据互通,降低运营成本。利用数据要素发展数字业务,提升企业价值增值空间,推动业务数字化。第四,在企业内部设立专门从事数据收集、整理和分析的数字部门,创建企业自身数据库,开发数字化决策系统等,为企业决策提供支持,实现决策数据化。

3. 完善相关服务体系,助力企业数字化转型

第一,要加快培育一批数字化转型的标杆企业,选择有代表性的企业作

为数字化转型示范企业(胡青等,2021)。组织专家对示范企业展开研究,归纳数字化转型的模式,形成一套可推广可复制的企业数字化转型理论体系和实践路径,为其他企业的数字化转型提供较为成熟的现成方案。建立分级学习机制,减少跨级别的一般性学习可能带来的学习难度,加大同级别、同产业、同类型的企业相互学习,增强学习效果。第二,完善企业数字化转型的金融体系建设。鼓励有条件的转型企业设立数字化转型专项基金。针对某些企业在转型过程中可能面临的信息匮乏、前景不明、技术预测不清、资源受限、资金周转困难等问题,应通过政府资金带动社会资本的方式整合政府、社会与行业资源,为企业顺利实现数字化转型提供资源保障。第三,建立数据安全防护体系,加强网络信息安全技术的研发与应用,做好数据信息的安全保护工作,提升数据安全防护和风险防范的监管水平。

(三)促进三方到位,明确数字平台的作用主体

1. 加快政府主体到位,推进政务数字平台建设

政府作为政策设计与市场管理的主体,建设政务数字服务平台是提高政府办公效率、促进科学化决策和提高治理能力的关键所在。一方面,要推进一体化政务服务平台,强化数字信息技术在政府管理、公共服务、城市运营等领域的广泛应用,充分发挥政务服务平台的优势,精准感知社会需求、及时和有效地了解公众问题。通过大数据、云计算等技术手段对平台收集的数据信息进行集中处理,以便对民众、企业所遇到的各种问题作出针对性和及时性的应对,切实提高政府的运作效率和服务水平。另一方面,要重视政务数字服务平台安全防护能力的提升,保障信息的安全性。建立身份信息动态标识验证、接口调用数据加密、恶意访问监控预警等安全防护机制(陈雄等,2021),促进数字信息安全技术的发展,从而实现对个人隐私信息、企业秘密信息、政府涉密信息的有效保护。

2. 加快企业主体与消费者主体到位,推动市场化数字平台建设

促进企业对市场化数字平台建设和应用,改进企业运营过程中的要素支撑体系。支持企业打造线上销售服务平台,以线上数字平台配合线下实体销售创新运营模式,打破消费在时间和空间上的限制,从而扩大消费群体范围,开发新的目标客户市场,降低销售产品的交易成本。企业要充分利用数字平台所收集的客户信息,将消费者的消费行为数据化。通过消费者行为分析,将产品的目标消费人群进行合理分类,精准定位潜在客户群体,实现精确供给。要通过市场化平台建设拉近消费者和企业的距离,实现企业主体和消费主体间的良性互动,企业要根据消费者在平台上的反馈意见及时对消费者的需求变化作出反应,提高供给效率。

3. 建立多平台链接，实现不同主体的跨平台联动

加强政务型平台与企业市场化平台的联动，重在联动渠道、联动形式、联动频次的合理安排。应建立多平台间的有效链接，实现不同平台间业务系统接口的耦合，丰富联通渠道，实现跨平台数据信息的传递、识别和交互，促进从消费者到企业再到政府的有效循环。在政策设计、政策制定、政策意见征求反馈中，面向企业和消费者开辟专门的数字化通道，专事专议。改变政府单一主体参与的局面，充分考虑消费者在数字市场中的主导作用，特别是面向不同的消费类型，掌握积极消费者群体特征，持续收集消费者的政策口碑、消费政策可行性等。充分考虑企业在数字经济中的主体地位和实际情况，按照"企业看得懂、能指导、有收获"的原则发布数字经济文件。

（四）营造良好数字生态，加快数字化转型发展

1. 重构企业关联模式，建立数字化企业共生网络

企业数字化转型使企业在行业、技术的边界越发模糊，企业之间的合作更加紧密，企业网络组织联结的边缘结构也愈发复杂。推动企业以数字技术为基础构建新型企业协作关系，通过企业间的数据联通，形成数字经济时代下的新兴企业共生网络，真正发挥数字技术在重塑企业关联模式中的强大作用，从而实现不同类型企业的有效集聚和协同合作。同时要进一步强化核心企业和龙头企业的带动作用，利用这些企业连接大量企业的客观优势，吸引更多企业加入数字网络生态体系。通过企业间耦合连接弥补企业资源和能力不足，提升资源的整合效率，降低企业成本，形成企业大规模协作共生的生态网络。企业要积极利用数字技术对网络连接所产生的大量数据进行分析处理，并基于数据分析结果对生产产品的结构和规模加以改进，实现数字化网络连接下的价值创造。

2. 数字经济与实体经济的融合，提升数字经济生态的运行效率

数字经济与实体经济深度融合是数字经济生态建设的主要内容。第一，要推动数字产业自身发展，加大对数字基础技术、共性技术的资金投入，发展数字前沿技术，重视数字基础设施建设，破除阻碍数字经济与实体经济融合的技术和硬件瓶颈。第二，推进产业数字化建设，以数字技术赋能传统产业研发、采购、生产、销售等各环节，根据具体行业的不同探索数字技术差异化融合路径，实现数字技术对实体产业全方位、全链条的改造升级（吕明元和麻林宵，2022）。第三，要着力打造重点领域融合示范引领先行区，结合经济发展的具体情况，选取优势行业、重点企业加以突破，以点带面，发挥辐射带动作用。通过数字经济与实体经济融合推动市场建立数字经济生态，并利用各

主体间的网络关系提升数字经济生态的运行效率。

3. 对接全球市场，建立开放合作的数字生态体系

数字生态具有开放性和全球化的特征。要进一步完善数字经济开放发展的相关机制，提高数字经济对外开放水平。积极开展数字经济的技术端和应用端与国际接轨的试点工作，推进数据要素跨境流动规则和数字技术标准的制定，建立具有全球影响力的国际数字贸易中心，促进物质、信息、数据等要素在世界范围内的优化配置。要打造国际数字生态合作平台，主动与外部主体开展数字技术、数字贸易等各领域的交流合作，以合作共赢的理念，积极寻找数字经济贸易的合作伙伴，实现部分短缺数字产品的进口和高端数字技术的引进。大力构建跨境电商生态圈，营造国际化的营商环境，以国际贸易促进数字消费，真正建立开放合作的数字生态体系。

四、充分发挥人才价值，推动劳动结构层次化

劳动力作为生产力的最基本要素，深化供给侧结构性改革离不开劳动结构的优化。通过释放企业家等认知性劳动的活力，使认知性劳动引领研发性劳动和生产性劳动，从而加速供给侧对需求侧信息的认知选择与认知实现，推动创新实现，促进经济增长。

（一）以培养高质量企业家为核心，改善创新创业生态

1. 优化企业家主体地位，激发创新创业积极性

第一，继续推行简政放权，深化"放管服"改革，简化政府的办事流程，推广"跑一次全办齐"的经验，减少创业者办理创业手续时到访政府机构的次数，减少创业门槛和环节，提高政府的办事效率，降低创业者的创业成本。第二，要健全容错机制，营造包容的创新创业环境。我国正处于经济发展的转型调整阶段，经济结构和发展环境不断变化，创业风险逐渐增加，创业失败的可能性也不断提高。政府应对企业家创新创业的失败持包容态度，对付出巨大努力但失败的创业者提供一定精神鼓励、社会包容和物质补偿，尽量减少创新创业活动失败为创业者带来的损失，同时为创业成功的创业者给予相应的表彰和奖励，鼓励有创新创业精神的人大胆进行创新创业。第三，建立更加公平的营商环境。政府要平等对待市场中所有微观主体，保护企业家的合法权益，保证所有企业无论规模大小、所有制如何都能平等使用生产要素，公平参与市场竞争(蔡昉，2013)。

2. 完善企业家选拔机制，培养创新创业精神

第一，建立适应市场竞争的企业家选拔机制，在坚持公开平等透明原则的基础上，通过竞争选出一批善于从事经营管理的创业人才，进入专门的企

业家人才库。打破论资排辈、出身论、专家论等传统工业思维的惯性,组建一支由真正懂数字经济的企业家、科学家、工程师、中青年学者、数字经济领域风险投资人为主体的队伍,建立建言的容错机制,形成数字经济专门议题的闭门讨论制度或定期头脑风暴制度。第二,要注重对创业者创新创业精神的培育。加大创新创业方向等信息对接,推进创新创业平台建设,成立一批创新创业培训基地,提高创新创业群体对创新创业风险的承受能力、对相关理论知识学习能力和创业融资的获取能力,使创业者改变固有创业思维,能够有效洞察市场发展动态,选准创业方向。要积极引导创业者选取创新性强、技术含量高的创业项目,提高创业质量。第三,建立科学的创新型人才考核评价制度。为了培养和保护企业家精神,对企业家能力的考评不能单纯依赖企业的财务指标,要更加突出企业对社会贡献程度以及未来成长能力等非财务指标的重要性。

3. 完善创新创业融资体系,拓宽融资渠道

第一,发展多样化创业融资渠道,实现投资主体的多元化。金融机构要适当放宽对创业者贷款的限制条件,简化创业融资手续,提高贷款发放效率。鼓励天使投资、创业投资、互联网金融等民间资本进入创新创业市场,规范中小型银行建设,解决创业者融资难问题。第二,推进创业投融资平台建设,减少投资方和融资方间的信息不对称,加强双方信息沟通交流,实现信息共享,增强投融资运作效率。第三,推进社会信用体系建设,针对创业者和创新企业建立完整的信用档案。推进创业领域征信系统建设,为创业投资方提供更加方便快捷的查询服务。建立信用约束机制对企业失信行为加以惩戒,增强创业者的信用意识。

(二)以培养高水平科学家为目的,变革人才激励机制

1. 创新科研人才的培养机制,提高科研人才研究能力

第一,吸引更多知识分子步入科研行列。高校要加强科研教师的整体素质,优化学生入学考试的考题方向和类型,使教师更加注重对学生发现问题、提出问题和解决问题能力的培养。为有志向、有志趣于科学研究的学生畅通通道,吸引更多优秀人才投身于科研领域。第二,给予科研人员更长期的教育培训。帮助科研人才制订科学的研究规划,使科研人才的科研目标与未来发展能够有效结合,提高科研人才对研发工作的兴趣和信心。通过建立科研创新平台、鼓励出国进修深造等方式实现研发人才之间的相互访问和学术交流,提升研发人才的综合素质和学术水平。第三,营造鼓励科研、勇于创新、包容失败的科研氛围,加大科研经费投入,优化经费支持结构,为科研人才提供良好的科研环境。

2. 变革人才评价与激励机制，提高科研人才研究积极性

一方面，健全科研人才考核评价机制，提升科研成果质量。转变过分重视研发经费投入与科研成果数量平衡的考核模式，避免研发人员因科研时间紧张而选择较为简单的科研项目。根据研究领域、具体的科研项目的不同要适当延长对科研人才的考核周期，激励科研人员选择一些研发周期长、研发难度大、技术含量高的研究项目。完善质量结合的综合评价模式，将科研成果的质量作为主要的评价指标。如高校应将发表论文的引用率等质量指标加入评价体系并赋予较高权重，对于某些低质量的论文和低水平的研究成果不应纳入评价体系之中，从而提高科研人员对研究成果质量的重视程度。另一方面，要制定多层次的激励机制，激发科研人员的研发热情。对于科研型岗位的人才，激励大小应偏向与科研成果质量挂钩；对于教学型岗位的人才应根据教学效果、人才培养效果等进行激励，分类型多元化提升综合水平。推行多样化的激励形式，在给予研发人才奖金等物质方面激励的同时，也要重视对研发人才科研成果的肯定，提升科研人才的成就感、荣誉感。

3. 推动多方合作，实现科研人才联合培养

一方面，加强企业、高校和研究机构间人才的沟通与合作，实现科研人才的往来交流和联合培养。鼓励科研人员积极开展企业调研，了解企业及市场需求，提高科研立项的针对性和应用性。另一方面，要大力发展大学科技园区，加强其与高校的科研合作，高校科研人员可将部分科研项目转移到科技园区实施，提高项目成果的转化效率，使科研成果真正能研以致用，解决一些关键技术难题。

（三）以培养高素质工匠为重点，加强职业技能培训

1. 深化校企合作，定向培训技能人才

坚持以企业、产业的人才需求为引领，定向培训学生技能。加强学校与企业间的深入合作，使企业参与到专项技能人才的培养工作中。学校可以邀请行业专家、企业高管或经验丰富的在岗技能人才，定期向在校生讲授专业技术水平提高方法、企业录用毕业生标准等专业知识，为学生正确选取就业方向、有针对性地参加技能等级认定考核提供指导，实现学生素质培养与人才需求特点的高度契合，在为学生提供更多实习和就业机会的同时，满足企业、产业对专业技能人才的定向需求。

2. 开展职业技能培训，提升技能人才技术能力

完善技能人才培养和考核评价机制，大力开展职业技能培训，推进职业技能培训平台建设。依托高校、职业院校等机构建设一批面向社会的技能培训基地，使愿意接受培训的人员都能受到良好的专业技能培训。进一步加大

对职业技能培训的投入力度,丰富培训内容,创新培训模式,推行新型学徒制,以理论课程与实操课程相结合的方式提升学徒的专业知识和操作技能。不断完善职业资格评价和职业技能培训等级认定制度,为职业技能人才水平评定提供制度和法律支撑。在评定过程中要考察技能人才在专业理论知识、技能实践操作等方面的综合水平,科学客观地评估技能人才的技术水平,并根据评价结果给予技能人才适当的物质奖励,形成对技能人才持续提升自身素质和能力的正向激励。

3. 弘扬工匠精神,培育技能人才职业道德

高等职业院校作为培训技能人才的主体,在教学过程中应重视对学生工匠精神和劳动精神的培育。通过宣传能工巧匠的先进事迹、举办校园专业技能大赛等方式营造工匠精神培育的良好氛围。要将工匠精神和职业道德的培育融入教学之中。开设专门讲授工匠精神和职业道德的公共课,提高学生对工匠精神和职业道德的认知。在教学中要注重培养学生自主思考、独立分析解决问题的能力,让学生树立执着专注、精益求精的工作态度,使工匠精神贯穿在人才培养的整个过程。

五、推动政府职能转变,提升政府治理结构的现代化

供给侧结构性改革是国家的顶层设计。政府作为国家经济发展的领导机构,在推进改革的过程中起着重要指导作用。供给侧结构性改革的实施必然要求政府进行相应的职能调整,避免政府的过度干预,有效处理政府和市场的边界,真正做到以市场为导向,正确发挥政府的有为作用。政府职能应从"强基、优政、兴业、惠民"的角度,按照"保障、治理、运营、服务"等现代职能要求,形成运行高效、服务精准、管理科学、保障有力的统筹者,实现供给侧结构性改革中制度创新和调控体系重构。

(一) 以强基为核心,强化政府经济保障功能

基础设施建设是调整供需关系的重要手段,在拉动供给侧经济发展的同时,对强化政府经济保障功能起到重要支撑作用,应以系统性思维强化基础设施的建设和管理。

1. 拓宽基建融资渠道,保障资金支持到位

要不断开辟基础设施建设的新型融资渠道,保障基建资金到位。建立起政府、市场和社会多元主体共同参与的基础设施投融资模式,吸引社会资本加入。一方面,借助政策性银行、商业银行等多种融资渠道为基建项目融资(张平和王楠,2020),满足社会主体参与基础设施建设的融资需求;另一方面要善于创新运用各种金融工具,通过项目打包、特许经营等方式加强与社会

资本合作,降低政府财政投资压力,切实确保基建项目顺利实施。

2. 加强新型基础设施建设,提升基建服务水平

一方面,要进一步提高新基建建设水平,有效发挥新基建在促进产业转型升级、推进供给侧结构性改革全面开展的支撑作用,加大对 5G 基站、云计算中心、新能源充电桩等新基建的投入力度。加强对新基建区域布局的统筹规划,积极出台协调区域新型基础设施建设的政策文件,避免区域间的新基建重复建设,提高新基建的运行和服务效率。另一方面,要大力促进传统基础设施改造和升级,全面推进传统基建的改造升级工程。加快数字技术与传统基础设施融合,推动能源、交通、消防等传统基础设施数字化升级、智能化改造,形成"系统智能、经济高效、安全可靠"的基础设施体系(金光旭,2013)。

3. 促进城乡基础设施一体化建设,统筹城乡发展

要统筹城乡基础设施建设,重点是补齐农村基建相对落后的短板。城乡基础设施一体化建设是一项十分艰巨的工程,建设持续时间长,耗费占用资金大。因此,可以进行分阶段规划建设,政府部门在每一阶段提出具体的建设目标,有计划地提升农村地区的基建水平。要进一步提高对农村地区交通、通信、环保等基础设施建设的资金投入,推动城市供水、供暖、垃圾处理等民生服务向农村地区延伸,从而形成城乡一体化的基础设施建设和服务体系,为城乡经济发展提供硬件支持与保障。

(二) 以优政为核心,强化政府经济治理功能

1. 优化治理模式,提高政府治理能力

第一,变革政府治理理念,培养服务观念。政府要改变过去行政命令代替公共服务的治理思想,树立为人民、为企业、为市场服务的思想观念。按照整体统筹的方式,加强治理水平优化。在治理过程中,充分运用数字技术加强信息收集和传播,运用数字技术提高治理效率,有效对接主体需求、精准制定应对措施。要敢于接受群众监督,实现政府治理过程和权力运行的公开化、透明化,建立治理效果反馈机制,倾听群众意见,提升治理水平。第二,要进一步优化政府内部治理结构,完善多主体共同参与的协同治理机制。推动政府一元主体治理模式的改变,构建政府间合作、部门间协同,企业、民众和社会组织等共同参与的治理格局,实现资源的有效整合和利用,提升政府治理效果。第三,创新治理工具,丰富治理手段。现阶段,政府部门想要做好治理工作,就必须利用好以下两种治理工具。一是法律制度工具,在法治化时代,政府治理需要利用好法律制度工具,利用法律的约束功能,政府应进一步制定与社会治理相关的法律法规、完善治理机制,为法治化治理提供法律和制度上的保障。二是将数字技术工具和激励功能相结合,政府部门要充分利

用好大数据、云计算、人工智能等数字工具,推进政务平台建设,完善网络治理机制,实现社会服务的数字化、便利化。

2. 完善监管体系,提高政府监管效能

第一,制定监管法律,完善监管制度,实现政府部门对市场主体行为的依法监管。通过法律制度确定出市场主体行为的合法界限,实现对市场行为的有效约束,提高监管标准化水平。同时政府要按照监管法律制度的要求对违法违规行为予以查处,通过及时清除违法违规主体,维护合法市场主体的利益,提高监管效能。第二,针对以往在监管过程中出现的单个部门监管不力、多部门间相互推诿的现象,加快推进协同监管。厘清不同部门之间的权责关系,建立跨部门的协同监管执法机制,实现部门之间的横向联动和上下级之间的纵向协同。第三,政府要善于运用"互联网+监管",通过建设政府监管平台或与互联网企业开展合作等方式,捕捉挖掘市场主体数据,在一定的容错和容缺基础上,建立监管预警机制,及时发现存在问题的市场主体,提高监管的精准性。同时要减少对市场主体的过度干预,避免重复监管、频繁监管,切实提高监管效率。

(三)以兴业为核心,强化政府经济运营功能

1. 培育优质企业,激发市场主体活力

政府应坚持企业在市场中的主体地位,着力增强企业竞争力。通过制定企业培育促进政策进一步释放市场主体活力,鼓励企业根据现代企业制度主动变革企业内部制度,实现规范化运作,从而增强企业高效运营和抵御风险的能力。一方面,对于重点产业要培育一批龙头企业,强化龙头企业在行业中的示范引领作用。通过给予潜力企业资金、技术、信息、人才等多方面支持,使该部分企业迅速成长为具有产业影响力和主导作用的领军企业。支持龙头企业通过创新运作模式、运用新型技术、制造全新产品等方式不断开拓新的需求市场,从而带动产业的发展。另一方面,加大对中小企业的扶持力度,重点支持"专精特新"等特色企业的发展。中小企业作为产业中成长较快的企业,政府通过企业信息平台将具备发展潜力的中小企业精准识别出来,并提供针对性的政策支持,可以有效发挥中小企业灵活机动、专注深入的先天优势,使中小企业成为数字产业、新型材料等前沿行业发展的先锋。同时政府通过完善中小企业评价体系和中小企业梯度培育体系,能够造就一批主营业务突出、竞争能力强、成长性好的企业。专注某一细分市场、具有较强创新能力的"专精特新"企业,抢占未来新兴产业的制高点①。

---

① 《"十四五"促进中小企业发展规划》,http://www.gov.cn/zhengce/zhengceku/2021-12/17/content_5661655.htm。

2. 夯实产业基础，塑造产业竞争优势

第一，针对目前我国产业发展中的薄弱环节和面临的瓶颈制约，定向攻关一批关键核心技术，补齐产业发展的短板。聚焦新一代信息技术、新材料、生物医药等重点行业发展的技术需求，制定科学的技术攻关计划，充分发挥新型举国体制优势，加强企业、研发机构、高校等机构单位的研发合作、协同攻关，实现"一揽子"关键核心技术的突破，破除制约行业发展的技术藩篱。第二，凭借我国在高铁、5G技术、航空航天等部分领域的先发优势，做强优势产业。通过创新继续保持我国优势行业的领先地位，实现关键技术和标准主导，提升国外产业对我国的依赖程度。同时要重视对量子科技、深海深空等未来产业的培育，加强对这些行业核心技术和关键设备的研发投入，实现科技自立自强，建立未来产业发展的先发优势。第三，要加快发展高端装备、数字创意产业、新材料、新能源汽车等战略性新兴产业，通过打造空间集约、创新引领、要素集聚、生态完备的新兴产业园区，实现产业的融合集聚发展。

（四）以惠民为核心，强化政府经济服务功能

1. 加强政务服务中心建设，打造服务型政府

打造服务型政府必然要求政府实现由审批职能向政务服务的转变。政务服务中心是政府依法审批、为民服务的载体，在推进政府职能转变和工作方式变革的过程中发挥着不可代替的关键作用（何文盛等，2019）。一方面，围绕企业的需求，围绕"一件事"形成服务特色。比如，企业注册需要何种服务，就按照企业注册这一件事进行系统的政府服务布局，而不是按照管理方便开展工作，明确政务服务中心主要职责是对各部门进驻审批和服务事项集中办理的组织协调、监督管理和指导服务。切实赋予政务服务中心完整有效的审批权，使其可以按照政府规定的流程、内容处理各项工作。要保证政务服务中心的独立性，减少其他政府职能部门的干预，使其真正成为能代表政府服务于社会大众的服务机构。另一方面，要推进政务服务中心建设，制定标准化的工作实务流程和服务规范，并对政务服务中心工作人员进行业务和流程方面的培训。要加强服务窗口建设，通过改进规章制度实现服务内容、服务流程和服务方式规范化，进一步明确不同窗口的职能和权限，妥善解决好以往诸多窗口之间功能交叉、重复审批等问题，强调政务服务质量，明确服务流程，规范服务方法，从而提高行政审批效率和服务效率。同时也要注重政府服务中心大厅硬件设施建设，设立计算机终端、自助服务终端等，实现线上线下的有效衔接。

2. 推进"互联网＋政务服务"建设，提高政府服务效率

要着力推动"互联网＋政务服务"建设，打通为群众提供政府服务的"最

后一公里",降低服务成本,提高服务效率(翟云,2017)。一方面,"互联网＋政务服务"并不是简单地将政务服务由线下转到线上,而是借助数字技术重塑政府服务的模式,强调一网通办、全程网办、一次办成等服务效率的提高。在互联网与政务服务结合的过程中,政府应创新行政管理方式,优化服务流程和行政管理体系,推出网上受理、办理、管理的"一条龙"服务。要完善一体化线上政务服务平台建设,提高政务服务便捷性,提供在线权威信息发布、办事服务和网上交互等功能,有效整合分散的公共服务资源,逐步实现政务服务事项和社会信息服务的全人群覆盖、全天候受理和"一站式服务"(汪碧刚,2016)。另一方面,建设数据共享交换平台,加快推进各部门、各地区开放政务数据和信息共享,使政务信息在不同部门、层级、区域之间实现互联互通和交换共享,而且加快数据利用,实现跨部门、跨层级和跨区域的并联审批,加快审批进度,提升网上政务服务的效率和质量。在数据资源共享中实现"让信息多跑路,百姓少跑腿"的服务目标,真正实现由管制型政府向服务型政府的转变。

参考文献

[1] 奥利维尔·琼·布兰查德,斯坦利·费舍尔.宏观经济学(高级教程)[M].北京:经济科学出版社,1998.

[2] 奥沙利文.城市经济学[M].周京奎,译.北京:北京大学出版社,2015.

[3] 白暴力.交换价值与自然价格[J].当代经济研究,2005(03):3-7+72.

[4] 白重恩,张琼.中国的资本回报率及其影响因素分析[J].世界经济,2014,37(10):3-30.

[5] 蔡昉.供给侧结构性改革不是西方供给学派的翻版[J].中国人大,2016(19):32-34.

[6] 蔡昉.理解中国经济发展的过去、现在和将来——基于一个贯通的增长理论框架[J].经济研究,2013,48(11):4-16+55.

[7] 蔡昉.中国改革成功经验的逻辑[J].中国社会科学,2018(01):29-44.

[8] 蔡昉.中国经济改革效应分析——劳动力重新配置的视角[J].经济研究,2017,52(07):4-17.

[9] 蔡昉.中国经济面临的转折及其对发展和改革的挑战[J].中国社会科学,2007(03):4-12+203.

[10] 蔡昉.中国经济增长如何转向全要素生产率驱动型[J].中国社会科学,2013(01):56-71+206.

[11] 蔡继明,李亚鹏.劳动异质性与价值决定[J].经济学动态,2011(04):50-55.

[12] 曹磊.互联网+产业风口[M].北京:机械工业出版社,2016.

[13] 曾五一,李想.中国房地产市场价格泡沫的检验与成因机理研究[J].数量经济技术经济研究,2011,28(01):140-151.

[14] 昌忠泽.房地产泡沫、金融危机与中国宏观经济政策的调整[J].经济学家,2010(07):69-76.

［15］陈斌开,陈琳,谭安邦.理解中国消费不足:基于文献的评述[J].世界经济,2014,37(07):3-22.

［16］陈晋.全面深入理解我国社会主要矛盾的变化[J].中国政协,2018(02):40-43.

［17］陈天诚.产业基础、人口流动性好的城市房价上涨动能更大[N].经济参考报,2019-07-12(004).

［18］陈小亮,陈彦斌.供给侧结构性改革与总需求管理的关系探析[J].中国高校社会科学,2016(03):67-78+156-157.

［19］陈晓晖,姚舜禹.高质量供给与高质量需求有效对接是供给侧改革之旨归[J].当代经济管理,2022,44(08):17-22.

［20］陈雄,杜义华,王闰强.一体化政务信息传播平台建设实践[J].计算机系统应用,2021,30(04):82-87.

［21］陈勇.房地产并未绑架中国实体经济[N].第一财经日报,2012-01-30.

［22］陈长.数字化赋能新时代金融供给侧结构性改革:逻辑、特征与路径[J].西安财经大学学报,2022,35(02):50-61.

［23］迟福林.以供给侧结构性改革推动"十三五"转型升级[C]//厉以宁,周其仁,张维迎,等.供给侧改革引领"十三五"(论文集).北京:中信出版社,2016:161-171.

［24］崔健.日本供给侧结构性改革的时机、措施与效果研究[J].日本学刊,2019(03):87-110.

［25］党倩娜.20世纪80年代以来美国结构性改革政策与措施[EB/OL].[2016-10-25].http://www.istis.sh.cn/list/list.aspx?id=10246.

［26］邓忠奇,高廷帆,朱峰.地区差距与供给侧结构性改革——"三期叠加"下的内生增长[J].经济研究,2020,55(10):22-37.

［27］翟云.基于"互联网＋政务服务"情境的数据共享与业务协同[J].中国行政管理,2017(10):64-68.

［28］丁志国,黄禹喆,张宇晴.供给侧结构性改革、货币政策传导与产业结构优化[J].西安交通大学学报(社会科学版),2022,42(01):58-67.

［29］丁志国,张炎炎,任浩锋,徐德财.供给侧结构性改革对房地产行业的"去库存"效应研究[J].中南大学学报(社会科学版),2022,28(01):83-99.

［30］樊纲.现代三大经济理论体系的比较与综合[M].上海:格致出版社,2015:135.

［31］范亚莉,李云淑,覃朝晖,丁志国.脱实向虚会助推实体企业加杠杆

吗?——基于供给侧结构性改革视角[J].上海金融,2022(05):40-49.

[32] 方晋.财政政策要在供给侧改革中发力[N].中国经济时报,2016-02-19(005).

[33] 方兴起.西方主流宏观经济分析的微观化——一种马克思主义经济学的解析[J].中国社会科学,2007(02):19-31+204.

[34] 菲利普·阿格因,彼得·豪伊特.增长经济学[M].北京:中国人民大学出版社,2011.

[35] 冯娟.基于价值规律的我国供给侧结构性改革研究[J].当代经济管理,2021,43(03):17-24.

[36] 冯明."十四五"时期畅通国民经济循环的理论逻辑与战略取向[J].经济体制改革,2022,No.232(01):12-19.

[37] G20.二十国集团深化结构性改革议程[EB/OL].[2016-09-16].http://world.people.com.cn/n1/2016/0906/c1002-28693131.html.

[38] 高波,陈健,邹琳华.区域房价差异、劳动力流动与产业升级[J].经济研究,2012,47(01):66-79.

[39] 高照军,张宏如.供给侧结构性改革下制造业服务化与企业生产率的关系研究[J].科研管理,2022,43(01):49-60.

[40] 郭金兴.房地产的虚拟资产性质及其中外比较[J].上海财经大学学报,2004(02):45-52.

[41] 郭威,盛继明.金融供给侧结构性改革与制造业高质量发展——失衡表现与路径选择[J].金融论坛,2021,26(09):6-14+48.

[42] 郭威.扩内需亟待提高居民财产性收入[J].中国金融,2021(03):68-69.

[43] 郭豫媚,陈彦斌.中国潜在经济增长率的估算及其政策含义:1979—2020[J].经济学动态,2015(02):12-18.

[44] 国家统计局综合司课题组.关于房地产对国民经济影响的初步分析[J].管理世界,2005(11):30-33.

[45] 哈耶克.个人主义与经济秩序[M].北京:北京大学出版社,1989.

[46] 韩保江,韩心灵."中国式"产能过剩的形成与对策[J].改革,2017(04):59-69.

[47] 杭斌,闫新华.经济快速增长时期的居民消费行为——基于习惯形成的实证分析[J].经济学(季刊),2013,12(04):1191-1208.

[48] 何大安.大数据思维改变人类认知的经济学分析[J].社会科学战线,2018(01):47-57+281-282.

[49] 何大安.互联网应用扩张与微观经济学基础——基于未来"数据与数据对话"的理论解说[J].经济研究,2018,53(08):177-192.

[50] 何琨玫,赵景峰.供给侧结构性改革背景下数据赋能驱动产业结构升级的机制与效应[J].经济体制改革,2022,No.235(04):95-103.

[51] 何明升.中国网络治理的定位及现实路径[J].中国社会科学,2016(07):112-119.

[52] 何文盛,姜雅婷,唐序康.行政审批制度改革可以提升地方政府绩效吗?——基于中国15个副省级城市2001—2015年面板数据的分析[J].公共行政评论,2019,12(03):118-138+192-193.

[53] 洪京一.工业和信息化蓝皮书:移动互联网产业发展报告(2014—2015)[M].北京:社会科学文献出版社,2015.

[54] 洪银兴.消费需求、消费力、消费经济和经济增长[J].中国经济问题,2013(01):3-8.

[55] 洪银兴.准确认识供给侧结构性改革的目标和任务[J].中国工业经济,2016(06):14-21.

[56] 胡鞍钢,鲁钰锋,周绍杰,等.供给侧结构性改革的三大逻辑[J].国家行政学院学报,2016b(06):28-34+125-126.

[57] 胡鞍钢,周绍杰,任皓.供给侧结构性改革——适应和引领中国经济新常态[J].清华大学学报(哲学社会科学版),2016,31(02):17-22+195.

[58] 胡青,徐梦周,程杨.知识距离、协同能力与企业数字化转型绩效——基于浙江中小企业的多案例研究[J].江西财经大学学报,2021(03):29-42.

[59] 花俊国,刘畅,朱迪.数字化转型、融资约束与企业全要素生产率[J].南方金融,2022,No.551(07):54-65.

[60] 黄静,屠梅曾.房地产财富与消费:来自于家庭微观调查数据的证据[J].管理世界,2009(07):35-45.

[61] 黄玖立,李坤望.出口开放、地区市场规模和经济增长[J].经济研究,2006(06):27-38.

[62] 黄少安,陈斌开,刘姿彤."租税替代"、财政收入与政府的房地产政策[J].经济研究,2012,47(08):93-106+160.

[63] 黄益平.没有产业支撑的增长都是空谈[C]//吴敬琏,等.供给侧改革——经济转型重塑中国布局论文集.北京:中国文史出版社,2016,26-31.

[64] 霍奇森.资本主义、价值和剥削[M].北京:商务印书馆,2013.

[65] 霍伟东,陈若愚,林帆.论全球价值链分工下中国外贸之供给侧改革

[J].国际贸易,2018(03):27-31.

[66] 纪念改革开放40周年系列选题研究中心,王佳宁,盛朝迅.重点领域改革节点研判:供给侧与需求侧[J].改革,2016(01):35-51.

[67] 纪志宏.我国产能过剩风险及治理[J].新金融评论,2015(01):1-24.

[68] 加里·M.沃尔顿,休·罗考夫.美国经济史[M].王钰,等译.北京:中国人民大学出版社,2013:272-274.

[69] 贾康,苏京春."三驾马车"认知框架需对接供给侧的结构性动力机制构建——关于宏观经济学的深化探讨[J].全球化,2015(03):63-69+117+132.

[70] 贾康,苏京春.供给侧改革:新供给经济简明读本[M].北京:中信出版社,2015.

[71] 贾康,苏京春.论供给侧改革[J].管理世界,2016(03):1-24.

[72] 贾康.以制度供给为核心,推进改革优化供给侧环境机制[C]//厉以宁,周其仁,张维迎,等.供给侧改革引领"十三五"(论文集).北京:中信出版社,2016:118-124.

[73] 江小涓.高度联通社会中的资源重组与服务业增长[J].经济研究,2017,52(03):4-17.

[74] 蒋博,李明.习近平关于构建"双循环"新发展格局重要论述的四维价值向度[J].江西财经大学学报,2022(01):3-11.

[75] 蒋永穆,祝林林.构建新发展格局:生成逻辑与主要路径[J].兰州大学学报(社会科学版),2021,49(01):29-38.

[76] 杰里米·里夫金.第三次工业革命[M].张体伟,孙豫宁,译.北京:中信出版社,2012:282.

[77] 杰伦·拉尼尔.互联网冲击:互联网思维与我们的未来[M].北京:中信出版社,2014.

[78] 金碚.科学把握供给侧结构性改革的深刻内涵[N].人民日报,2017-03-07.

[79] 金德尔伯格.经济过热、经济恐慌及经济崩溃:金融危机史[M].北京:北京大学出版社,2000:278-287.

[80] 金光旭.我国基础设施建设发展现状及建设性意见[J].改革与开放,2013(21):48+63.

[81] 靳涛,陈雯.房地产与国民经济:谁要挟了谁——基于日本战后29年数据的实证研究[J].学术研究,2009(06):76-81.

[82] 鞠蕾,高越青,王立国.供给侧视角下的产能过剩治理:要素市场扭曲与产能过剩[J].宏观经济研究,2016(05):3-15+127.

[83] 康达华.习近平供给侧结构性改革思想的政治经济学解析[J].探求,2017(03):24-29.

[84] 况伟大.中国住房市场存在泡沫吗[J].世界经济,2008(12):3-13.

[85] 况伟大.租售比与中国城市住房泡沫[J].经济理论与经济管理,2016(02):46-58.

[86] 李栋.里根经济学的政策实践及启示[J].财政研究,2012(01):79-81.

[87] 李广乾.中国信息化建设的理论与政策研究[M].北京:电子工业出版社,2016.

[88] 李海舰,田跃新,李文杰.互联网思维与传统企业再造[J].中国工业经济,2014(10):135-146.

[89] 李海明.一个古典-马克思经济增长模型的中国经验[J].经济研究,2014,49(11):159-169.

[90] 李宏彬,李杏,姚先国,张海峰,张俊森.企业家的创业与创新精神对中国经济增长的影响[J].经济研究,2009,44(10):99-108.

[91] 李郇,洪国志,黄亮雄.中国土地财政增长之谜——分税制改革、土地财政增长的策略性[J].经济学(季刊),2013,12(04):1141-1160.

[92] 李锦.供给侧改革当务之急是建立动力机制[N].企业家日报,2016-02-19(W03).

[93] 李兰.影响中国企业创新的主要因素及政策建议[C]//吴敬琏,等.供给侧改革——经济转型重塑中国布局(论文集).北京:中国文史出版社,2016:266-276.

[94] 李培林,朱迪.努力形成橄榄型分配格局——基于2006—2013年中国社会状况调查数据的分析[J].中国社会科学,2015(01):45-65+203.

[95] 李善友.互联网不只是工具,会颠覆传统企业[EB/OL].[2014-09-18].http://it.people.com.cn/n/2014/0918/c1009-25683613.html.

[96] 李世刚,尹恒.寻租导致的人才误配置的社会成本有多大?[J].经济研究,2014,49(07):56-66.

[97] 李扬.供给侧改革该如何破题——权威专家在中国发展高层论坛2016年年会上的发言摘登[N].经济日报,2016-03-20.

[98] 李月,周密.跨越中等收入陷阱研究的文献综述[J].经济理论与经济管理,2012(09):64-72.

[99] 李正全.发达国家政府干预房地产市场的政策、演变趋势及其借鉴意义[J].世界经济研究,2005(05):63－67＋72.

[100] 李佐军.正确理解供给侧结构性改革[C]//吴敬琏,周其仁,张维迎,等.供给侧改革引领"十三五"(论文集).北京:中信出版社,2016a:65－69.

[101] 李佐军.制度变革令三大发动机释放新红利[C]//厉以宁,周其仁,张维迎,等.供给侧改革引领"十三五"(论文集).北京:中信出版社,2016b:90－107.

[102] 厉以宁.国企改革是供给侧结构性改革的当务之急[J].理论导报,2016(03):62.

[103] 梁云芳,高铁梅,贺书平.房地产市场与国民经济协调发展的实证分析[J].中国社会科学,2006(03):74－84＋205－206.

[104] 廖海勇,陈璋.房地产二元属性及财富效应的区域差异研究[J].财贸研究,2015,26(01):47－54.

[105] 廖清成,冯志峰.供给侧结构性改革的认识误区与改革重点[J].求实,2016(04):54－60.

[106] 林卫斌,苏剑.供给侧改革的性质及其实现方式[J].价格理论与实践,2016(01):16－19.

[107] 林毅夫,陈斌开.发展战略、产业结构与收入分配[J].经济学(季刊),2013,12(04):1109－1140.

[108] 林毅夫,任若恩.东亚经济增长模式相关争论的再探讨[J].经济研究,2007(08):4－12＋57.

[109] 林毅夫.经济放缓主要不是体制机制问题[J].资源再生,2016(03):76－80.

[110] 林毅夫.新结构经济学:反思经济发展与政策的理论框架[M].北京:北京大学出版社,2012.

[111] 林毅夫.新结构经济学——重构发展经济学的框架[J].经济学(季刊),2011,10(01):1－32.

[112] 林毅夫.中国经济发展要走比较优势之路[J].经济导刊,2013(Z5):50－53.

[113] 凌维慈.规制抑或调控:我国房地产市场的国家干预[J].华东政法大学学报,2017,20(01):35－45.

[114] 刘鹤.把实施扩大内需战略同深化供给侧结构性改革有机结合起来[N].人民日报,2022-11-04(006).

[115] 刘鹤.必须实现高质量发展[N].人民日报,2021-11-24(006).

[116] 刘鹤.坚持和完善社会主义基本经济制度[N].人民日报,2019-11-22.

[117] 刘生龙,胡鞍钢.基础设施的外部性在中国的检验:1988—2007[J].经济研究,2010,45(03):4-15.

[118] 刘世佳,曲阳阳.创新宏观政策调控方式保持经济行稳致远[J].奋斗,2021,(06):28-30.

[119] 刘世锦.多么痛的领悟:房价腰斩一次会怎样[C].中国金融四十人论坛,2017.

[120] 刘世锦.经济有很大可能一两年内成功触底[N].人民日报,2016-08-16.

[121] 刘涛雄,徐晓飞.互联网搜索行为能帮助我们预测宏观经济吗?[J].经济研究,2015,50(12):68-83.

[122] 刘伟,蔡志洲.经济增长新常态与供给侧结构性改革[J].求是学刊,2016,43(01):56-65.

[123] 刘伟,陈彦斌.2020—2035年中国经济增长与基本实现社会主义现代化[J].中国人民大学学报,2020,34(04):54-68.

[124] 刘伟.经济新常态与供给侧结构性改革[J].管理世界,2016(07):1-9.

[125] 刘伟.习近平新时代中国特色社会主义经济思想的内在逻辑[J].经济研究,2018,53(05):4-13.

[126] 刘霞辉.从马尔萨斯到索洛:工业革命理论综述[J].经济研究,2006(10):108-119.

[127] 刘霞辉.供给侧的宏观经济管理——中国视角[J].经济学动态,2013(10):9-19.

[128] 刘英基.制度环境、知识资本与制造业出口复杂度提升[J].科研管理,2019,40(06):144-152.

[129] 柳思维.略论新发展格局下形成供给需求更高水平的动态平衡[J].湖南社会科学,2021(02):35-40.

[130] 柳欣.经济学与中国经济[M].北京:人民出版社,2006:47-49.

[131] 鲁品越."供给侧结构性改革"在思想和实践上的新贡献[J].马克思主义研究,2020(02):82-90+164.

[132] 陆岷峰,徐博欢.普惠金融:发展现状、风险特征与管理研究[J].当代经济管理,2019,41(03):73-79.

[133] 陆明涛,袁富华,张平.经济增长的结构性冲击与增长效率:国际比

较的启示[J].世界经济,2016,39(01):24-51.

[134] 陆铭,张航,梁文泉.偏向中西部的土地供应如何推升了东部的工资[J].中国社会科学,2015(05):59-83＋204-205.

[135] 路风,余永定."双顺差"、能力缺口与自主创新——转变经济发展方式的宏观和微观视野[J].中国社会科学,2012(06):91-114＋207.

[136] 罗珉,李亮宇.互联网时代的商业模式创新:价值创造视角[J].中国工业经济,2015(01):95-107.

[137] 罗纳德·哈里·科斯,王宁.变革中国——市场经济的中国之路[M].徐尧,李哲民,译.北京:中信出版社,2013.

[138] 吕明元,麻林霄."十四五"时期我国数字经济与实体经济融合的发展趋势、问题与对策建议[J].决策与信息,2022(02):66-71.

[139] 马化腾等.互联网＋:国家战略行动路线图[M].北京:中信出版社,2015.

[140] 马克·波斯特.第二媒介时代[M].南京:南京大学出版社,2000.

[141] 马克思,恩格斯.马克思恩格斯全集[M].北京:人民出版社,1973:581.

[142] 马克思,恩格斯.马克思恩格斯选集(第2卷)[M].北京:人民出版社,1995.

[143] 马克思.资本论(第二卷)[M].北京:人民出版社,2004.

[144] 马克思.剩余价值理论[M].莫斯科:莫斯科出版社,1968:225-226.

[145] 马克思.资本论[M].郭大力,王亚南,译.上海:上海三联书店,2011.

[146] 马晓河,郭丽岩,付保宗,等.推进供给侧结构性改革的基本理论与政策框架[J].宏观经济研究,2017(03):3-15＋157.

[147] 马永强,张志远,巩亚林.去产能促进企业创新了吗?[J].科研管理,2022,43(01):79-88.

[148] 吕天玲,鄢秀钦.新政真能根本解决楼市泡沫问题吗?[N].南方日报,2010-04-22.

[149] 莫开伟.化解产能过剩重在构建配套政策体系[N].证券时报,2013-10-29(A03).

[150] 聂辉华,李翘楚.中国高房价的新政治经济学解释——以"政企合谋"为视角[J].教学与研究,2013(01):50-62.

[151] 欧阳洁,王观.银行的钱岂能"虚投空转"?[N]人民日报,2017-02-13.

[152] 逄锦聚.经济发展新常态中的主要矛盾和供给侧结构性改革[J].政治经济学评论,2016,7(02):49-59.

[153] 彭俞超,黄志刚.经济"脱实向虚"的成因与治理:理解十九大金融体制改革[J].世界经济,2018,41(09):3-25.

[154] 彭镇华,习明明.金融结构、外商直接投资与资本配置效率——基于金融供给侧结构性改革视角[J].深圳大学学报(人文社会科学版),2018,35(02):53-64.

[155] 祁晓冬.从基数效用模型导出的个人需求函数[J].经济研究,1996(12):69-77.

[156] 人民日报独家专访.七问供给侧结构性改革[N].人民日报,2016-01-04.

[157] 任保平,苗新宇.中国供给侧结构性改革的绩效评价研究[J].中国软科学,2022,No.380(08):19-30.

[158] 任保平.我国供给侧结构性改革的本质:体制改革[J].社会科学辑刊,2017(02):21-28+2.

[159] 任泽平.德国供给侧改革时期的调整、应对与经验[J].理论学习,2016(04):52-53.

[160] 荣晨.构建新发展格局的基本理论:内涵和逻辑体系[J].宏观经济研究,2022,No.278(01):43-54.

[161] 沙洛姆·格罗,张开."使用价值"在马克思经济分析中的积极作用[J].政治经济学评论,2011,2(04):145-176.

[162] 邵新建,巫和懋,江萍,等.中国城市房价的"坚硬泡沫"——基于垄断性土地市场的研究[J].金融研究,2012(12):67-81.

[163] 水木然,廖永胜.中国经济玄机大起底,财富正流向哪里?[EB/OL].[2017-02-11].https://www.jiemian.com/article/1108815.html.

[164] 宋春合,吴福象.相机抉择、房价预期与地方政府房地产市场干预[J].经济问题探索,2017(01):9-15.

[165] 宋涛.政治经济学教程[M].北京:中国人民大学出版社,2013:7.

[166] 苏京春,王琰.美国二战后六轮减税的逻辑及演进中的宏观调控——兼论对我国供给侧结构性改革与宏观调控抉择的启示[J].华中师范大学学报(人文社会科学版),2019,58(04):38-50.

[167] 孙育平.企业数字化转型的特征、本质及路径探析[J].企业经济,2021,40(12):35-42.

[168] 田正,武鹏.供给侧结构性改革的路径:日本的经验与启示[J].日

本学刊,2019(03):111-135.

[169] 汪碧刚.一核多元,融合共治:2016年中国智慧社区发展报告[M].北京:中国社会出版社,2016.

[170] 王春元,方齐云.城市化对城乡居民收入的影响[J].城市问题,2014(02):2-7.

[171] 王国军,刘水杏.房地产业对相关产业的带动效应研究[J].经济研究,2004(08):38-47.

[172] 王洪涛,陆铭.供需平衡、动能转换与制造业高质量发展[J].江苏社会科学,2020(04):128-136.

[173] 王庆芳.我国房地产价格、经济增长与信贷扩张研究——基于房地产双重资产属性的分析[J].现代财经(天津财经大学学报),2015,35(01):32-44.

[174] 王如玉,梁琦,李广乾.虚拟集聚:新一代信息技术与实体经济深度融合的空间组织新形态[J].管理世界,2018,34(02):13-21.

[175] 王文春,荣昭.房价上涨对工业企业创新的抑制影响研究[J].经济学(季刊),2014,13(02):465-490.

[176] 王小广.供给侧结构性改革:本质内涵、理论源流和时代使命[J].中共贵州省委党校学报,2016(02):82-87.

[177] 王小鲁.走出经济困境,关键在于改革[J].国际融资,2016(06):70-73.

[178] 王一鸣.中国经济新一轮动力转换与路径选择[J].管理世界,2017(02):1-14.

[179] 王长明,赵景峰.创新模式选择、技术环境支持与供给侧结构性改革[J].现代经济探讨,2022,No.488(08):88-101.

[180] 威廉·鲍莫尔.企业家精神[M].武汉:武汉大学出版社,2010.

[181] 卫兴华.澄清供给侧结构性改革的几个认识误区[N].人民日报,2016-04-20(007).

[182] 魏杰.深度剖析中央决策层2017年中国经济主要思路[N].内部会议,2017.

[183] 魏玮,张兵.供给侧改革对中国潜在经济增长率的影响研究[J].西安交通大学学报(社会科学版),2022,42(01):68-75.

[184] 吴基传.对互联网的几点认识[N].人民邮电,2015-01-20(008).

[185] 吴敬琏.经济面临的挑战和选择[C]//吴敬琏,等.供给侧改革——经济转型重塑中国布局论文集.北京:中国文史出版社,2016:2-19.

[186] 吴敬琏.我对当下中国改革的一些看法[EB/OL].[2016-02-08].https://finance.sina.com.cn/zl/china/20160208/150924277664.shtml.

[187] 吴敬琏.中国经济面临的挑战和选择[C]//吴敬琏,等.供给侧改革——经济转型重塑中国布局(论文集).北京:中国文史出版社,2016:2-19.

[188] 习近平.高举中国特色社会主义伟大旗帜　为全面建设社会主义现代化国家而团结奋斗[N].人民日报,2022-10-26(001).

[189] 习近平.决胜全面建成小康社会夺取新时代中国特色社会主义伟大胜利[N].人民日报,2017-10-28.

[190] 习近平.习近平主持召开中央财经领导小组第十二次会议[EB/OL].[2016-01-16].http://www.gov.cn/xinwen/2016-01/26/content_5036419.htm.

[191] 习近平.在省部级主要领导干部学习贯彻党的十八届五中全会精神专题研讨班上的讲话[N].人民日报,2016-05-10.

[192] 席鹏辉,梁若冰,谢贞发,苏国灿.财政压力、产能过剩与供给侧改革[J].经济研究,2017,52(09):86-102.

[193] 袭祥德,马吉英.实业迷途[J].中国企业家,2012(16):48-53+14.

[194] 肖作平,尹林辉.我国个人住房消费影响因素研究:理论与证据[J].经济研究,2014,49(S1):66-76.

[195] 谢康,吴瑶,肖静华,等.组织变革中的战略风险控制——基于企业互联网转型的多案例研究[J].管理世界,2016(02):133-148+188.

[196] 谢世清,许弘毅.日本供给侧结构性改革及对中国的启示[J].国际贸易,2017(07):24-28.

[197] 谢重娜,于华金.英国供给侧改革的启示[N].金融时报,2016-12-12(012).

[198] 徐朝阳,白艳,王韡.要素市场化改革与供需结构错配[J].经济研究,2020,55(02):20-35.

[199] 徐朝阳.找准供给侧改革的发力点和突破口[J].中国机构改革与管理,2016(03):48.

[200] 徐汉明,张新平.网络社会治理的法治模式[J].中国社会科学,2018(02):48-71+205.

[201] 徐争荣."互联网+"时代传统行业的创新与机遇分析[J].互联网天地,2015(05):1-5.

[202] 许宪春,贾海,李皎,李俊波.房地产经济对中国国民经济增长的作用研究[J].中国社会科学,2015(01):84-101+204.

[203] 亚伯拉罕·马斯洛.动机与人格[M].许金声,等译.北京:中国人民大学出版社,2007.

[204] 严成樑.社会资本、创新与长期经济增长[J].经济研究,2012,47(11):48-60.

[205] 严九元.中国对2016年经济改革行动指南释放微妙信号[N].中华工商时报,2016-01-07(003).

[206] 杨飞虎,张玉雯,龚子浩.双循环格局下城镇化高质量发展实现路径[J].江西社会科学,2021,41(06):89-95.

[207] 杨贺,马微,徐璋勇.新发展格局下如何协调推进稳增长和稳杠杆——基于金融供给侧结构性改革的视角[J].经济学家,2022,No.283(07):87-97.

[208] 杨建荣.住房价格中的投资属性与消费属性研究[D].中国社会科学院研究生院,2012.

[209] 杨丽君,邵军.新常态下德国工业4.0对我国供给侧改革的启示[J].现代经济探讨,2016(04):10-14.

[210] 杨柳,李力,吴婷.预期冲击与中国房地产市场波动异象[J].经济学(季刊),2017,16(01):321-348.

[211] 杨盼盼.G20结构性改革的进展与评述[J].国际经济评论,2016(05):48-67+5.

[212] 杨伟民.构建新发展格局的意义、内涵和任务[J].中国经济报告,2021,No.126(04):145-148.

[213] 杨伟民.适应引领经济发展新常态 着力加强供给侧结构性改革[J].宏观经济管理,2016(01):4-6.

[214] 杨赞,张欢,赵丽清.中国住房的双重属性:消费和投资的视角[J].经济研究,2014,49(S1):55-65.

[215] 杨志强,张炎.构建移动互联网应用基础设施——打造"开放花园"[J].中兴通讯技术,2009,15(04):1-4+18.

[216] 叶双瑜.关于供给侧结构性改革的几点思考[J].发展研究,2015(12):4-7.

[217] 叶伟强.房价之谜[N].巨读会,2017-03-05.

[218] 伊斯雷尔·柯兹纳.竞争与企业家精神[M].刘业进,译.杭州:浙江大学出版社,2013.

[219] 易先忠,张亚斌,刘智勇.自主创新、国外模仿与后发国知识产权保护[J].世界经济,2007(03):31-40.

［220］易宪容.论住房市场的内在本质、功能边界与价格走势［J］.江海学刊,2012(03):81－89.

［221］勇非.如何理解马克思关于企业家生产劳动的论述［J］.团结,2001(02):28－31.

［222］于扬.中国互联网产业发展年鉴［M］.北京:地震出版社,2014.

［223］余斌,吴振宇.供需失衡与供给侧结构性改革［J］.管理世界,2017(08):1－7.

［224］余淼杰,王廷惠,任保平,等.深入学习贯彻党的二十大精神笔谈［J］.经济学动态,2022,No.742(12):3－22.

［225］袁富华.长期增长过程的"结构性加速"与"结构性减速":一种解释［J］.经济研究,2012,47(03):127－140.

［226］袁怀宇,李凤琦."双碳"目标影响供给侧结构性改革的机制与应对策略［J］.理论探讨,2022,No.224(01):140－145.

［227］袁晓玲,李彩娟,李朝鹏.中国经济高质量发展研究现状、困惑与展望［J］.西安交通大学学报(社会科学版),2019,39(06):30－38.

［228］岳立,杨帆.新常态下中国能源供给侧改革的路径探析——基于产能、结构和消费模式的视角［J］.经济问题,2016(10):1－6＋97.

［229］詹姆斯·M.亨德森,理查德·E.匡特.中级微观经济理论［M］.北京:北京大学出版社,1988.

［230］张柏春,姚芳,张久春,等.苏联向中国的技术转移(1949—1966)［M］.济南:山东教育出版社,2004.

［231］张蓓.农产品供给侧结构性改革的国际镜鉴［J］.改革,2016(05):123－130.

［232］张德荣."中等收入陷阱"发生机理与中国经济增长的阶段性动力［J］.经济研究,2013,48(09):17－29.

［233］张金鹏.异化劳动理论与古典经济学关系辨析［J］.江苏科技大学学报(社会科学版),2012,12(04):10－15.

［234］张来明,李建伟.促进共同富裕的内涵、战略目标与政策措施［J］.改革,2021(09):16－33.

［235］张茉楠.国际创新创业发展战略新趋势及启示［J］.宏观经济管理,2016(01):85－88.

［236］张平,王楠.地方政府专项债券逆经济周期调节能力提升研究［J］.经济纵横,2020(08):108－115.

［237］张平."结构性"减速下的中国宏观政策和制度机制选择［J］.经济

学动态,2012(10):3-9.

[238] 张涛,龚六堂,卜永祥.资产回报、住房按揭贷款与房地产均衡价格[J].金融研究,2006(02):1-11.

[239] 张勋,万广华,张佳佳,何宗樾.数字经济、普惠金融与包容性增长[J].经济研究,2019,54(08):71-86.

[240] 张亚光,毕悦.中国式现代化的百年探索与实践经验[J].管理世界,2023,39(01):41-56.

[241] 张永林.互联网、信息元与屏幕化市场——现代网络经济理论模型和应用[J].经济研究,2016,51(09):147-161.

[242] 张永林.网络、信息池与时间复制——网络复制经济模型[J].经济研究,2014,49(02):171-182.

[243] 张志元,马永凡,胡兴存.金融供给侧改革与新旧动能转换的耦合效应研究——以山东省为例[J].东岳论丛,2018,39(10):43-53.

[244] 赵昌文.以推动高质量发展为主题做好经济工作[J].红旗文稿,2023,No.481(01):10-14+1.

[245] 赵丽娜,吕擎.我国产业转型升级与构建产业新体系[J].理论学刊,2016(06):54-62.

[246] 赵幼力.供给侧结构性改革的宏微观视角[G]//吴敬琏,等.供给侧改革——经济转型重塑中国布局(论文集).北京:中国文史出版社,2016.

[247] 赵志耘.以科技创新引领供给侧结构性改革[J].中国软科学,2016(09):1-6.

[248] 郑永年.中国需要什么样的有效供给[J].中国商界,2016(04):70-75.

[249] 中国经济增长前沿课题组.中国经济增长的低效率冲击与减速治理[J].经济研究,2014,49(12):4-17+32.

[250] 钟裕民.农村公共产品供给侧结构性改革框架与实现机制[J].当代经济管理,2017,39(11):48-53.

[251] 仲怀公,乔雅婷,王瑾昱玥.房地产去库存政策落实跟踪审计探究[J].财会通讯,2022,No.887(03):134-137.

[252] 周建成.房地产:属性嬗变、投资活动与市场演进[J].财贸经济,2007(08):115-120.

[253] 周密,郭佳宏,朱俊丰.脱实向虚、企业家劳动异质与供给侧结构性改革[J].改革,2021(01):92-108.

[254] 周密,胡清元,边杨.扩大内需战略同供给侧结构性改革有机结合

的逻辑框架与实现路径[J].经济纵横,2021(09):34 - 42.

[255] 周密,刘秉镰.供给侧结构性改革为什么是必由之路？——中国式产能过剩的经济学解释[J].经济研究,2017,52(02):67 - 81.

[256] 周密,刘霞辉.不同市场条件下资源配置方式的演进研究——兼论供给侧结构性改革中供给侧应该如何变[J].政治经济学评论,2018,9(05):20 - 50.

[257] 周密,盛玉雪.互联网时代供给侧结构性改革的主导性动力:工业化传统思路的局限[J].中国工业经济,2018(04):39 - 58.

[258] 周密,张伟静.国外结构性改革新进展及其启示[J].经济学动态,2018(05):129 - 143.

[259] 周密,朱俊丰,郭佳宏.供给侧结构性改革的实施条件与动力机制研究[J].管理世界,2018,34(03):11 - 26＋37.

[260] 周云.美国小布什总统医疗保障改革方案浅析[J].国外医学(卫生经济分册),2005(02):49 - 55.

[261] 朱方明,蔡彭真.供给侧结构性改革如何提升制造业供给质量？[J].上海经济研究,2022,No.402(03):63 - 76.

[262] 朱海就.真正的市场:行动与规则的视角[M].上海:上海三联书店,2021.

[263] 朱彤.外部性、网络外部性与网络效应[J].经济理论与经济管理,2001(11):60 - 64.

[264] 庄子银.创新、企业家活动配置与长期经济增长[J].经济研究,2007(08):82 - 94.

[265] 庄子银.企业家精神、持续技术创新和长期经济增长的微观机制[J].世界经济,2005(12):32 - 43＋80.

[266] 踪家峰,刘岗,贺妮.中国财政支出资本化与房地产价格[J].财经科学,2010(11):57 - 64.

[267] 佐牧.论我国经济体制改革的"目标"和"底线"[J].经济研究,1990(01):15 - 20.

[268] Aarle B V. Structural reforms and fiscal adjustments: policy options for the euro area[J]. Journal of Economic Policy Reform, 2013, 16(4):320 - 335.

[269] Acemoglu D, Johnson S, Robinson J. The rise of Europe: atlantic trade, institutional change, and economic growth[J]. American Economic Review, 2005, 95(3):546 - 579.

[270] Adamopoulos T, Restuccia D. The size distribution of farms and international productivity differences[J]. American Economic Review, 2014, 104(6): 1667 - 1697.

[271] Agénor P R, Canuto O. Access to finance, product innovation and middle-income growth traps[J].The World Bank Policy Research Working Paper, 2014, No.6767.

[272] Agénor P R, Canuto O. Middle-income growth traps[J].Research in Economics, 2015, 69(4):641 - 660.

[273] Aghion P, Bacchetta P, Rancière R, et al. Exchange rate volatility and productivity growth: the role of financial development[J]. Journal of Monetary Economics, 2009, 56(4):494 - 513.

[274] Aghion P, Blanchard O J. On the speed of transition in Central Europe[J]. Nber Macroeconomics Annual, 1994, 9(9):283 - 320.

[275] Aghion P, Howitt P, Myer-Foulkes D. The effect of financial development on convergence: theory and evidence[J]. Quaterly Journal of Economics, 2005, 120(1):173 - 222.

[276] Aghion P, Howitt P. Endogenous growth theory[M]. Cambridge, MA: MIT Press, 1998.

[277] Agnello L, Castro V, Jalles J T, et al. What determines the likelihood of structural reforms? [J]. European Journal of Political Economy, 2015, 37:129 - 145.

[278] Agnello L, Schuknecht L. Booms and busts in housing markets: determinants and implications[J]. Journal of Housing Economics, 2010, 20: 171 - 190.

[279] Anderson D, Barkbu B, Lusinyan L, et al. Assessing the gains from structural reforms for jobs and growth[M]//Schindler M, Bakker B, Berger H. Jobs and growth: supporting the European recovery. Washington: International Monetary Fund, 2014, 151 - 172.

[280] Andrés L, Cuberes D, Diouf M, et al. The diffusion of the Internet: a cross-country analysis[J]. Telecommunications Policy, 2010, 34(5): 323 - 340.

[281] Antonio S, Natasha X C. Structural reforms and regional convergence[R]. IMF Working Paper, 2012, No.106.

[282] Antonopoulos C, Sakellaris P. The contribution of information and

communication technology investments to Greek economic growth: an analytical growth accounting framework [J]. Information Economics and Policy, 2009, 21:171-191.

[283] Arnold J M, Wörgötter A. Structural reforms and the benefits of the enlarged EU internal market: still much to be gained [J]. Applied Economics Letters, 2011, 18(13):1231-1235.

[284] Assane D, Chiang E P. Trade, structural reform, and institutions in Sub-Saharan Africa[J]. Contemporary Economic Policy, 2014, 32(1): 20-29.

[285] Babecky J, Campos N F. Does reform work? An econometric survey of the reform-growth puzzle[J]. Journal of Comparative Economics, 2011, 39(2):140-158.

[286] Babecky J, Havranek T. Structural reforms and growth in transition[J]. Economics of Transition, 2014, 22(1):13-42.

[287] Bai C E, Hsieh C T, Qian Y. The return to capital in China[J]. NBER Working Paper, 2006, No.12755.

[288] Bandt O D, Vigna O. The macroeconomic impact of structural reforms[J]. Quarterly Selection of Articles-Bulletin de la Banque de France, 2008, 11:5-32.

[289] Bassanini A, Duval R. Unemployment, institutions, and reform complementarities: reassessing the aggregate evidence for OECD countries[J]. Post-Print, 2009, 25(1):40-59.

[290] Baumol W B. Macroeconomics of unbalanced growth: the anatomy of urban crisis[J]. The American Economic Review, 1967, 57(3):415-426.

[291] Behrman J, Srinivasan TN. Part 9:Policy reform, stabilization, structural adjustment and growth[J]. Handbook of Development Economics, 1995, 3:2467-2496.

[292] Belke A, Vogel L. Monetary commitment and structural reforms: a dynamic panel analysis for transition economies[J]. International Economics & Economic Policy, 2015, 12(3):375-392.

[293] Benhabib J, Rogerson R, Wright R. Homework inmacro-economics: household production and aggregate fluctuations[J]. Journal of Political Economy, 1991, 99(6):1166-1187.

[294] Berger T, Frey C B. Did the computer revolution shift the fortunes

of U.S. cities? Technology shocks and the geography of new jobs[J]. Regional Science & Urban Economics, 2015, 57:38 – 45.

[295] Bhagwati J. The "miracle" that did happen: understanding East Asia in comparative perspective[M]//Thorbecke E, Wan H. Taiwan's development experience: lessons on roles of government and market. New York: Springer US, 1999.

[296] Bhattacharya R. Pace, sequencing and credibility of structural reforms[J]. World Development, 1997, 25(7):1045 – 1061.

[297] Blanchard O, Giavazzi F. Macroeconomic effects of regulation and deregulation in goods and labor markets[J]. Quarterly Journal of Economics, 2003, 118(3):879 – 907.

[298] Bordon A R, Ebeke C, Shirono K. When do structural reforms work? On the role of the business cycle and macroeconomic policies[M]. Switzerland: Springer International Publishing, 2018.

[299] Bouis R, Duval R. Raising potential growth after the crisis: a quantitative assessment of the potential gains from various structural reforms in the OECD area and beyond[J]. OECD Economics Departnment Working Paper, 2011, No.835.

[300] Brandt C. Laboring toward equality: NAFTA's effects and CAFTA's wisdom[J]. Journal Of Public Law & Policy, 2005, 27(1): 77 – 114.

[301] Buttkereit S, Enriquez L, Grijpink F, et al. Mobile broadband for the Masses: regulatory levers to lake it[J]. McKinsey and Company, 2009.

[302] Cacciatore M, Duval R A, Fiori G. Short-term gain or pain? A DSGE model-based analysis of the short-term effects of structural reforms in labour and product markets[J]. OECD Economics Department Working Papers, 2012, No.948.

[303] Campello M, Rafael P R, Albert Y W. Is the stock market just a side show? Evidence from a structural reform[J]. Review of Corporate Finance Studies, 2014, 3(1):1 – 38.

[304] Campos N F, Kinoshita Y.Structural reforms, financial liberalization, and foreign direct investment[J]. IMF Staff Papers, 2010, 57 (2):326 – 365.

[305] Campoy J C, Negrete J C. Structural reforms and budget deficits in

a monetary union: a strategic approach[J]. Journal of Economic Analysis & Policy, 2009, 10(1):59 – 59.

[306] Castellacci F, Tveito V. Internet use and well-being: a survey and a theoretical framework[J]. Research Policy, 2018, 47:308 – 325.

[307] Chen Y H, Fik T. Housing-market bubble adjustment in coastal communities—A spatial and temporal analysis of housing prices in Midwest Pinellas County, Florida[J]. Applied Geography, 2017, 80:48 – 63.

[308] Chenery H B. Patterns of Industrial growth [J]. American Economic Review, 1960, 50(4):624 – 654.

[309] Choi C, Yi M H. The effect of the Internet on economic growth: evidence from cross-country panel data[J]. Economics Letters, 2009, 105: 39 – 41.

[310] Choi C. Does the Internet stimulate inward foreign direct investment? [J]. Journal of Policy Modeling, 2003, 25:319 – 326.

[311] Choi C. The effect of the Internet on service trade[J]. Economics Letters, 2010, 109:102 – 104.

[312] Christiansen L, Schindler M, Tressel T. Growth and structural reforms: a new assessment[J]. Journal of International Economics, 2013, 89 (2):347 – 356.

[313] Cimoli M, Katz J. Structural reforms, technological gaps and economic development: a Latin American perspective[J]. Industrial & Corporate Change, 2002, 12(2):387 – 411.

[314] Claeys P, Dreger C. The European dimension in the national reform programmes and the stability and convergence programmes [J]. European Parliament, Economic Governance Working Paper, Sep. 2013.

[315] Claeys P. On measuring structural reform[J]. Romanian Journal of Fiscal Policy, 2015, 6(1):17 – 27.

[316] Colecchia A, Schreyer P. ICT investment and economic growth in the 1990s: is the United States a unique case? A comparative study of nine OECD countries[J]. Review of Economic Dynamics, 2001, 5(2):408 – 442.

[317] Cuervo-Cazurra A, Dau L A. Structural reform and firm exports [J]. Management International Review, 2009, 49(4):479 – 507.

[318] Dabla-Norris E, Kochhar K, Kyobe A, et al. Anchoring growth: the importance of productivity-enhancing reforms in emerging market and de-

veloping economies[J]. Journal of International Commerce, Economics and Policy, 2014, 5(2):1 - 29.

[319] Dabla-Norris M E, Ho G, Kyobe M A. Structural reforms and productivity growth in emerging market and developing economies[M]. Washington D.C.: International Monetary Fund, 2016.

[320] Davis G K, Hineline D, Kanago B E. Inflation and real sectoral output shares: dynamic panel model evidence from seven OECD countries[J]. Journal of Macroeconomics, 2011, 33(4):607 - 619.

[321] DePrince A E, Ford W. A primer on Internet economics[J]. Business Economics, 1999, 34(4):42 - 50.

[322] Dutta A, Roy R. The mechanics of internet growth: a developing-country perspective[J]. International Journal of Electronic Commerce, 2004, 9(2):143 - 165.

[323] Duval R, Elmeskov J. The effects of EMU on structural reform in labour and product markets [J]. OECD Economics Department Working Papers, 2005, No.438.

[324] Eggertsson G, Ferrero A, Raffo A. Can structural reforms help Europe? [J]. Journal of Monetary Economics, 2014, 61(C):2 - 22.

[325] Estevadeordal A, Taylor A M. Is the Washington consensus dead? Growth, openness, and the great liberalization, 1970s—2000s[J]. Review of Economics & Statistics, 2013, 95(5):1669 - 1690.

[326] Falvey R, Kim C D. Timing and sequencing issues in trade liberalisation[J]. Narnia, 1992, 102(413):908-924.

[327] Fernandes A M, Paunov C. Foreign direct investment in services and manufacturing productivity: evidence for Chile[J]. Journal of Development Economics, 2012, 97(2):305 - 321.

[328] Fischer M M, Scherngell T, Reismann M. Knowledge spillovers and total factor productivity: evidence using a spatial panel data model[J]. Geographical Analysis, 2009, 41(2):204 - 220.

[329] Forni L, Gerali A, Pisani M. The macroeconomics of fiscal consolidations in euro area countries[J]. Journal of Economic Dynamics & Control, 2010, 34(9):1791 - 1812.

[330] Freeman C. The determinants of innovation market demand, technology, and the response to social problems[J]. Futures, 1979, 11

(3):206-215.

[331] Gal P. The quantification of structural reforms in OECD countries: a new framework[R]. University of Paris Nanterre, Economix, 2017.

[332] Galor D. Weil N. Population, technology and growth: from malthusian stagnation to the demographic transition and beyond[J]. American Economic Review, 2000, 90(4):806-828.

[333] Gerali A, Notarpietro A, Pisani M. Structural reforms, investment and zero lower bound in a monetary union[J].Manchester School, 2015, 83(S3):20-139.

[334] Gersbach H. Structural reforms and the macroeconomy: the role of general equilibrium effects[M]// Solow R M. Structural reform and economic policy. New York: Palgrave Macmillan, 2004:9-22.

[335] Glaeser E L, Rosenthal S S, Strange W C. Urban economics and entrepreneurship[J]. Journal of Urban Economics, 2010, 67(1):1-14.

[336] Gomes S. Jacquinot P, Mohr M, et al. Structural reforms and macroeconomic performance in the Euro area countries: a model-based assessment [J]. International Finance, 2013, 16(1):23-44.

[337] Greenaway D, Morrissey O. Structural adjustment and liberalisation in developing countries: what lessons have we learned? [J]. Kyklos, 1993, 46(2):241-261.

[338] Greenidge K, McIntyre M A, Yunet H. Structural reform and growth: what really matters? Evidence from the Caribbean[J]. IMF Working Paper, 2016, No.82.

[339] Greenwood J, Hercowitz Z. The allocation of capital and time over the business cycle[J]. Journal of Political Economy, 1991, (6):1188-1214.

[340] Greenwood J, Rogerson R, Wright R. Household production in real business cycle theory[M]//Thomas F.C. Frontiers of Business Cycle Research. New Jersey: Princeton University Press, 1995:157-174.

[341] Gros D. Structural reforms as a panacea? The European productivity and growth puzzle[J]. Intereconomics, 2016, 51(6):318-320.

[342] Gust C, Marquez J. International comparisons of productivity growth: the role of information technology and regulatory practices[J]. Labour Economics, 2004, 11:33-58.

[343] Halmai P. Structural reforms and growth potential in the European

Union[J]. Public Finance Quarterly, 2015, 60(4):510 - 525.

[344] Hansen B E. Threshold effects in non-dynamic panels: estimation, testing, and inference[J]. Journal of Econometrics, 1999, 93(2):345 - 368.

[345] Harb G. The economic impact of the internet penetration rate and telecom investments in Arab and Middle Eastern countries[J]. Economic Analysis and Policy, 2017, 56:148 - 162.

[346] Harris C D. The market as a factor in the localization of industry in the United States[J]. Annals of the association of American geographers, 1954, 44(4):315 - 348.

[347] Haughwout A, Lee D, Tracy J, et al. Real estate investors, the leverage cycle, and the housing market crisis[J]. Federal Reserve Bank of New York, 2011, No.514.

[348] Henrekson M, Dan J. Gazelles as job creators: a survey and interpretation of the evidence[J]. Small Business Economics, 2010, 35(2):227 - 244.

[349] Herrendorf B, Rogerson R, Valentinyi A. Growth and structural transformation[M]//Aghion P, Durlauf S. Handbook of economic growth. Holand: Elsevier, 2014.

[350] Hielscher K. Growth in European crisis countries: cyclical normality or the result of structural reforms? [J]. Review of Economics, 2016, 67(1):1 - 23.

[351] Hobza A, Mourre G. Quantifying the potential macroeconomic effects of the Europe 2020 strategy: stylised scenarios[J]. Economic Papers, 2010, No.424.

[352] Hollanders H, Weel B T. Technology, knowledge spillovers and changes in employment structure: evidence from six OECD countries[J]. Labour Economics, 2004, 9(5):579 - 599.

[353] Hollweg C H, Lederman D, Devashish M. Structural reforms and labor market outcomes: international panel data evidence[J]. Policy Research Working Papers of World Bank, WPS7122, 2014, (11):1 - 42.

[354] Holzand C A, Sun Y. Physical capital estimates for China's provinces, 1952 - 2015 and beyond[J]. China Economic Review, 2018, 51(10): 342 - 357.

[355] Houthakker H S. MR. Newman on revealed preference[J]. Oxford Economic Papers, 1957, 9(2):234.

[356] Howitt P, Mayer F D. R&D, implementation, and stagnation: a schumpeterian theory of convergence clubs[J]. Journal of Money Credit and Banking, 2005, 37(1):147 - 177.

[357] Iacoviello M, Neri S. Housing market spillovers: evidence from an estimated DSGE model[J]. American Economic Journal: Macroeconomics, 2010, 2(2):125 - 164.

[358] Ibrahim M R. A dataset of housing market and self-attitudes towards housing location choices in Alexandria[J]. Data in Brief, 2017, 11:543.

[359] IMF. Priorities for structural reforms in G-20 countries[J]. IMF Working Paper, 2016.

[360] IMF. Structural reforms and macroeconomic performance: initial consideration for the fund[J]. IMF Staff Paper, 2015.

[361] IMF. The information technology revolution[R]//IMF. The World Economic Outlook, 2001.

[362] Jiméneza M, Matusb J A, Martínezb M A. Economic growth as a function of human capital, internet and work[J]. Applied Economics, 2014: 3202 - 3210.

[363] John W. The political economy of policy reform[J]. Institute for International Economics, 1994, 73(3):92 - 95.

[364] Kang D, Dall'Erba S. An examination of the role of local and distant knowledge spillovers on the US regional knowledge creation[J]. International Regional Science Review, 2015, 4(1):A3566.

[365] Kenny C. The internet and economic growth in less developed countries: a case of managing expectations[J]. Oxford Development Studies, 2003, 31:99 - 113.

[366] Kerdrain C, Koske I, Wanner I. Current account imbalances: can structural reforms help to reduce them? [J]. OECD Journal Economic Studies, 2011, (1):63 - 106.

[367] Lapatinas A. The effect of the Internet on economic sophistication: an empirical analysis[J]. Economics Letters, 2019, 174:35 - 38.

[368] Larrain M, Stumpner S. Financial reforms and aggregate productivity: the microeconomic channels[J]. Social Science Electronic Publishing, 2013.

[369] Lebergott S. Manpower in economic growth: the American record

since 1800[M]. New York: McGraw-Hill, 1964:510.

[370] Levine R. Finance and growth: theory and evidence[M]//Aghion P, Durlauf S. Handbook of economic growth. Amersterdan: Elsevier B. V., 2005.

[371] Levine R. Reform follows function[J]. Health Affairs, 2005, 24 (5):1370 - 1371.

[372] Litan R, Rivlin A. Projecting the economic impact of the Internet [J].American Economic Review, 2001, 91(2):313 - 317.

[373] Lora E. A decade of structural reforms in Latin America: what has been reformed and how to measure it[J]. IMF Working Paper, 1997, No.348.

[374] Lusinyan L, Muir D. Assessing the macroeconomic impact of structural reforms the case of Italy[J]. IMF Working Papers, 2013, No.22.

[375] Macdougald J J. Internet use and economic development: evidence and policy implications[D]. Florida: University of South Florida, 2011.

[376] Mancusi M L. International spillovers and absorptive capacity: a cross-country cross-sector analysis based on patents and citations[J]. Journal of International Economics, 2008, 76(2):155 - 165.

[377] Mandel E. Late capitalism[M]. London: Verso, 1978: 502.

[378] Matalík I, Skolkova M, Syrovatka J. Real estate indicators and financial stability[J]. Bis Papers, 2005, 42(1 - 2):7 - 22.

[379] Maurseth P B. The effect of the Internet on economic growth: counter-evidence from cross-country panel data[J]. Economics Letters, 2018, 172:74 - 77.

[380] Mcquinn K, O'Reilly Gerard. Assessing the role of income and interest rates in determining house prices[J]. Economic Modelling, 2015, 25: 377 - 390.

[381] Meijers H. Does the Internet generate economic growth, international trade, or both? [J]. International Economics and Economic Policy, 2014, 11:137 - 163.

[382] Miao J, Wang P. Sectoral bubbles and endogenous growth[J]. Journal of Mathematical Economics, 2014, 53(8):153 - 163.

[383] Miyakoshi T, Tsukuda Y, Shimada J. The impacts of the IMF-Supported structural reform program on Asian stock market efficiency[J]. Singapore Economic Review, 2012, 57(4):8 - 28.

[384] Mizhou, Yurong Qiao, Jiahong Guo. Separating the consumption and investment demands for housing: evidence from urban China[J]. Heliyon, 2023, 9(10). e20683.

[385] Morley S A, Machado R, Pettinato S. Indexes of structural reform in Latin America[M]. United Nations: Economic Commission for Latin America and the Caribbean, 1999.

[386] O'Cornnor A. Natural causes: essays in ecological marxsim[M]. New York: The Guilford Press, 1998: 31 - 39.

[387] OECD. Structural reform priorities for the G-20[R]. Apr., 2016.

[388] OECD. Structural reforms in times of crisis[R]//OECD. Economic policy reforms 2012: going for growth, 2012.

[389] OECD. What shapes the implement[J]. OECD. Washington, DC, 2007.

[390] Oliner S D, Sichel D E, Stiroh K J. Explaining a productive decade [J]. Brookings Papers on Economic Activity, 2007, (1):81 - 152.

[391] Oliner S D, Sichel D E. The resurgence of growth in the late 1990s: is information technology the story? [J]. Journal of Economic Perspectives, 2000, 14:3 - 22.

[392] Ostry J D, Prati A, Spilimbergo A. Structural reforms and economic performance in advanced and developing countries[J]. IMF Occasional Papers, 2008, No.268.

[393] Padoan P C, Sila U, Noord P. Avoiding debt traps: fiscal consolidation, financial backstops and structural reforms [J]. OECD Journal: Economic Studies, 2013, 2012(1):151 - 178.

[394] Peter J P, Ryan M J. An investigation of perceived risk at the brand level[J]. Journal of Marketing Research, 1976, 13(2):184 - 188.

[395] Pohjola M. Information technology and economic growth: a cross-country analysis [J]. UNU World Institute for Development Economics Research, Working Papers, 2000, No.173.

[396] Prati A, Onorato M G, Papageorgiou C. Which reforms work and under what institutional environment: evidence from a new dataset on structural reforms[J]. Review of Economics & Statistics, 2013, 95(3):946 - 968.

[397] Rajan R G, Zingales L. Financial systems, industral structure, and growth[J]. Oxford Review of Economic Policy, 2001a, 17(4):467 - 482.

[398] Romain D. Is there a role for macroeconomic policy in fostering structural reforms? Panel evidence from OECD countries over the past two decades[J]. European Journal of Political Economy, 2008, 24(2):491 - 502.

[399] Romer P. Endogenous technological change[J]. Journal of Political Economy, 1990, 98(5):71 - 102.

[400] Rosen H. The changing US-China investment relationship[J]. China Economic Journal, 2014, 7(1).

[401] Roy A D. Some thoughts on the distribution of earnings[J]. Oxford Economic Papers, 1951, 3(2):135 - 146.

[402] Saia A, Andrews D, Silvia, A. Productivity spillovers from the global frontier and public policy: industry-level evidence [J]. OECD Economicss Department Working Paper, 2015, No.1238.

[403] Salgado R. Impact of structural reforms on productivity growth in industrial countries[J]. IMF Working Paper, 2002, No.10.

[404] Sattinger M. Comparative advantage and the distributions of earnings and abilities[J]. Econometrica, 1975, 43(3):455 - 468.

[405] Sawhney M, Verona G, Prandelli E. Collaborating to create: the Internet as a platform for customer engagement in product innovation[J]. Journal of Interactive Marketing, 2010, 19(4):4 - 17.

[406] Schlumberger O. Structural reform, economic order, and development: patrimonial capitalism[J]. Review of International Political Economy, 2008, 15(4):622 - 649.

[407] Schumpeter J A. Business cycles: a theoretical, historical and statistical analysis of the capitalist process[M]. New York: McGraw-Hill, 1939.

[408] Sichel D E. Computers and aggregate economic growth: an update [J].Business Economics, 1999, 34.2:18 - 24.

[409] Sokoloff K L. Productivity growth in manufacturing during early industrialization: evidence from the American northeast, 1820 - 1860[M]// Engerman S L, Gallman R E. Long-Term factors in American econmics growth. Chicago: University of Chicago Press, 1986.

[410] Solbes P. The European Union: economic prospects, structural reforms and enlargement[J]. International Economics and Economic Policy, 2004, 1(1):105 - 110.

[411] Spilimbergo A, Che N X. Structural reforms and regional conver-

gence[J]. IMF Woring Paper，2012.

［412］Staikouras P K. Structural reform policy: privatisation and beyond—the case of Greece[J]. European Journal of Law & Economics，2004，17(3):373 - 398.

［413］Stokey N L. A quantitative model of the British industrial revolution，1780 - 1850[J]. Carnegie-Rochester Conference Series on Public Policy，2001，55(1):55 - 109.

［414］Swiston A J, Barrot L D. The role of structural reforms in raising economic growth in Central America[J]. IMF Working Paper，2011，No.248.

［415］Varga J, Roeger W, Veld J. Growth effects of structural reforms in Southern Europe: the case of Greece，Italy，Spain and Portugal[J]. Empirica 2014，41(2):323 - 363.

［416］Vinod H D. Statistical analysis of corruption data and using the Internet to reduce corruption[J]. Journal of Asian Economics，1999，10:591 - 603.

［417］Wang X, Wen Y. Housing prices and the high Chinese saving rate puzzle[J]. China Economic Review，2012，23(2):265 - 283.

［418］Welfens P J, Perret J K. Information & communication technology and true real GDP: economic analysis and findings for selected countries[J]. International Economics and Economic Policy，2014，11:5 - 27.

［419］Williamson J G, Lindert P H. American inequality: a macroeconomic history[M]. New York: Academic Press，1980.

［420］Wit E R, Englund P, Francke M K, Price and transaction volume in the Dutch housing market[J]. Regional Science and Urban Economics，2013，43:220 - 241.

［421］World Bank. ICTs for greater development impact—world bank group strategy for information and communication technology 2012 - 2015[R]. Washington，DC，2012.

［422］World Bank. Middle East and North Africa economic. Developments and prospects 2005[R]. World Bank Other Operational Studies，2005.

［423］Yang X Y, Andersson D E. Spatial aspects of entrepreneurship and innovation[J]. The annals of regional science，2018，61:457 - 462.

［424］Yunus N. Trends and convergence in global housing markets[J]. Journal of International Financial Markets，Institutions & Money，2015，36: 100 - 112.

附 录

为配合说明图 6.2 中存在扩张性政策刺激时,曲线移动的方向与原因,明确消费需求被挤出、市场急剧拉升及市场投资需求演变轨迹,本部分构建地方政府、房企、银行和消费者之间基于两阶段均衡的完全信息动态博弈模型,试图明确当扩张性政策刺激时,投资需求将推动消费需求挤出、土地财政拉升、银行贷款动力增大、工业企业价值创造挤出等。与前文分析思路一致,本部分为便于定量化作进一步假定。

(一) 基本假定

假定 1:住房的总需求 D 所对应的需求数量 q_i 由两部分构成:一部分是消费需求 q_{ci},这符合普通商品消费需求函数的形式[1]为 $q_{ci}=a-bp_h$;另一部分是投资需求 q_{ii},住房投资需求是房价及其预期的递增函数,函数形式[2]为 $q_{ii}=\gamma_0+\gamma_1y_1+\gamma_2p_h+\gamma_3g_h^e p_h+\gamma_4R$,其中 y_1 是投资者的收入,p_h 表示有投资者参与时的房价水平,g_h^e 表示投资者房价的预期增长率,R 是贷款利率,也即市场利率,且 $\gamma_0>0$,$\gamma_1>0$,$\gamma_2<0$,$\gamma_3>0$,$\gamma_4<0$,则有:$q_i=q_{ci}+q_{ii}$。为简化问题,考虑住房消费需求由专门的房地产企业提供,住房投资需求由其他工业企业转向房地产的企业提供,以便分开考虑住房消费需求和投资需求。

假定 2:住房单位面积建造成本为 c_0[3],单位土地面积价格为 p_L,单位建筑面积的地价成本为 p_L/N,其中容积率为 N。银行从房地产企业和消费者购买房产中获得的利润为 $\pi=\alpha p_L q_i R+\beta p_h q_{ii}R$,其中 α 是房地产企业开发房地产时从银行的借贷比重,β 是投资者购房时的借贷比重。

假定 3:地方政府追求任期内总收入最大化,则地方政府一年的总收入为 $I=tp_hq_i+tp\phi(p_L)+\mu p_Lq_i/N$。其中 t 是税率,$\phi(p_L)$ 表示房地产行业之外的其他工业企业产出是住宅用地价格的减函数,$\phi'(p_L)$ 表示其他工业

---

① 参考:周密,刘秉镰.供给侧结构性改革为什么是必由之路——中国式产能过剩的经济学解释[J].经济研究,2017,52(2)中所构建的需求函数形式。

② 况伟大.中国住房市场存在泡沫吗[J].世界经济,2008(12):3-13.

③ 即土地成本以外的所有其他成本。

企业产出对地价的敏感度,反映了其他工业企业产出对工业用地地价的敏感度及地方政府对工业用地的补贴和优惠且 $\phi'(p_L)<0$,p 表示其他工业企业产品的平均价格,μ 为土地出让收入影响因子。对地方政府而言,同等金额的土地出让收入的价值比税收高,故 $\mu>1$。对地方政府而言其最大化问题可表示为:

$$\underset{p_L}{\text{Max}}\ tp_hq_i+tp\phi(p_L)+\mu p_Lq_i/N$$

假定 4:根据 1998—2017 年中国住房市场调控的现实,可以将住房调控分为不同时期①。假定每一个调控期为 $R_i(i=1,2,3\cdots)$。随着住房市场化的推进,住房市场首先以消费属性为主,越来越多的居民开始购买自住用房。不妨假设,在 R_1 期,市场不存在干预,以居住等消费需求为主,有 $q_1=q_{c1}+0$;在 R_2 期,存在促进导向型的扩张性政策,随着消费需求的饱和,出现投资需求,于是有 $q_2=q_{c2}+q_{i2}$;在 R_3 期,为遏制高涨的房价,出现抑制导向型的收缩性政策,于是有 $q_3=q_{c3}+0$。

由于中国的现实情况极其复杂,为综合考虑上述三个时期,本研究融合了两阶段均衡的完全信息动态博弈模型和供需均衡的 D-S 的曲线表达进行论证。

(二)中国住房市场的起步阶段分析

1998 年由于东南亚金融危机,国内产能过剩加剧,为激活内需市场,国务院决定将福利分房改为货币化分配,从此,中国住房进入货币化改革和市场化建设阶段,住房市场逐步放开。住房首先发挥了居住功能,大量消费需求的释放推动了地方经济的快速增长。为准确理解中国住房市场全貌,首先需要理解地方政府、银行、企业和消费者②等不同参与人在住房市场的行为。根据这一实际发展情况,考虑一个基于两阶段均衡的完全信息动态博弈模型,博弈的次序是:(1)地方政府基于垄断的市场结构决定土地价格;(2)房地产企业基于消费需求和投资需求对地价和需求量作出反应。

1. R_1 阶段

市场不存在投资需求,企业、银行和地方政府根据各自利益最大化形成

---

① 宏观政策呈现跷跷板式的调控,基本遵循如下轨迹:1998—1999 年,住房市场开始放开。2001—2006 年,房价开始上升。2008 年由于美国次贷危机,国际环境趋紧。为启动内需,2008—2009 年通过 4 万亿进行需求刺激,房价快速上升。2010 年面对经济趋热,开始宏观政策趋紧,房价趋稳。2012—2013 年以城镇化扩张需求为主,带来房价上涨。2013 年年中—2014 年年初以市场收紧需求为主,通过钱荒+打击虚假贸易+反腐进行市场控制。2014 年年初—2015 年底表现为降息降准+政策性金融市场开始放松。2016 年 9 月 30 日面对中国式产能过剩,政策开始放松,房价迅速上升。2017 年 3 月 12 日开始从紧调控。

② 视消费者为价格接受者,其行为由房地产需求函数描述。

均衡价格和产量,此时,只有住房消费需求时的情况,即 $q_i = q_{ci} + q_{ii}$,但 $q_{ii} = 0$。

用反向归纳法来求解该博弈。首先对房地产企业而言,其利润为:

$$\pi = p_h q_i - c_0 q_i - \frac{p_L q_i}{N} - \alpha p_L q_i R$$

其中 $q_i = q_{ci} + q_{ii}$,但 $q_{ii} = 0$,

由企业利润最大化可解得:

$$q_i = \frac{1}{2b}\left(a - c_0 - \frac{p_L}{N} - \alpha R p_L\right), \quad p_h = \frac{1}{2}\left(a + c_0 + \frac{p_L}{N} + \alpha R p_L\right)$$

其次,对银行而言其贷款总金额为 $TLA = \alpha p_L q_i + \beta p \phi(p_L)$,其利润表达公式为 $\pi = \alpha p_L q_i R + \beta p \phi(p_L) R$。

最后,对地方政府而言,其需要满足收入最大化问题,地方政府的一年总收入为 $I = t p_h q_i + t p \phi(p_L) + \mu p_L q_i / N$,将上述的房地产企业的价格和需求量函数代入收入方程可得:

$$\max_{pL} t\left[\frac{1}{2}\left(a + c_0 + \frac{p_L}{N} + \alpha R p_L\right)\right]\frac{1}{2b}\left(a - c_0 - \frac{p_L}{N} - \alpha R p_L\right)$$

$$+ t p \phi(p_L) + \frac{\mu p_L}{N}\frac{1}{2b}\left(a - c_0 - \frac{p_L}{N} - \alpha R p_L\right)$$

由收入最大化解得:

$$p_L = \frac{N\mu(a - c_0) - tNc_0(1 + N\alpha R)}{t(1 + \alpha RN)^2 + 2\mu(1 + \alpha RN)} + \frac{2tN^2 b p \phi'(p_L)}{t(1 + \alpha RN)^2 + 2\mu(1 + \alpha RN)}$$

另外,对于居民来说,在居民收入水平 M 一定的情况下,居民的可支配收入可定义为:$DI = M - p_h q_i - p \phi(p_L)$。

2. R_2 阶段

投资需求跟进时的情况,即 $q_i = q_{ci} + q_{ii}$,且 $q_{ii} > 0$。当政府采用促进导向型的扩张性政策时,市场上将出现投资性需求 D_2。

首先,对房地产企业而言,投资需求为 $q_{\beta i} = \gamma_0 + \gamma_1 y_1 + \gamma_2 p_h + \gamma_3 g_h^e p_h + \gamma_4 R$,

反需求函数为:

$$p_h = \frac{q_{\beta i}}{\gamma_2 + \gamma_3 g_h^e} - \frac{\gamma_0 + \gamma_1 y_1 + \gamma_4 R}{\gamma_2 + \gamma_3 g_h^e}$$

所以房地产企业的利润公式可表示为：

$$\pi = p_h q_{\beta i} - c_0 q_{\beta i} - \frac{p_L}{N} q_{\beta i} - \alpha p_L q_{\beta i} R$$

通过解企业利润最大化的问题可以得到其最优解为：

$$q_{\beta i} = \frac{(\gamma_2 + \gamma_3 g_h^e)\left(c_0 + \frac{p_L}{N} + \alpha p_L R\right)}{2} + \frac{\gamma_0 + \gamma_1 y_1 + \gamma_4 R}{2},$$

$$p_h^s = \frac{\left(c_0 + \frac{p_L}{N} + \alpha p_L R\right)}{2} - \frac{\gamma_0 + \gamma_1 y_1 + \gamma_4 R}{2(\gamma_2 + \gamma_3 g_h^e)},$$

其中 p_h^s 表示投资者参与情况下的房价情况。

而对于住房消费需求的房地产企业而言，其反需求函数为 $p_h = a - b q_{\alpha i}$，故企业的利润表达式为 $\pi = p_h q_{\alpha i} - c_0 q_{\alpha i} - \frac{p_L}{N} q_{\alpha i} - \alpha p_L q_{\alpha i} R$。解企业利润最大化问题可以得到最优解为：

$$q_{\alpha i}' = \frac{1}{2b}\left(a - c_0 - \frac{p_L}{N} - \alpha p_L R\right), \quad p_h = \frac{1}{2}\left(a + c_0 + \frac{p_L}{N} + \alpha p_L R\right)$$

若 $p_h < p_h^s$ 时，即 $a < -\frac{\gamma_0 + \gamma_1 y_1 + \gamma_4 R}{2(\gamma_2 + \gamma_3 g_h^e)}$ 时，其中 $\gamma_0 + \gamma_1 y_1 + \gamma_4 R < 0$，由现实可知，当提高利率 R 时，会导致 y 上升，但是市场投资需求会下降，此时市场上的房价会依据 p_h^s 的价格来定价，故 $q_{\alpha i}' = \frac{a - p_h^s}{b} = \frac{a}{b} +$

$\frac{\gamma_0 + \gamma_1 y_1 + \gamma_4 R}{2b(\gamma_2 + \gamma_3 g_h^e)} - \frac{\left(c_0 + \frac{p_L}{N} + \alpha p_L R\right)}{2b}$。

其次，对于银行而言，

$$TLA = \alpha p_L (q_{\alpha i} + q_{\beta i}) + \beta p \phi(p_L), \quad \pi = \alpha p_L (q_{\alpha i} + q_{\beta i}) R + \beta p \phi(p_L) R$$

将住房消费需求和投资需求函数代入该公式当中，并且令 $\gamma_0 + \gamma_1 y_1 + \gamma_4 R = \sigma$；$\gamma_2 + \gamma_3 g_h^e = \tau$；$\sigma < 0$，$\tau > 0$，故银行的利润为：

$$\pi = \alpha p_L \left[\frac{a}{b} + \frac{(\gamma_0 + \gamma_1 y_1 + \gamma_4 R)[1 + b(\gamma_2 + \gamma_3 g_h^e)]}{2b(\gamma_2 + \gamma_3 g_h^e)} \right.$$

$$\left. + \frac{[b(\gamma_2 + \gamma_3 g_h^e) - 1]\left(c_0 + \frac{p_L}{N} + \alpha p_L R\right)}{2b} \right] R + \beta p \phi(p_L) R$$

最后,对于地方政府而言,地方政府追求收入最大化,故对其问题的分析为:

$$\max t p_h^s (q_{\alpha i} + q_{\beta i}) + t p \phi(p_L) + \mu p_L \frac{1}{N}(q_{\alpha i} + q_{\beta i})$$

$$q_{\alpha i} = \frac{a}{b} + \frac{\gamma_0 + \gamma_1 y_1 + \gamma_4 R}{2b(\gamma_2 + \gamma_3 g_h^e)} - \frac{\left(c_0 + \dfrac{p_L}{N} + \alpha p_L R\right)}{2b}$$

$$q_{\beta i} = \frac{(\gamma_2 + \gamma_3 g_h^e)\left(c_0 + \dfrac{p_L}{N} + \alpha p_L R\right)}{2} + \frac{\gamma_0 + \gamma_1 y_1 + \gamma_4 R}{2}$$

则由政府收入最大化问题可得地价的最优解为:

$$p_L' = \frac{Nt(1 + N\alpha R)(bc_0\tau^2 + a\tau - c_0\tau + \sigma) + N\mu(\sigma b\tau + bc_0\tau^2 + 2a\tau - c_0\tau + \sigma) + 2N^2 bt\tau p\phi'(p_L')}{t\tau(1-\tau b)(1+N\alpha R)^2 + 2\mu\tau(1-\tau b)(1+N\alpha R)}$$

另外,对于居民来说,在居民收入水平 M 一定的情况下,此时的居民可支配收入表达式为:$DI = M - p_h'(q_{\alpha i}' + q_{\beta i}') - p'\phi(p_L')$。

(三) 理论分析

均衡时的住房消费需求和投资需求函数如下所示:

$$q_{\alpha i} = \frac{a - p_h^s}{b} = \frac{a}{b} + \frac{\gamma_0 + \gamma_1 y_1 + \gamma_4 R}{2b(\gamma_2 + \gamma_3 g_h^e)} - \frac{\left(c_0 + \dfrac{p_L}{N} + \alpha p_L R\right)}{2b}$$

$$q_{\beta i} = \frac{(\gamma_2 + \gamma_3 g_h^e)\left(c_0 + \dfrac{p_L}{N} + \alpha p_L R\right)}{2} + \frac{\gamma_0 + \gamma_1 y_1 + \gamma_4 R}{2}$$

通过分析均衡时的住房消费需求和投资需求以及地方政府的收入和居民的可支配收入水平可以发现:

(1) 如果房价上升,随着房价的上升预期为正,就会有投资需求产生从而使得房价进一步上升,而与此同时其他企业也会相继将资金投入房地产行业,从而降低了工业企业的创新。

(2) 房价升高会通过土地财政收入的上升和税收的增加来提高地方政府的财政收入水平。

(3) 如果利率 R 上升,由于 $\gamma_4 < 0$,

$$\frac{\gamma_4}{2b(\gamma_2 + \gamma_3 g_h^e)} - \frac{\alpha p_L}{2b} < 0$$

可以发现 R 上升会使 $q_{\alpha i}$ 下降;由于 $\gamma_4 < 0$,当 $\gamma_4 + \alpha p_L(\gamma_2 + \gamma_3 g_h^e) < 0$

时,R 上升导致 $q_{\beta i}$ 下降(当 R 上升时,会改变房价上升的预期,导致 g_h^e 会很小甚至为负)。

(4) 若当前房价由投资需求主导,则房价 p_h^s 越高,住房消费需求会越低。

(5) 若房价上升预期大于 0,即 $g_h^e>0$,则房价上涨预期越大,投资需求 $q_{\beta i}$ 越大,而住房消费需求 q_{ai} 则越低。

(6) 在居民收入水平一定的情况下,房价越高,其住房消费越高,导致可支配收入减少,若有部分居民住房消费需求达到饱和后将资金用于住房投资,也会导致其可支配收入降低,造成消费减少,从而产生挤占消费现象。

附表 1　住房消费需求时期和房地产投机时期情况对比

	消费需求时期	投资需求时期	差额(第二期减第一期)
q_{c1}/q_{i2}	$1/2b(a-c_0-p_L/N-\alpha p_L R)$	$a/b+1/[2b(\gamma_2+\gamma_3 g_h^e)](\gamma_0+\gamma_1 y_1+\gamma_4 R)-1/2b(c_0+p_L/N+\alpha p_L R)$	$1/2b(a+\sigma/\tau)<0$ ①
q_{c1}/q_{i2}	0	$1/2(\gamma_2+\gamma_3 g_h^e)(c_0+p_L/N+\alpha p_L R)+1/2(\gamma_0+\gamma_1 y_1+\gamma_4 R)$	$1/2(\gamma_2+\gamma_3 g_h^e)(c_0+p_L/N+\alpha p_L R)+1/2(\gamma_0+\gamma_1 y_1+\gamma_4 R)>0$
p_h	$1/2(a+c_0+p_L/N+\alpha p_L R)$	$1/2(c_0+p_L/N+\alpha p_L R)-1/[2(\gamma_0+\gamma_1 y_1+\gamma_4 R)](\gamma_2+\gamma_3 g_h^e)$	$-1/2b(a+\sigma/\tau)>0$
p_L	$[N\mu(a-c_0)-tNc_0(1+N\alpha R)]/[t(1+N\alpha R)^2+2\mu(1+N\alpha R)]+2tN^2 bp\varphi'_{(p_L)}/[t(1+N\alpha R)^2+2\mu(1+N\alpha R)]$	$\{[Nt(1+N\alpha R)(bc_0\tau^2+a\tau-c_0\tau+\sigma)+N\mu(\sigma b\tau+bc_0\tau^2+2a\tau-c_0\tau+\sigma)+2N^2 bt\tau p'\varphi'_{(p'_L)}\}/\{\tau(1-b\tau)[t(1+N\alpha R)^2+2\mu(1+N\alpha R)]\}$	$(a\tau+\sigma)[Nt(1+N\alpha R)+N\mu(1+b\tau)]+2N^2 bt\tau[p'\varphi'_{(p'_L)}-(1-b\tau)p\varphi'_{(p_L)}]$
可支配收入 DI	$M-p_h q_{a1}-p\varphi_{(p_L)}$	$M-p'_h(q_{a2}+q_{\beta2})-p'\varphi_{(p'_L)}$	$-p'_h(q_{a2}+q_{\beta2})-p_h q_{a1}-p'\varphi_{(p'_L)}+p\varphi_{(p_L)}<0$
地方财政收入	$tp_h q_{a1}+p\varphi_{(p_L)}+\mu p_L q_{a1}/N$	$tp'_h(q_{a1}+q_{\beta2})+tp'\varphi_{(p'_L)}+\mu p'_L(q_{a1}+q_{\beta2})/N$	$tp'_h(q_{a1}+q_{\beta2})-tp_h q_{a1}+tp'\varphi_{(p'_L)}-tp\varphi_{(p_L)}+\mu p'_L(q_{a1}+q_{\beta2})/N-\mu p_L q_{a1}/N>0$
贷款金额	$\alpha p_L q_{a1}+\beta p\varphi_{(p_L)}$	$\alpha p'_L(q_{a2}+q_{\beta2})+\beta p'\varphi_{(p'_L)}$	$\alpha p'_L(q_{a2}+q_{\beta2})-\alpha p_L q_{a1}+\beta p'\varphi_{(p'_L)}-\beta p\varphi_{(p_L)}>0$

---

① 在 $p_h<p_h^s$ 时,$a<-\sigma/2\tau$,由于 $a>0$,故 $a+\sigma/\tau<0$。

图书在版编目(CIP)数据

供给侧结构性改革问题研究/周密著.—上海：
上海三联书店,2024.3
ISBN 978-7-5426-8314-4

Ⅰ.①供… Ⅱ.①周… Ⅲ.①中国经济-经济改革-
研究 Ⅳ.①F12

中国国家版本馆 CIP 数据核字(2023)第 236294 号

供给侧结构性改革问题研究

著　　者／周　密

责任编辑／李　英
装帧设计／徐　徐
监　　制／姚　军
责任校对／王凌霄　章爱娜

出版发行／上海三联书店
　　　　　(200041)中国上海市静安区威海路 755 号 30 楼
邮　　箱／sdxsanlian@sina.com
联系电话／编辑部：021-22895517
　　　　　　发行部：021-22895559
印　　刷／上海惠敦印务科技有限公司

版　　次／2024 年 3 月第 1 版
印　　次／2024 年 3 月第 1 次印刷
开　　本／710mm×1000mm　1/16
字　　数／380 千字
印　　张／17.75
书　　号／ISBN 978-7-5426-8314-4/F·907
定　　价／78.00 元

敬启读者,如发现本书有印装质量问题,请与印刷厂联系 021-63779028